U0754359

世界简史

[英]威尔斯／著

刘建峰／译

台海出版社

图书在版编目（CIP）数据

世界简史 /（英）威尔斯著；刘建峰译 . -- 北京：
台海出版社 , 2019.4（2023.4重印）

ISBN 978-7-5168-2286-9

Ⅰ . ①世… Ⅱ . ①威… ②刘… Ⅲ . ①世界史 Ⅳ .
① K1

中国版本图书馆 CIP 数据核字 (2019) 第 051191 号

世界简史

著　　者：[英]威尔斯		译　　者：刘建峰	
责任编辑：武　波　童媛媛		装帧设计：尚上文化·海凝	
版式设计：秦　颖		责任印制：蔡　旭	

出版发行：台海出版社

地　　址：北京市东城区景山东街 20 号　邮政编码：100009

电　　话：010-64041652（发行，邮购）

传　　真：010-84045799（总编室）

网　　址：www.taimeng.org.cn/thcbs/default.htm

E - mail：thcbs@126.com

经　　销：全国各地新华书店

印　　刷：三河市同力彩印有限公司

本书如有破损、缺页、装订错误，请与本社联系调换

开　　本：710mm × 1000mm　1/16

字　　数：235 千字　　　　　印　　张：15

版　　次：2019 年 4 月第 1 版　　印　　次：2023 年 4 月第 6 次印刷

书　　号：ISBN 978-7-5168-2286-9

定　　价：49.80 元

版权所有　　翻印必究

序

　　读者应当以近乎于阅读小说的态度来阅读这本《世界简史》。本书极为简要地记录了人类现阶段所掌握的历史知识，不涉及过于精巧或复杂的阐述。通读全书后，读者应能大致了解历史全貌，从而为某一特定时期或某一特定国家的历史研究提供重要的框架支撑。如能预先浏览本书，在日后阅读笔者所著的内容更为详尽而明晰的《世界史纲》时，也能有所裨益。但归根结底，本书是为大众读者而写的。这部分读者对于人类的伟大冒险的了解或过于陈旧，或残缺不全，虽然想更新修正，却苦于忙碌而无法详读《史纲》中繁多的地图与时序图。本书既非对这一前著的摘要，也并不是它的缩写，且《史纲》也容不得任何画蛇添足的缩写。本书是对历史的高度精练概括，策划和撰写的过程都是独立的。

赫伯特·乔治·威尔斯

目 录

第一章　空间的世界

世界历史仍然不完全为人们所知。200年以前的人们所认知的历史，还仅仅局限在3000年以内。至于3000年以前的历史，则只是一些传说或猜测。"公元前4004年，世界突然被创造了出来，至于是在春天被创造的，还是在秋天被创造的，专家们众说纷纭。"——我们现代社会大多数人都是这样被教育的，从而也就这样相信了。这种近乎离谱的观点完全继承了《旧约》的记载，体现了神学式的臆测，就算是传教士也不再赞成这种看法了。大多数人认为，我们现在所生存的宇宙早已存在很长时间，甚至是无限久远的年代。不可否认，这里面存在着差错，就好像房间的两头分别放置着一面镜子，从而使人感觉房间永远没有尽头。值得庆幸的是，那种认为人类生存的宇宙只存在了六七千年的观点，早已被全盘推翻了。

今天，众所周知，地球是一个略扁的椭圆形球体，就像一只橘子，直径约为8000英里（1.28万千米）。大概在2500年前，就已经有一些学者认识到地球是一个球体。而在此之前，世界一直被认为是一个平面。那时各种关于地球、天空、星星之间关系的见解充斥于整个社会；而用我们现在的视角来看，这些见解显得幼稚可笑。现在几乎所有的人都知道：地球每24小时以地轴（地轴比赤道直径略短24英里或约39千米）为中心自转一周，这也就是昼夜交替的原因。地球根据略显倾斜的轨道，每年绕太阳公转一周。地球离太阳的距离，最近时为9150万英里（1.47亿千米），最远距离为9450万英里（1.52亿千米）。

围绕着地球运行的还有着这样一个球体——月球。它比地球小，与地球的平均距离为23.9万英里（38万千米）。围绕着太阳运行的星球并非只有地球与月球，在离太阳3600万英里（5800万千米）至6700万英里（1亿多千米）之间还运行着水星和金星。在地球公转轨道外围，有无数的呈带状的、小得可以忽略不计的小行星，此外，还运行着火星、木星、土星、天王星和海王星，它们离太阳的距离分别为1.41亿英里（2.27亿千米）、4.83亿英里（7.77亿千米）、8.86亿英里（14.3亿千米）、17.8亿英里（28.6亿千米）和27.9亿英里（44.94亿千米）。因为没有参照，人们对于这些数以百万计的距离没有形象的概念，但如果我们把太阳与地球的距离缩小到一个我们可以理解的数字关系中，了解它或许就会容易很多了。若我们用一个直径为1英寸（2.5厘米）的小球代表地球，那么太阳这个大球的直径就为9英尺（2.7米），它们的距离就是323码（约295米），步行需要四五分钟。而月球就是离地球2.5英尺（0.76米）远的一粒豌豆。在地球和太阳之间有两颗行星——水星和金星，它们距离太阳的距离分别是125码（114米）和250码（228米）。而在这些星球的附近，则没有其他星球；一直到距离地球175码（160米）的地方，才会遇到火星，在距离地球4英里（6.4千米）到6英里（9.6千米）的地方分别有天王星和海王星。此后的方圆数千英里，除了细微的尘埃和稀薄的气体，其他什么都没有。用这样的比例计算，离地球最近的恒星也远在4万英里（6.4万千米）之外了。

　　这些数字大概能让人们形成这样一种观点：生命这出戏剧演出的舞台空阔且寂静。

　　在这无边无际的空间里，我们真正能够认知的仅仅是地球表面上的这些生命，它们也从未深入到3英里（5千米）以下的地方，而我们与地心的距离居然有4000英里（6400千米）那么远；它们也从来没有超越到地球上空5英里（8千米）的地方，在那些地方，有的只是寂静与空虚。

　　海洋的最深处不过5英里（8千米），飞机飞行的最高纪录也仅仅超越了4英里（6.4千米）（这是作者所处时代的纪录）。曾经有人坐热气球到达过7英里（11千米）的高空，但他却感到无比的痛苦。没有任何一种鸟类可以飞越5英里（8千米）的高空。有人曾用飞机把小鸟和昆虫带到空中，但是高度还没到达5英里（8千米）时，这些动物就早已没有了知觉。

第二章 时间的世界

近50年来，关于地球年龄及起源的研究与探讨从未间断过，科学家们做了很多有价值且有趣的推测。由于其中包含了许多深奥的数学与物理方面的知识，我们很难给各位读者概述这些推测。而实际上，以我们现今数学与物理研究的发达程度，依然无法获得超越前人推测结论的科学成果；但总体而言，地球的年龄倒是被估测得越来越长了。如今看来，地球是一颗独立存在且围绕太阳飞行了20多亿年的行星。或许地球存在的时间要比这更长，长得超出我们的想象。

在地球分离出来之前的这段漫长的时间里，太阳、地球以及围绕太阳旋转的其他行星或许只是一些散落在这虚无空间中的巨大漩涡。人们通过天文望远镜看见了太空中的其他部分，那些发光的螺旋状星云，看上去就像围绕着一个中心在旋转。于是天文学家们设想：或许太阳和它周围的行星也曾是这种漩涡。随着时间的推移，漩涡中的物质慢慢凝聚成现在的形状，这种凝聚的开始源于更远的过去，终止于以上所说的时期，地球跟月球于是也变得分明了。那时候的地球与月球距离太阳更近，旋转的速度比现在要快很多，绕太阳运行的速度也更快一些，它们的表面或许呈一种白炽化的状态；而太阳，则是宇宙中一个巨大的火球。

若我们能回到遥远的过去，去看看童年时期的地球，我们就能看见与今天所见截然不同的景象：那时候的地球更像是炼钢炉里融化的矿物，或许用没被冷冻凝固的岩浆表面来形容会更妥当。同时，也没有液态的水，因为所有的水分都在硫黄蒸汽和矿物蒸汽里化成了水蒸气，弥漫于天空。而在它们之下是沸腾翻滚的熔岩海洋，弥漫着火云的天空，阳光与月光飞快掠过，如同一道炽热的气浪。

几百万年过去了，这片翻滚的汪洋火海逐渐冷却下来。天空里的水蒸气变成雨水降落到地面，密度也变得稀薄起来。逐渐凝固的石块，一会儿在熔岩中沉浮，一会儿又被另一块更大的石块压没。太阳和月亮也到了更为遥远的地方，体积变得更小，运行的速度也变得更慢了。由于月球的体积较小，因此其表面温度早已从白炽状态冷却下来，所以，它时而遮挡住阳光形成月蚀，时而反射阳光形成满月。

经过了无限漫长的岁月，地球用非常缓慢的速度逐渐变成了现在的模样。最后出现了这样一种景象：水蒸气遇到冷空气凝结成云，最早的雨水落在了最早的岩石上。原始的地球也是一个火球，上面没有任何生命。在后来的千万年间，虽然地球上的大部分水分依然蒸发到大气之中，但至少已经有了滚热的水流到凝结的岩石上，形成了沼泽和湖泊，并把岩石上的碎石和沉淀物冲刷进去。

最后，地球上的一切事物都能够满足人类的繁衍生息了。倘若我们可以回到那时的地球，我们所处的环境将是这样的：空中刮着狂风，下着暴雨；地上全是熔岩，没有泥土，也没有植物。那种炽热如同火焰般的狂风，其危害性远胜于最强的龙卷风；瓢泼大雨对于生活在现在温暖舒适的地球上的我们而言根本不堪设想。从我们身边倾注而下的雨水，呼啸着，带着石块岩浆，冲刷出一条条沟壑深谷，最终把这些沉积物卷入海洋。我们可以透过云层看见巨大无比的太阳从我们头顶的天空中掠过，随之而来的是无休止的地震与其他地壳运动。而月亮，虽然它现在只把它的一半朝向地球，但在那个时代，它会将羞于见人的另一面翻给你看，你能明显地看出它在转动。

随着地球年龄的不断增长，一天的时间也逐渐变得越来越长了。地球与太阳的距离也开始变得遥远，阳光不再炎热逼人，而变得温暖起来。月亮转动的速度逐步变慢，风雨的强度也日趋减小。海水一点一点地增加，慢慢形成了汪洋大海，覆盖着全球。

但那时的地球上仍然没有生命，海洋里也没有生命，岩石上更是一片荒芜。

第三章　生命的起源

在人类拥有记载和传说之前，我们对地球上生命体的所有认知几乎全部来自生命体在岩石中所留下的足迹和化石之中。我们在页岩、板岩、石灰石和砂岩中发现了很多骨头、贝壳、纤维、根、种子、足迹和掌印，还发现了第一次潮汐留下的痕迹，以及最早的降雨所形成的洼地。正是通过对"岩石记录"的仔细检查，才使地球生命的历史得以总结。今天，这些发现已成为一种常识。虽然沉积岩均匀地一层压着一层，但在经过扭曲、拉扯、挤压和分散后，便如同被多次抢劫和焚毁的书页。人们之所以可以更容易地阅读它们现在所表现出来的这种顺序，完全归功于大批学者对它们的终身研究。这些岩石所记录的时间范围，粗略估计为16亿年。

记录中最早的岩石，地质学家们称其为"原生岩石"，在这之前依然找不到任何生命的迹象。在北美洲，有一片广袤的地区裸露着原生岩石，依据它的厚度，地质学家们推测，它们至少有8亿年之久，这占据了所有地质记录的一半。让我再次重申这个有着深刻意义的事实：从陆地和海洋第一次分开以来的一半时间内，地球没有留下任何有关生命的痕迹，虽然在岩石中有海浪和雨水的痕迹，但是没有生命体的任何遗迹。

随着我们对记录一步一步的调查，生命迹象终于出现，且越来越多。在世界历史上，我们发现了生命痕迹的最早时期，地质学家称之为古生代早期。生命活动的最早证据是一些相对简单和相对低等的生物遗迹，例如水生贝壳类动物的贝壳、植物状动物花朵般的头、藻类、甲壳类动物沙蚕一样的足迹和遗体。最早期的动物与蚜虫非常相似，它们可以像蚜虫那样把身体蜷成一个球，这种动物就是三叶虫。经过几百万年，有一些海蝎出现，相比以前的动物，它们显得更灵活也更强大。

这些动物的身体一般不是很大，最大的一种海蝎的身长也只有9英尺（2.74米）。在此期间，地球上没有发现任何陆地生物的迹象，无论是动物还是植物。至于鱼和其他脊椎动物的迹象，在这一时期的记录中依然一无所获。在这一时期的地球上，历史给我们留下的所有动物和植物痕迹，基本上都是浅水生物。今天，如果我们想看到与古生代岩石相似的植物群和动物群，而不考虑体积的大小，最好的方法是从长着游藻类的沟中或是岩熔池中取出一滴水，把它放在显微镜下观察。我们会发现，这滴水所表现出的小甲壳类动物、小贝壳、海绵、珊瑚和海藻，和那些曾经统治我们地球的极其笨重巨大的原型，是多么惊人的相似啊。

然而我们必须清楚，那些古生代早期岩石，或许不会为我们提供任何有关我们这个星球上生命开始的记录。因为如果某种动物不具有一个坚硬的外壳，也没有足够的体积和重量，它根本不可能在泥石中留下痕迹，从而成为留下证明它存在的化石。就好比现在世上这些无数微小的软体动物一样，它们也不会留下任何痕迹以供未来的地质学家和古生物学家考察。同样，在过去的世界中，我不知道有多少这样的生物，它们生活、繁殖并繁盛，最后，又毫无痕迹地消失了。因此，所谓的无生代时期，也许有着无数种低等级、无骨壳胶体动物，生活在温暖的浅湖或浅海中；还有着无数种游藻类植物，生长在阳光明媚的潮涨潮落的岩石上和岸边。

就像银行账簿不可能完全记录邻居的生活一样，"岩石记录"也没有关于过去生命的完整记录。只有当生命进化到开始分泌并孵化出钙质、针骨、甲壳类动物或石灰质茎，并由此能够给未来留下点儿什么时，它们才可以成为某种生命体的记录。然而，在较为接近那些含有化石痕迹的岩石之前的岩石中，偶尔可以发现石墨——某种碳的分离形态。权威人士认为，这些东西或许正好是我们所未知的生物，它们通过自身剧烈的生命活动从化合状态中分离出来。

第四章　鱼类时代

　　"世界仅存在了几千年"这种观点曾经在世上占据着主导地位。在那个年代里，动物和植物的种类都被认为是一成不变的，各种生物出现时的模样就是它们现在的样子。但是自从人们开始发现并研究"岩石记录"后，这一观点便动摇了。人们开始持怀疑态度：在漫长的岁月里，植物和动物是否发生过变化和发展呢？有了这样的疑惑之后，渐渐地形成了生物进化论：地球上的所有生命，无论是动物或植物，都是从无生代某些极简单的海洋生命体，即几乎没有组织的生命体，通过缓慢持续的进化过程演变而来的。

　　生物的进化与地球的年龄一样，一直都是科学家们激烈辩论的问题。曾几何时，生物进化论被某些莫名其妙的观点所误解，从而被认为是与正统的天主教、犹太教的教义背道而驰的异端邪说。所幸那个时代终于结束了。现在，绝大多数人都接受了这种更加广泛、更加与时俱进的见解：万物同源，横空出世的生物是不存在的。无论今天还是过去，生物仍然在不断地发展着。想象一下，在时间的长河中，它们繁衍生息、代代相传，从最开始在潮起潮落的泥沙中蠕动，终于进化成自由、强大且具有思想的生命体。生物是由个体组成的，这些个体是可以确定的东西，既不是块状或团状的无生命体，也不是无运动无界限的结晶体。它们有着非生命体不具有的两个特性：一是可以同化其他物质，使其成为自身的一部分；二是它们可以再生。它们可以进食、繁衍，还可以产生大量与自身相似但又有着微小变化的其他个体。每个生命体与它的后代之间存在着一些种族相似点，但也存在着个体的变异。这是任何物种在任何时期都会存在的现象。

直到现在，科学家们依然无法向我们解释如下问题：母体与后代之间为什么存在着相似性？为什么又会出现差异性？生命体与其后代间的相似性与差异性是人们所常见的，而由此得出物种生存环境若发生变化，其本身也必然会发生相应变化的结论，这个问题与其说是科学知识，倒不如说是一种常识。正所谓，物竞天择，适者生存，任何物种的每一代都会产生大量可以适应新环境的个体和一些无法适应新环境的个体。总体而言，前者较之后者寿命更长久，繁殖能力也更强。物种依循着这种原则代代相传，它们的整体素质也朝着更好的方向发展下去。这个过程就是"自然选择"。自然选择既不是科学理论，也不是从繁殖与个体变异的事实中推测出来的必然结论。世上是否有着某种其他力量在左右着物种的灭绝与生存，科学家们也无法明确地给出解释。如果有人不承认从生物的出现开始，自然选择就起着作用，那他不是无视生命存在的根本事实，就是缺少基本的思考能力。

关于生命起源的问题，许多科学家都思考过，他们的这些见解往往生动有趣。可是关于生命起源的问题，至今依然没有明确的见识和令人信服的推测。不过，几乎所有的权威学者都一致认为：生命大概起源于某个被阳光照耀下的微咸浅水所浸泡过的泥沙中，然后，随着潮起潮落，分别向陆地与深海扩展。

最初的地球上，潮汐的活动异常剧烈。生命体很容易被海浪冲上岸边晒干，或者被冲进深海，因为缺少空气和阳光而死去。这种环境使它们朝着生根固定的方向发展，并且促使某些物种为避免脱水后迅速干燥而生出外壳。最初，这些生命体依靠对味道的敏感而寻找食物，依靠对光线的敏感从深海与洞穴中出来，或者是逃离因过度明亮而无法生存的浅滩。早期生物身上的甲壳，或许并不用于抵御外敌，而是用来防御干燥，不过牙齿和爪甲倒是很早就出现了。

在上文中我们已经提到过早期海蝎的大小。在很长一段时间里，这种动物一直是生物界的领导者。现在许多地质学家认为，在这之后某段时期（大概在5亿年前的志留纪）的古生代岩层中出现了一种有眼睛和牙齿、会游泳而且能力更强大的新型动物。这就是我们已知的最早的脊椎动物——原始鱼类。

在岩层的下一层中，也就是泥盆纪岩石层，这种鱼类的数量有了明显的增加。由于这种生物在这一时期尤为繁盛，所以岩石记录下的这一时期称之为"鱼类时代"。如今，这些鱼类早已在地球上灭绝了，现在的鲨鱼和鲟鱼倒是长得跟它们很像。这种生物时而在水里穿梭，时而飞出水面，在海藻间追逐捕食，它们给远古的海洋带来了新的生机。按照现在的标准来看，它们并不是很大，身长2～3英尺（80～90厘米）的都很少，不过也有例外，某种鱼的长度就达20英尺（6米）。

我们无法从地质学上获得这些鱼类始祖的任何线索，它们看上去好像与远古时期的鱼类没有任何关系。动物学家们曾经对这些鱼类的始祖提出过许多有趣的看法，但是大多都是对它们现存近亲鱼卵的发育以及其他一些资料的研究推测出来的结论。显然，脊椎动物的始祖是软体动物，十分可能是那种先在嘴里或嘴的周围长出牙齿般硬物的小型游水动物。鳐鱼和角鲨的牙齿覆盖在上下腭外面，并且从嘴边开始，浑身长满了齿状鳞。当这些齿状鳞进入到地质学记录中的时候，它们也已经离开了深藏的黑暗洞穴，来到了明亮的地方，于是，最早的脊椎动物就出现在了地质记录中。

第五章　石炭沼泽时代

　　在鱼类时代，生命显然还未曾降临到陆地上。陆地上只有冷峻的岩石和起伏的高山，任凭风吹日晒。此时的地球，依然没有真正意义上的土壤，因为那时既没有可以改善土壤的蚯蚓，也没有使岩石破碎为土壤的植物，就连苔藓和地衣也没有，而生命，依然只存在于海洋里。

　　在这片仅有着岩石的地球上，气候发生了巨大的变化。而让气候发生巨变的原因十分复杂，时至今日，我们还只能对其进行推测。地球的运行轨道在变，地球两极自转的方向在变，陆地的形态在变，就连太阳的热度也在变，这种种原因致使地球表面的大部分区域进入了长期的冰冻期。后来，全球又变得温暖舒适起来，并且持续了几百万年时间。在地球的历史上，曾经有过几次剧烈的活动期。累积了几百万年的上冲力促使火山爆发、地震频频，使地表上的高山与平原发生了剧变，从而使得海洋变深了，山地更高了，气候的变化也更剧烈了。紧随其后的是漫长的平静期。在这段时期，由于冰雪、风雨以及河流的不断侵蚀，山的高度变低了，同时，又把大量泥沙冲入海里，使大海变浅，海面也持续扩张，覆盖了广袤的陆地。在世界历史上，这种"高而深"时代和"低而平"时代曾经交替出现。或许有些读者会认为，自从地壳形成之后，地表的温度也慢慢降低了，这种观点是不对的。实际上，地球在经过几次冰冻之后，地壳内部的温度就无法再对地表产生任何影响。就算在无生代时期，同样也会存在冰冻的痕迹。

　　直到鱼类时代后期，生物们才适应了新环境，从广阔的浅海和海湾来到了陆地上。毫无疑问，这些早期生物在过去的千百万年间，用一种细微的、未知的方式才演变成现在这个模样，而现在，它们迎来了属于自己的时代。

毫无疑问，植物比动物更早登上陆地，不过相距的时间倒是不远。登陆后的植物要解决的第一个问题是如何在没有浮力的情况下，获得坚硬物支撑起叶子，让其受到充足的光照；第二个问题是如何在远离水的情况下，从植物身下的潮湿地面中获取水分。而木质组织恰好可以解决这两个问题，它既可以支撑植物，使其受到阳光的照射，又可以向叶子输送水分。这一时期的地质记录中，一下子涌现了种类繁多的木质沼泽类植物，有木质苔藓、木质蕨类和巨型木贼等体积庞大的植物。随着时间的流逝，大批其他品种的动物也从水里来到了陆地上，例如蜈蚣、千足虫、最早期的原生昆虫，还有古代巨蟹和海蝎的近亲，它们最后都演变成地球上最早的蜘蛛和陆地蝎。随后，脊椎动物也出现了。

地球早期的昆虫体积一般都比较大，那段时期曾经有一种蜻蜓，双翅展开时居然有29英寸（约73厘米）长。

这些新型昆虫，通过各种方式让自己能够适应直接呼吸空气，因为呼吸空气是一切动物生存的先决条件。由于在以前，这些动物还都吸收着水中的氧气，所以，动物还要想方设法提高自己补充身体水分的能力。时至今日，如果人的肺完全干枯，那么就会立刻窒息而死，因为只有当肺的表面处于湿润状态时，空气才可以顺畅地经过肺部进入血液。

动物要适应游离态的空气，从而进行呼吸，就需要让自己的身体发生改变。这种改变体现在许多方面，例如长出一个新的器官来遮盖旧有的鳃，从而防止蒸发；或者是通过进化让某个器官深藏在体内，从而可以让分泌液来滋润呼吸道或新的呼吸器官。远古脊椎鱼类用来呼吸的旧式鳃无法在陆地上呼吸，因此这类动物的呼吸器官发生了分化，鱼类用来游泳的鱼鳔进化成为现在动物体内的新呼吸器官——肺。水陆两栖类动物，如青蛙和今天的蝾螈，在水中生活时用鳃呼吸，同时体内的鱼鳔发生了进化，变成长在咽喉附近的袋状物，肺承担了它们在陆地上呼吸的任务。接着鳃萎缩退化，鳃裂也随之消失（不过只留下一个鳃进化成耳至鼓膜的通道）。这些动物后来只能生活在陆地上，不过，为了产卵和繁殖后代，还是要回到水边去。在沼泽时代，所有呼吸空气的脊椎动物都属于两栖类。

这些动物，几乎全都长得跟今天的蝾螈一样，不过某些品种的身体倒是要庞大很多。虽然它们都已经是陆地动物，但是仍然需要住在潮湿的沼泽或沼泽附近。这段时期的大树，也同样具有两栖的习性，因为它们还没有长出仅靠雨水滋润就能发芽的种子，它们的孢子只能落入水中才能发芽。

比较解剖学中最有魅力的学科就是研究生物如何从水中移居到陆地上，具有哪些复杂而又惊人的适应性的学科。所有生物，无论植物或是动物，最初都生活在水中。例如包括人类在内的一切比鱼更为高等的脊椎动物，在卵发阶段或出生之前都有鳃裂，但在出生之后鳃裂却消失了。再比如鱼类，它们的眼睛因为裸露在水中所以得到了滋润，而更高等的动物则要靠眼睑和分泌腺体来保持眼睛的湿润。再者，若要听到那些空气中震动相对微弱的声音，必然就会生成鼓膜。为适应身体直接与空气接触的环境，它们身体上的所有器官也随之进行了类似的改变、调整和修补。

在石炭纪两栖类时期，生物在沼泽、礁湖以及浅滩的水中生活。虽然此时生物的生活范围已经扩大，但高原和山地上仍然没有生命，呈现出一派荒凉的景象。生物虽然已学会了呼吸空气，但它们的根仍必须扎根于水，依然要回到水中去繁衍后代。

第六章　爬行类时代

　　自从生物繁盛的石炭纪时期过去后，又一个漫长、干燥、严寒的时代降临了。这一时期的地质记录中全是厚厚的岩砂类堆积层，而少有生物化石的痕迹。地球上的温度频繁地升降，并且还经历了多次漫长的冰河时代。以往种类繁多且茂盛的沼泽植物早已绝迹。新的堆积层把它们压在了下面，开始了压缩和造矿运动，正是这一运动馈赠了我们今天丰富的煤矿。

　　也就是这个剧烈变化的时期，使生物在恶劣的环境中接受了最有价值的考验，并迅速蜕变。当环境重新变得温暖和潮湿时，我们会发现一系列新型的动物和植物出现了。我们在岩石记录中发现了新的脊椎动物产卵的痕迹，它们在孵化完成之前便已经发育成熟了，一出生就可以在陆地上生存，而不必像蝌蚪那样必须在水中先生活一段时间。此时的动物，在出生前的胚胎中或许还存在着鳃裂，但是出生后鳃裂就完全消失了。而这种无须经过蝌蚪阶段的生物就是爬行类动物。

　　同时也出现了可以结出种子的树木。它们可以独立完成播种的任务，而不再依靠沼泽和湖泊。虽然还没有出现草类和可以开花的植物，但是毕竟已经有了类似棕榈的苏铁类植物和各种热带松柏类植物。羊齿类植物生长繁茂且种类繁多，昆虫的品种也在逐渐增多，虽然还没有出现蜜蜂与蝴蝶，却已经有了甲虫。无论如何，新的、真正的陆地动植物的所有基本形态都已经形成，即便还要经历漫长的苦寒时期，但它们只要一遇到可以适应的环境，就可以迅速地繁荣昌盛起来。

地球在经历过漫长的剧变后，终于进入了一段平和时期。在无数次地壳运动、地球轨道变化以及地球运行轨道与地轴角度增减等因素的共同推动下，形成了地球上一段漫长且大范围温暖的时期。现在推算这段时期至少延续了2亿年以上，这就是中生代用来区别遥远的古生代、原生代（共14亿年），也用来区隔于其末期与现代的新生代。由于在这一时期，各种爬行类动物在地球上占据着主导地位，因此中生代也称之为爬行动物时代。大约一直到8000万年前，中生代才结束。

现如今，爬行类动物的种类在地球上已经很少了，而且分布的范围也十分有限。但是与那些在石炭纪时期曾统治过地球的两栖类动物遗留到现在的后代相比，它们的种类要多得多。今天，依然还有蛇、海龟、龟、鳄鱼、蜥蜴等爬行类动物生存在地球上。这些动物毫无例外全年都要生活在温暖的环境中，而不能在严寒的环境中生存。或许中生代的爬行类动物也同样受这些环境的制约。它们是温室类动物，习惯生活在温带丛林中，经受不住严寒。不过，地球上终究还是出现了真正可以在干旱陆地上生活的动植物，它们与生物全盛期的沼泽类动植物截然不同。

那时候的爬行动物，种类要远远多于我们现在所知道的大鳖、海龟、巨鳄和各种蜥蜴、蛇等动物。此外，还生存着各种各样的现在地球上已经灭绝了的奇异种类，而恐龙的品种最为繁多。当时，芦苇、羊齿蕨等植物已经覆盖了平坦的低地。在中生代，食草爬行动物进入了全盛时期，它们以这些丰富的植物为食，庞大的体格也比以往的任何两栖类动物都要大，或许只有海里的鲸可以与之比肩。例如梁龙，从它的鼻尖到尾端共有84英尺长（26米），而巨龙则更长更大，足长约100英尺（30米）。不要以为这些大型动物会处于食物链的顶端，以它们为食的恰恰是一些身材比它们略小的食肉类恐龙，霸王龙就是其中的一种。在许多书中霸王龙常被描写成绝无仅有的凶残的爬行动物。

当这些大型动物在中生代丛林中的蕨叶和常绿植物间觅食或相互追逐时，另一种如今已灭绝的爬行动物，却在用它们进化成蝙蝠翅膀状的前肢捕捉着昆虫。最初，它们只是跳跃，到后来终于可以在树林的枝杈间滑翔了，这就是翼手龙。它们是最早的可以飞行的脊椎动物。它们为脊椎动物的生长史创立了一个新的里程碑。

　　另外，还有一些爬行动物又回到了海里，其中就有3种会游泳的爬行动物回到了它们的祖先曾经生活过的海洋里，它们分别是沧龙、蛇颈龙和鱼龙。它们有的体型甚至跟现在的鲸一般大小。鱼龙或许只有在排卵时才会下海，至于蛇颈龙，现在早就无法找到它的同类了。它们拥有庞大的体形以及适于游泳的器官，非常适合在沼泽和浅水处游行或爬行。它们巨蟒般的脖子完全胜过天鹅颈，上面长着一颗不成比例的小脑袋。蛇颈龙跟天鹅一样，在游水的同时还可以兼顾觅食，又能够潜入水中，去捕捉经过的鱼类和其他动物。

　　以上便是整个中生代陆上生物的主要生活景象。在那段时期，它们始终占据主导地位。如今，用我们人类的眼光来看，它们确实比过去的任何动物都要进步得多，体形更大，分布范围更广，更加有力量，且更有生机。

　　虽然海中还未曾达到这种进步，但生物的新品种也已经开始丰富起来。有种类似于乌贼的菊石类动物开始出现在浅海里了，它们具有封闭的螺旋状贝壳。它们的远祖曾生活在古生代的海洋里，而在中生代它们的状态达到了顶峰。今天，这种动物早已灭绝了。而与它们最近的近亲，是生活在热带海洋中的珍珠鹦鹉螺。而鱼类，则出现了一种新生的、多产的品种，它们跟以往那些长有片状或齿状鳞片的鱼类相比，具有更轻巧和精美的鱼鳞，从此，它们开始兴盛起来，并在江河湖海里占据了优势地位。

第七章　最早的鸟类和哺乳动物

在上面的几个章节，我们为读者简要地描述了生命最为兴盛的中生代动植物。在当时的地球上，恐龙称霸着热带雨林和潮湿平原，而丛林则是翼手龙的天下，它们振动翅膀时会发出如同尖叫的声音，滑翔在无花的灌木丛里捕捉着一只又一只昆虫。然而就在它们的附近，却生活着另一群不显眼的动物，数量不多的它们，尽量避开那些生物，隐忍着学习一种新的生存本领。而这种本领，在太阳与地球不再温和仁慈时，对种族的延续就显得非常有价值了。

在爬行动物中，有一些擅长跳跃的小型物种和小型恐龙类动物。它们在生存环境的压迫以及天敌的袭击下，要么遭遇灭绝，要么让自己适应严寒的生存环境，逃到寒冷的高山或海洋深处去。这些遭遇不幸的物种，逐渐进化出一种新型的鳞，随后这种鳞又被拉长变成羽毛状，成为当时动物羽毛的雏形。这种相互重叠的羽毛状鳞片覆盖在动物身上，确实比当时任何一种爬行动物的外皮更能有效地保持体温。正因如此，它们才得以进入无羽毛动物无法生存的寒冷地区繁衍生息。变化的还不只是羽毛，这些动物开始变得更关心自己的蛋，而通常，爬行动物大多不关心自己的蛋，任凭它们自然孵化。但生命之树上长出的新枝却出现了分权，它们养成了保护自己的蛋并用自身体温来孵蛋的习性。

在适应寒冷环境的同时，原始鸟类的身体内部也发生了变化。它们的血液变得温热，并一直保持它们的温度，使其进化为早期的恒温动物。最初的鸟类或许是捕鱼为食的海鸟，它们的前肢与其说是翅膀，还不如说是企鹅那样的蹼足。

新西兰的鹬鸵是一种很奇特的鸟，它们的羽毛非常纯粹，却不能飞，也不像是从会飞的祖先那里遗传的。在鸟类进化史上，羽毛先于翅膀出现。不过，只要羽毛得到进化，它们必然会轻松地展开前肢，而翅膀的出现也就是时间的问题了。我们从一片鸟的化石中，至少能看出它的腭部有爬行动物的牙齿，身体后部还有一段爬行动物的尾巴，但同时又有着鸟类的翅膀。可以肯定的是，它们曾经混迹于中生代的翼手龙中间自由地飞翔。尽管如此，在中生代鸟类的种类和数量仍然很少，假如有人能回到中生代的地球，想必他只能看到在蕨类植物的枝叶和芦苇中飞翔鸣叫的翼手龙和昆虫，却很难看到一只鸟，听到一声鸟叫。

同时，他可能无法看到任何哺乳动物的踪迹。尽管最早的哺乳动物可能要比最早的鸟类早出现数百万年，但当时，它们还过于渺小、稀少，因此，根本无法引起注意。

与早期鸟类一样，早期的哺乳动物也因为生存竞争和天敌驱赶，被迫去适应如何在艰难的严寒环境中生活。它们表皮上的鳞同样进化成羽毛状，从而形成保持体温的隔离层。它们与鸟类的变化大同小异。与鸟类一样，它们体内的血也变成温热的，并保持恒温，不一样的是，它们没有进化出羽毛，而是生成了毛发。它们不像鸟类那样只是单纯地保护和孵化蛋，而是把蛋一直安置在自己温暖的体内来保证其安全，并持续到幼体发育成熟。它们中的大多数都是胎生的，幼体出生后就是一副鲜活的样子。即便是幼体已经出生，它们仍然履行保护、喂养幼体的职责。现在的大部分哺乳动物都有乳房，用来哺育自己的幼儿。事无绝对，有两种哺乳动物就没有乳房，而且是卵生繁殖后代，它们靠皮肤的分泌物来喂养后代，这两种动物就是鸭嘴兽和食蚁兽。食蚁兽产下硬壳蛋后，把它放在腹部下面温暖安全的袋中，直到孵化出幼体。

就像去往中生代地球的参观者要花上好几天甚至好几个星期的时间才能发现鸟类的踪迹一样，如果不知道哺乳动物的确切位置的话，一样也很难找到哺乳动物的痕迹。毕竟在中生代时期，鸟类和哺乳动物都属于怪异的、次等的、不占主导地位的动物。

据今推测，爬行类动物时代大约持续了8000万年。若是用我们有限的知识来看待这漫长的时代，人们一定会以为，这种阳光灿烂、生机勃勃的好时光一定会长久地持续下去，那些爬行在沼泽中的恐龙以及展翅于空中的飞龙也将世代昌盛。但宇宙神秘的周期性规律所集聚起来的力量却开始改变这种看似永恒的安宁，于是生物的美好时光就这样结束了。岁月交替，沧海桑田。地球与其说是停滞了，倒不如说是倒退了，环境变得极度恶劣，平原发生了巨变，山川河海也改变了旧有的面貌。从地质记录中我们很容易看出，在长期繁荣昌盛的中生代衰落之后，随着环境持续的变化，新生物种也会发生剧烈的变化，于是一些新奇的物种就出现了。与此同时，那些旧有物种迫于灭绝的威胁，也都竭尽全力地让自己去适应这种新的环境。例如菊石类，就曾在中生代末期发生了许许多多异样的形态。在安定的环境中，很难看到物种有什么新的进化和蜕变，因为不需要改变什么来适应环境，所以它们往往是停滞状态的。不过在新环境下，旧有的物种备受打击，而新物种反倒可以抓住较好的时机，让自己传承生命并确立地位。

至此之后的岩石记录中断了，这一段长达数百万年的中断期就如同一块幕帘，使我们无法看清整个生物进化史的轮廓。当我们的视线扫向这块幕帘的后面时，爬行动物时代早已终结，恐龙、蛇颈龙、鱼龙、翼手龙以及众多的菊石类生物全都灭绝了。这些在中生代遍地都是的生物如今死亡殆尽了，也没留下任何后代，是寒冷灭绝了它们。看来它们为适应新环境而做出的变种都还不够完善，此后再没出现让它们再度繁荣起来的生存环境。当时，地球所经历的恶劣天气，远远超出了中生代生物的承受范围，因此它们遭到了灭绝。而后，我们所看到的也是一种新的景象：一些新的、更顽强的动植物物种主导了这个世界。

当生命的历史将翻开新的篇章时，全球依然处于荒凉和严寒之中。此后，靠落叶来抵御严寒的乔木、会开花的植物和灌木取代了以前的苏铁类和热带松柏类植物。而以前遍地的爬行类动物也被种类日益增多的鸟类与哺乳动物所取代。

第八章　哺乳类时代

地球上生物进化的下一个时期便是新生代。这是一个地壳不断隆起、火山剧烈运动的时期。阿尔卑斯山、喜马拉雅山等巨大的山脉群以及落基山、安第斯山山脉都是在这一时期隆起的，地球上现在的海洋和陆地也是在这个时期形成了最初的轮廓。据推算，新生代大约距今4000万年到8000万年。

新生代初期，地球上的气候十分恶劣。后来，气候渐渐变得温暖起来，形成了一个物种极为繁盛的新时期。接着，气候再度恶化，地球进入了极度寒冷的周期——冰河期。以此为起点，当今世界的形态开始慢慢地浮现出来。

可是，由于我们至今都没有找到当时气候变化的资料，所以也就无从预测以前气候变化的范围。或许地球上的阳光越来越强，又或许变得日益寒冷起来；火山与地壳的运动可能会变得剧烈，也可能会趋于平静，对此我们不得而知。在这些问题上，我们缺少充分的科学依据。

新生代一开始，草就出现了，地球上第一次有了草原。那些生活在暗处的哺乳动物获得了全面发展，涌现出了许多食草动物。不过有意思的是，食肉动物也随之而来。

最初，这些早期的哺乳类食草、食肉动物与中生代食草、食肉的爬行类动物很相似，只有少数的特征不同。因此，一些粗心的观察者或许会以为此时开始的第二次温暖繁盛的漫长时代，不过是上一个时代的反复，只不过是食草、食肉的哺乳动物，取代了食草、食肉的爬行类动物，鸟类取代了翼手龙而已。其实，这根本就是一种肤浅的比较。宇宙的变化是无规律的、连续的，它的进程永无止境。历史永远不会重演。中生代生物与新生代生物之间的差别与它们的相似性比起来，意义更为深刻。

这两个时期动物的所有区别中，最根本的区别在于它们心理生活的差距。就母体与其后代的接触程度而言，哺乳动物及鸟类与爬行类动物的生活状态存在着本质的差别。除了少数的例外，爬行类动物产卵后都离弃它们，任其自行孵化。小爬行类动物孵出后，无法从父母那儿学到任何生存的本领与知识。它们的知识来源，始终不过是独身一人的经历而已。虽然它们可以容忍自己同类的存在，却与它们没有什么联系。它们从不相互模仿，相互学习，也从不与它们合作。它们过着一种独立的个体生活。而新生的哺乳动物和鸟类，则因为哺育和抚养与幼体之间形成了一种默契，从而使模仿与学习成为可能。也通过彼此警告的鸣叫或其他协同的行为，使它们彼此可以联系在一起，从而使控制和教育成为可能。就这样，一种可教育的生物便出现在地球上了。

新生代早期中最早的哺乳动物，它们脑的体积与更为活跃的食肉恐龙类相比，只有少许增大。若我们继续沿着地质记录往下看就会发现，任何种类的哺乳动物，它们的脑容量都在持续稳定地增长。例如在这一时期的最初，有一种巨犀在习性与需求上与现代犀牛极为相似，但它的脑容量却远远不到后者的十分之一。

早期的哺乳动物似乎在哺乳期一结束，就马上跟后代分开，各自独立生活。不过，一旦它们相互之间有了理解能力，它们保持联系的生存优势就显而易见了。接着，我们会很明显地发现，多种哺乳动物真正的社会生活已经开始了。它们成群结队，彼此依靠，相互学习，并通过动作与鸣叫来传递信息。这样的情况在过去的脊椎动物时期是绝对无法看到的。爬行动物与鱼类之所以成群结队，那是因为它们被大量地孵化出来，一同生活在条件相同的环境中。而社会性群居的哺乳动物，它们的联合群居并不是单纯的外部压力造成的，而是由于它们受到了来自思维深处的内部感应而维系的。它们相聚于同一时间、同一地点，并不是因为它们彼此相像才在一起，而是因为它们互相爱恋。

由于爬行动物的世界与人类的差异，很难让人们对它们产生好感。我们无法想象爬行动物那些迅速而简单的本能动机：饥渴、恐惧和憎恨。我们之所以无法理解爬行动物的单纯动机，原因在于我们人类的动机都是复杂的。人类的动机都较为均衡，我们更加注重结果，而绝非单纯的冲动。哺乳类和鸟类都有自控能力，并且顾忌同类中个体的习性，有社会性诉求，与我们低层次的标准还是很相似的。也正因如此，才使得我们与几乎所有的哺乳类和鸟类发生联系。当它们痛苦时，它们的哀叫或痛苦的抽搐会让我们也为之动情。我们通过相互的认识，理解它们的痛苦，从而才能把它们驯养成为听话、忠诚的伙伴。

新生代动物的大脑异乎寻常的发达，这是新生代最重要的事实。它导致生物个体之间出现了某种新的交流和相互依存的关系，这预示着人类社会的即将出现，这些我们马上就会谈到。

随着新生代不断向前发展，与今天地球上的动植物越来越相近的动植物群得到了繁荣。例如巨犀以及各种丑陋笨拙的巨兽均已灭亡。同时，这些稀奇古怪的祖先逐渐进化出今天的长颈鹿、骆驼、马、象、鹿、狗、狮、虎等一系列动物。在地质记录史上，尤其可以看到马的进化过程。我们从新生代如同貘一样的原始马开始，有着一套完整的演变记录。另外，关于美洲驼和骆驼，我们也有比较精准的记录。

第九章　猿、类人猿、原始人

　　根据解剖学上的相似性，而不考虑其他精神方面的因素，生物学家们把哺乳动物纲分成许多个目，排在第一的就是灵长目。这里面包括狐猿、猿、类人猿和人类这些灵长类动物。

　　如今，我们很难从地质学记录去解释灵长类动物的历史。绝大多数灵长类动物都住在森林里，例如狐猿和猴；但也有的灵长类动物喜欢居住在裸露岩石的山地上，例如狒狒。正因为远离水面，所以它们很少被溺死而进入地质记录的堆积层。同时，它们的种类为数不多，导致它们几乎没有留下什么化石，不像马和骆驼的祖先那样数量繁多，出现了大量化石。不过我们知道，在新生代的早期，也就是约4000万年以前，已经出现了早期的猿和狐猿类动物。它们的大脑还不是很发达，远远不如它们的后代。

　　在生物不断发展的历史上，经过两次全盛时期——石炭纪沼泽期与爬行类时期之后的另一个全盛时期——中生代中期也结束了，于是地球又一次进入冰河时代。整个世界都变得异常寒冷，其间有过一次短暂的、忽冷忽热的间冰期。当气温重回温暖时，在亚热带雨林里嬉戏着许多河马。而在如今记者们比肩接踵的舰队街（位于伦敦附近），有大量长着尖牙利齿的剑齿虎在寻觅猎物。尽管寒冷与温暖循环交替，大量喜温动植物遭到了灭顶之灾，但是，有些动物却适应了寒冷的气候，例如披毛犀、大象的近亲——披着长毛的庞大的猛犸象、北极的麝牛和驯鹿等都在北极活了下来。而后，数十个世纪过去了，在严寒的大冰冻期，北极圈的范围变大了：在英国，它一直延伸到泰晤士河；在美国，延伸到了俄亥俄州。虽然这期间有过数千年的温暖期，但很快便又回到了更为严酷的寒冷中。

地质学家把这些严寒时期分成第一、第二、第三、第四冰河期，把介于两个寒冷时期中间的温暖时期称作间冰期。而今天，在我们居住的地球上，仍然可以找到严寒的冰河时代所留下的满目疮痍的痕迹。第一冰河期距今约60万年，第四冰河期的严寒在5万年前达到顶峰。就在这漫长的冰冻期，地球上的类人动物开始出现了。

到新生代中期，各种与人类相似的猿出现在了地球上，它们长着与人相似的腭和腿骨。但是，直到冰河时代即将来临的时刻才发现这种类人动物的踪迹。当然，这些遗迹并非单纯指遗骸，而是指它们曾经使用过的某些器具。在欧洲，大约在50万年到100万年以前的沉积岩中，我们发现了一些燧石与石片。显然，这些器具都是由某些有手的动物削制的，这些石头器具的边缘被打磨得非常锋利，应该是它们用来剥削、打击或者是战斗用的。地质学家们把这些东西称为"始石器"。但是，在欧洲并没有发现这些石器制造者的遗骸，或者别的什么遗物，只有这些石器而已。或许这种动物压根儿就跟人类不是同一祖先，只是一些大脑较为发达的猿猴而已。不过在同一时期的爪哇特利尼尔地区，从那里的沉积岩里发掘了某种猿人的头盖骨、牙齿和骨头。从这种猿人头盖骨来看，它们极有可能是直立行走的，因为它们的头盖骨比现存的任何类人猿的头盖骨都要大。这种行走的猿人，我们今天称之为"直立猿人"。而这些为数不多的骨化石是我们今天仅有的可以帮助我们猜测这些始石器制造者的资料。

在距今大约25万年的砂层中，我们发现了原始人遗留下来的痕迹。在岩石记录中我们发现了大量的器具。不过，这些器具的质量已经得到了很大的改良，不再是那种粗糙的始石器，而是一些制造精美的器具。与后来发掘的原始人所造的同类器具相比，这些器具要大一些。接着，在海德堡的砂坑中人们发掘出一块近乎人的腭骨以及另一块没有下颌的腭骨。它们比智人的腭骨要重一些，也更窄一些。依此推测，此种动物的舌头还无法灵活地转动，所以也就无法发出清晰的声音。科学家们根据这块腭骨的强度推断，这应该是一种长得像人，但体重很大，有着庞大四肢且毛发浓密的怪物，它被人们命名为"海德堡人"。

我认为，这块腭骨显然是世界上最能激发起人类好奇心，同时也最使人费解伤神的东西。这就好比拿着一个坏的望远镜观察过去的历史一样。透过这块骨头，我们似乎看见它在寒冷的荒漠中缓缓前行，为躲避剑齿虎而四处攀爬，又时刻警惕着那些树林中的披毛犀。等到我们即将要看见它们的真面目时，却忽然消失得无影无踪，留给我们的只是一些大量深埋在地下的器具。

　　更让人感到意外的是，在苏塞克斯的皮尔当沉积岩里，发现了一种距今有10万年至15万年的动物遗骨。有的学者认为，这些动物应该生活在比海德堡人更早的年代。科学家们从这些遗骸中发现了一块近似于人类的头盖骨，比现存的类人猿的头盖骨都更厚、更大。其中有一块骨头与黑猩猩的腭骨非常相似，但人们无法确定这到底是属于它的哪个部位。还有一块蝙蝠形状的大象骨，显而易见，这是经过加工的，上面有一个人工钻成的小孔。另外，还发现了一块刻着符号的鹿的大腿骨，像是祭祀用的符杖。这些就是在皮尔当的所有发现。

　　这种坐在地上、可以在骨头上打孔的，究竟是一种什么样的动物呢？科学家们称之为原始人。原始人不同于它的近亲，也与海德堡人和现在的任何类人猿极为不同。从此，关于这种原始人的任何遗迹，再也没有任何发现。不过，值得欣慰的是，在这之后的近十万年的沙砾层和沉积层中，所发掘出来的燧石和石头器具的种类越来越多，这些工具不再是粗糙的"始石器"。至少考古学家们已经可以分辨出它们是削刮刀、钻子、小刀、矛、投石和石斧。

　　至此，我们的祖先已经越来越接近人了。在下面的篇章中，我们将讲述全部人类先驱中最奇特的尼安德特人，这种人与人极为接近，然而又不完全是人。

　　不过，在这里我要声明一点：迄今为止，依然没有任何一个科学家承认这些动物——海德堡人或是原始人——就是今天人类的祖先。它们只不过是与人类最接近的种族罢了。

第十章　尼安德特人和罗德西亚人

　　在第四冰河时代最寒冷的时期，也就是距今大约5万至6万年以前，地球上居住着一种与人类异常相似的动物。由于与人类过于相似，所以直到几年以前，这种动物的遗骨还被当成人类的骨头。它们的头盖骨和其他骨骼全都被我们发现了，并且还发现了一大堆它们制作和使用过的工具。它们已经学会了生火，并且懂得居住在山洞中防御严寒，或许它们还学会了把剥下来的兽皮穿在身上保暖。跟我们一样，它们也习惯用右手劳动。

　　即便如此，人类学家们仍然不承认它们是真正的人类，认为它们只不过是和我们属于同一属中的不同种类而已。它们的模样与我们现代人还是很不一样的，下颚很厚并且突出，前额低平，眉骨向上隆起，拇指不像人类那样与其他手指相对，尤其是脖子非常奇特，无法向后扭转，也无法仰望天空。它们走路时应该是低垂着头的，额头向前低倾。它们无颌的腭骨跟海德堡人的腭骨非常相似，与人类存在明显的差异。它们的牙齿也跟我们人类的牙齿完全不同，它们臼齿的结构要比人类的更复杂。注意，是更复杂而不是更简单。它们的臼齿不像我们人类的臼齿那样有长长的牙根，它们也没有人类所特有的犬齿。它们头盖骨的容积与人类不相上下，不过它们的后脑要比我们的大，而且前脑也比我们的更低。当然，在智商方面，它们完全不如我们。它们并不是人类一脉相承的祖先，不论思想上还是生理上，它们完全属于另一谱系。

　　由于这些早已灭绝的人种的头骨与其他骨骼是在尼安德特被发掘的，所以就把这种奇特的人种命名为尼安德特人。或许它们已经在欧洲生息了很长时间。

那时候地球上的气候与地貌，与现今的大为不同。比如欧洲地区就被冰雪完全覆盖，从南部的泰晤士河一直到德国和俄国中部地区全是一派冰天雪地的景象；英国与法国之间还没有出现海峡；而地中海和红海都是巨大的山谷，只有在某些低洼处分布着一连串湖泊；一个巨大的内海，从今天黑海的位置开始，穿过俄国南部直达中亚；虽然实际上西班牙和整个欧洲并没有被冰雪完全覆盖，但当时的气候并没有比拉布拉多半岛好到哪里去，甚至还要恶劣不少。从北非再往南走，气候才变得温暖。那时候，在长着耐寒植物的欧洲南部大草原上，经常能发现长毛象、披毛犀、大野牛和驯鹿这些动物的踪影，显然，它们是为了生存下去才追逐水草丰美的地区进行迁徙，它们在春天向北方前行，秋天又回到南方，漂泊不定。

与动物们一样，尼安德特人也是这样生活的，它们漂泊着不断迁居，寻觅着食物：小动物、野果子和植物根茎。根据推测，它们是素食者，因为从它们平整细密的牙齿来看，它们主要嚼食嫩树枝和根茎。但是，我们又从它们居住过的洞穴里发现了巨型动物的长骨，这些骨头无一例外全被砸碎，里面的骨髓被吸得一干二净。可是它们制造的武器根本不能与巨兽对搏；想必它们是在趁野兽艰难渡河时，利用有利的时机对它们进行攻击的，甚至有可能设置陷阱来捕捉野兽。它们也有可能是跟踪兽群，捕食那些在野兽格斗中的死伤者，或者依靠那时还没灭绝的剑齿虎，坐享其成。根据推测，冰河时期的气候恶劣，长期吃素食无法生存，于是它们不得不开始袭击野兽了。

直到现在，我们仍然无法弄清楚尼安德特人的外貌。也许它们浑身长毛，与人的模样完全不同。甚至它们能不能直立行走都还是个疑问。为了支撑身体，它们很可能手足并用。它们多半可能独行，或者是和小家族群一起行动。从它们腭骨的结构可以判定它们说着一种我们无法理解的语言。

在数千年的时间里，在欧洲出现的最高等动物或许就是尼安德特人。直到距今约3～3.5万年的时候，随着气温逐渐温暖，一种更聪明、懂得更多、会说话、可以协同合作的同类物种出现了，他们从南方来到了尼安德特人的地盘，并且把它们从洞穴里驱逐出去，与它们竞争着同样的食物。或许就是他们发起了残酷的战争，并且灭绝了尼安德特人。

　　于是尼安德特人就这样被这些来自南方或东方（由于我们至今也无法确定他们的发源地）的占领者灭绝了。这些人种与我们有着同样的血液和皮肤，他们就是最早的智人。从解剖学角度看，他们的头盖骨、拇指、颈项、牙齿与我们的完全一样。在克罗马农洞穴和格里马第洞穴里，我们发现了一些碎骨，这是迄今为止人们发现的最早的智人遗骸。

　　在岩石记录中，人类就这样横空出世了，而人类的历史也从此开始了。

　　那时的地球，气候问题虽然依旧十分严峻，不过却日益趋近于我们今天的气候，变得越来越好了。在欧洲，冰河时代的冰川开始消退。在法国与西班牙，随着植被日渐繁茂，驯鹿逐渐被马匹替代。而南欧也鲜有猛犸的踪迹，最后它们全都迁徙到北方去了。

　　我们始终无法确定现代人类祖先的发源地。不过在1921年的夏天，在非洲南部的布罗肯希尔地区发现了一个极为有趣的头盖骨和一些碎骨片。根据它们的特征推断，这些遗骸应该是介于尼安德特人与人类之间的第三种人。他们的脑部与尼安德特人正好相反，前大后小，头骨与人类一样完全直立于脊椎骨上面。与人类相近的还有牙齿和骨骼。不过脸型倒是很像类人猿，突出的眉骨非常明显，头骨中部隆起，这种动物实际上已经是智人了，只是长着与尼安德特人一样类人猿的脸型。这种罗德西亚人比尼安德特人更接近人类。

　　罗德西亚人的头盖骨，或许是继尼安德特人之后第二种关于亚人类系列的发现。这些亚人类在地球上生存了很长时间，从冰河时代开始一直延续到智人（他们共同的后代，或许也是他们共同的埋葬者）出现。罗德西亚人的头盖骨或许并不十分古远，但是他们生活的大致年代直至本书出版时，都没有一个准确的结果。这种亚人类动物直到近代还生活在非洲南部的某些地区。

第十一章　最初的智人

在欧洲，特别是在法国和西班牙，最早人类的遗迹和遗物被屡次发现，并且科学也已证实，遗留这些痕迹的，确实是跟我们有亲缘关系的最早人类。在这两个国家，随处都能发现骨骼和武器在骨头和岩石上刻画的痕迹，以及石壁上有图画的洞穴等，它们存在了3万年或更久的时间。可以这样说，如今的西班牙是世界上保留人类祖先早期遗迹最多的国家。

当然，收集这些遗物，对我们来说还只是个开始。我们希望未来能有更多的学者对相关问题进行资料收集并探明结果，希望能有考古学家进入那些如今还不能进入的国家进行考察。时至今日，非洲与亚洲的大部分地区仍然未被我们自由地探索过，所以我们在下结论时应该更为严谨，不能过早地认为早期智人是西欧居民，或者说他们最早出现在这个地区。

在亚洲、非洲和某些如今已沉入海底的地区，或许存在着比今天所发现的还要丰富、还要久远的早期智人的遗迹。我之所以只提到亚洲和非洲，而不提美洲，那是因为迄今为止，我们在美洲对灵长类动物的踪迹依然没有任何发现，既没有大类人猿、亚人类、尼安德特人，也没有早期智人。生物的发展，似乎仅限于旧大陆之上。到了旧石器时代末期，人类才得以通过今天已被白令海峡所隔断的陆路，到达美洲大陆。

我们在欧洲发现的最早的智人，似乎属于两种以上的不同种族。事实上，其中的一种已经十分高级。他们身材高大，头脑发达。其中一个女性的头骨，脑容量居然超过了今天男性脑容量的平均值。另一具男性骨骼，高度超过6英尺（1.83米），体型与北美的印第安人很相似。这些骨骼最早是在克罗马农的洞穴中发现的，所以把他们称之为克罗马农人。他们是原始人，不过却是高级的原始人。另一个人种的遗迹是在格里马第某个洞穴中发现的。从体型相貌上看，他们多属于黑人，今天非洲南部的布须曼人、霍屯督人是他们的近亲。从人类开始出现，人类至少被分成两个主要人种。我们以为：前一人种或许是褐色而非黑色，他们来自北方或是东方；后一人种是黑色而非褐色，他们来自赤道以南，不过，这或许只是我们的臆测。

这些约4万年前的原始人已经具有了人的特征。他们把捡来的贝壳打上孔，然后串起来做成项链，并且在身上涂抹上颜色，用骨器或石器刻在岩石与骨片上，甚至在洞穴光滑的石壁上划刻出一些图形，在显眼处的岩石上绘制一些简单却非常生动的动物壁画。他们制作出的器具比尼安德特人制造的更小巧，种类也更丰富。博物馆里收藏了大量他们制造的这种器具、雕刻、岩石画或其他物品。

早期的原始人靠打猎维持生计。一种长有胡须的小型野马是他们主要的追逐对象。野马随牧草而居，猎人们也跟随它们的踪迹迁徙。除此以外，野牛也是他们捕杀的对象之一。从他们给我们留下的壁画中，我们了解到他们也跟猛犸交过手。从一幅模糊不清的绘画中我们推测，他们靠布置陷阱来捕杀猛犸象。

梭镖是他们狩猎的主要工具，或许是还没有发明弓箭，所以投掷石头也是打猎的方法之一。我们无法判断他们是否已经学会驯养动物。我们曾经发现过一个马头雕像和一两幅画着带缰绳的马的绘画。马身上的缰绳或许是用兽皮或兽筋做成的。只是当时这一地区的马，体型很小根本无法驮人，所以，即便这些马真的被驯养过，那也只是为了驮运猎物或者物品。他们似乎还没有学会喝动物的奶。

即使他们当时已经学会了搭建兽皮帐篷，却依然不会建造任何房屋；虽然学会了制作黏土塑像，却还不会制作陶器。由于还没有炊具，所以他们煮食的方法肯定非常原始，或者根本就不会吃熟食。他们不会耕种，也不懂得编织和织布，除了用兽皮包裹身体外，他们还往自己赤裸的身上涂抹颜色。

这些我们所知的最早人类，在欧洲广阔的草原上捕杀野兽以维持生计，这种生活方式持续了1万多年。以后，随着气候的变化，他们不断地漂泊、迁徙。

一个世纪又一个世纪过去，欧洲的气候也逐渐变得温暖而湿润了。随后，驯鹿也开始向北、向东撤退，野牛和野马也向同样的方向撤退。草原被森林所取代，野牛与野马也被马鹿所取代。以此相应的是，早期人类的器具也随着使用功能而发生转变。从江河湖泊捕捞鱼虾，是男性人类的一项重要任务，同时，制作精巧的骨制器具也随之有所增加。"这一时期的骨针"，迪·莫蒂莱（Louis Laurent Gabrielde Mortillet，1821-1898，法国考古学家和人类学家。）曾经如此说道，"要比后来的更为精美，甚至比文艺复兴以前历史上任何时期的都要精美。例如罗马人，他们在任何时期拥有的针都无法与这一时期相媲美。"

到了大约1.5万年至2万年前，一个新人种迁徙到了西班牙南部，他们在裸露的岩壁上遗留下来大量令人惊叹的绘画。他们便是阿济尔人（以生活在马斯·阿济尔洞穴得名）。他们拥有弓箭，或许头上还戴着羽毛饰物。他们早期的绘画栩栩如生，后来逐渐向简单的符号转变，例如一个人，便用一根竖线和两三条横线来表示，这预示着文字观念开始萌芽。除了绘制狩猎图画外，他们偶尔还画一些符号类的图样，例如其中有一幅画就展现了两个人在用烟熏一个蜂巢。

这些人由于还只是使用削制而成的器具，所以他们只能算是旧石器时代的最后一批人。直到1万年至1.2万年前，一种新的生存方式出现在欧洲，这批人不仅会削制器具，而且还会研磨石器，耕种也随之出现，于是，新石器时代开始了。

有趣的是，一个世纪前，在地球上一个偏远的地方——澳大利亚的塔斯马尼亚还残存着一种人类。他们的体力与智力与在欧洲留下痕迹的早期人种相比都更低下。由于地理上的变迁，这些塔斯马尼亚人很久以前就与世隔绝，使外界的进步无法刺激和改变他们。他们非但没有进化，反而在不断退化。当欧洲探险家们发现他们的时候，他们还在以贝类和小野兽为食，甚至都没有住所，只会独自蹲坐在地上；虽然他们与我们同样是人，但他们却没有早期人类所具有的灵巧性，也不具有艺术才能。

第十二章　原始人的思想

　　现在，让我们来进行一个非常有趣的猜测：在人类冒险历程的最初时期，他们是如何意识到自己是人类的呢？4万多年前，人类还不懂得耕种与收获，只靠狩猎为生，在四处迁徙的日子里，他们是否有着思想，他们又在思考些什么呢？由于还没有文字，而文字出现的年代距离这个时代还非常古远，所以，我们只能依靠传说和推测来回答这些问题。

　　为了了解原始人的心理状况，科学家们采用了各种方法。近些年来，精神分析学发现，为了适应社会，儿童在成长过程中会逐渐限制、压抑和掩盖自己的本能欲望。这种学说的研究成果，似乎为史前社会历史的研究带来了启发。而另一种行之有效的方式，就对那些如今依然存在且未开化的野蛮人，以及他们的心理状况与生活习惯加以研究。同时，在现代文明社会依然流传的民间传说，以及那些荒谬却深入人心的偏见，也包含着大量人类的精神化石。最后，我们还可以研究大量的绘画、雕塑、雕像、符号，从而找到答案。离我们的时代越近，这些东西就越多，因此，我们也可以越来越清晰地知道他们对什么事物感兴趣，什么事物最值得记录或再现。原始人的思维与儿童的思维非常相似，换言之，就是一连串富于想象力的画面。他们心中所涌现的想象画面，或进入他们思维的画面，经常能引起某种情绪波动，从而支配他们的行为。而现在，那些儿童或者未曾启蒙的人也都是如此。显然，在人类经验中，系统的思考能力发展得比较晚。3000年以前，非系统思维一直是原始人类主要的思维方式。即便到了如今，依然只有少数人可以控制自己的思维、按自己的思维行事，而多数人则凭借想象和激情生活。

在原始人类初期，构成社会的或许还是以家庭为单位的小群体，早期的部落也是以这种方式建立起来的。不过，如果要建立起这种部落，则必须要对个人的自我中心意识加强约束和控制。这就需要在日常生活中要对父亲抱有畏惧、对母亲怀有尊敬，同时部族中的年长者要承担平息正在长大成人的男孩们心中的傲气。另一方面，母亲是孩子们天然的劝教者和保护者。人类的社会生活之所以能够前进，得益于两种对立的趋向同时发展，一种是孩子长大成人独自远行的趋向；另一种是害怕因孤立无援而相互帮助的趋向。天才的人类学家J.J.阿特金森在他写的《原始法》中，对未开化民族的风俗习惯和禁忌一一做了介绍。这是原始部族社会中非比寻常的事实，它被看作原始人进入社会生活时所必须具备的精神约束。后来的精神分析学家们进一步的研究也证实了他所做的解释。

一些善于思考的作家试图让我们相信，原始人对部落老者的敬畏，以及对作为保护人的老年女人的情感反应，往往在梦中被夸大，或者在幻想的心理活动中得到丰富。这些就是原始宗教早期的主要内容，男神与女神的概念也得以形成。即使这些伟大的、仁爱的人去世后，部族也仍然对他们心存敬畏，这是因为他们仍在众人的梦中出现。这种思想非常容易让人以为他们并不是真的死去，而是极为神秘地移居到了一个遥远的、具有非凡力量的地方去了。儿童的梦境、想象和恐惧比成年人的更加生动，且更具有现实性。从这一点来说，原始人的思维与我们现代儿童的思维极为相似。不但如此，原始人与动物也十分接近，他们认为动物也有着与自己一样的动机和情感，所以，他们也经常把动物想象为伙伴、敌人或者神。如果你想切实体会那些奇形怪状的岩石、树疖以及盘根错节的大树，对原始人来说何等重要、何等敬畏、何等珍贵、何等神圣，或者你想知道关于这些东西的梦与想象是如何被炮制成令人信服的故事与传说的，那么你必须要像孩子那样具有丰富的想象力。这其中的某些故事非常容易记忆，并且容易复述，女人们就会把它们讲给孩子听，最后就成为传说流传了下来。今天，那些富有想象力的孩子常常喜欢以自己的玩偶、小动物或者一些半人半兽的东西作为主人公，给他们编造一些很长的故事。原始人或许也是如此，但是他们比孩子更容易相信自己创造出来的英雄是真实存在的。我们如今所知道的早期人类，或许早已经十分擅长交谈了。凭此一点，他们就已经与尼安德特人截然不同了，他们要比尼安德特人更加高等，因为尼安德特人可能还处于一种无声状态。当然，原始人的语言，或许还只是一些并不完善的名词，他们还需要依靠手势和动作来加以补充。

世界上无论如何低等的原始人，都会有自己的一种因果意识。不过，原始人对因果关系没有分析能力，以至于他们经常把一个非常简单的结果与一个风马牛不相及的原因联系在一起。他们总是这样思考：你这样做，就会有那样的结果。例如你给孩子吃了一种毒草莓，孩子就会死去；而你吃了强有力的敌人的心脏，那你就会变得更加强壮。这两个因果关系中，前者是正确的，后者显然是错误的。我们把原始人心中的这种因果关系称作"迷信"，迷信只是原始人的科学，它与现代科学的不同点就在于它是非系统的、非批判的，因此也经常是错误百出的。

通常情况下，人们把原因和结果联系起来并不是特别困难；即使是在一些特殊场合，错误的思想也会被经验很快地纠正过来。可是，有些事情对原始人来说非常重要，尽管他们已经竭尽全力去探明原因，但做出的解释却往往是错误的。而错误的程度又不会让他们轻易地发现自己是错误的。对他们来说，重要的事情无非就是，可以轻易地捕获到丰富的野兽和大量的鱼虾，他们觉得想要得到这些成果，就必须要成百上千次地念咒和卜测，从而才能得偿所愿。生老病死对他们而言也是一件重要的事情，有的时候，人们会因为传染病蔓延而大量死亡；有的时候，人在没有明显的症状下就得病死去或者浑身无力而衰竭。这类事情的发生经常导致原始人激动、伤感，从而做出一些狂热的行动。梦或幻想式的猜测使他们时而诅咒某个人、某种动物或某种物品；时而又向某个人、某种动物、某种物品乞求帮助。原始人就如同儿童一样，容易感到恐惧和惊悚。

在古老的小部族群体中，那些年长稳重的人，虽然也有着普通人一样的恐惧和想象，但由于他们比别人更为强大，所以他们必须要表现出临危不惧、处乱不惊的姿态。他们总是去告诫、指导或命令族人应该如何应对，因为，他们拥有对一切现象不祥、危险、吉兆或凶兆的解释权。迷信的领袖和会念符咒的人就是最早的祭司。他负责训诫、解梦、预言，并且还要施演趋吉避凶的巫术。原始宗教根本不是我们现今意义的宗教，其实是一种习俗和仪式。古代祭司们所传授的，也无非是一些独断的、原始的实用科学。

第十三章　耕种的开始

　　近50年来，科学家们花费了大量的精力去考察和研究人类早期耕种和定居起源的问题，但至今仍然一无所获。而唯一可以让我们肯定的是，大约在公元前1.5万年至前1.2万年之间，西班牙南部的阿济尔人，仍然以狩猎为生，随后便不断向北方和东方迁徙。与此同时，在北非或西亚，也可能是在如今已被地中海淹没的地中海大谷，有一批人种，他们祖祖辈辈在干着两件重要的大事：耕种土地与驯养牲畜。除了继承祖先们制作器具的方式之外，他们已开始磨制工具了。他们发明了用植物藤条编制笼子和篱笆，而且还学会了如何制造陶器。

　　这代表着人类文明跨入了一个新的时代，这就是与克罗马农人、格里马第人和阿济尔人生活的旧石器时代有很大区别的新石器时代。这些新石器时代的人，慢慢地向地球上温暖的地方迁徙扩张。他们先进的器具制作技术，以及对动植物驯养的方法被其他民族的人们模仿和学习，在世界上广泛传播开来。公元前1万年，大多数人类都达到了新石器时代的水平。

　　在我们现代人看来，耕耘、播种、收割、晾晒、磨粉是再寻常不过的生产过程了，就如同说地球是圆的一样毫不稀奇。甚至有人会反问：不这样，难道还能是别的样子吗？然而对2万年以前的原始人来说，我们现在认为理所当然的行为和道理，他们都茫然不知。虽然他们经过了无数次的尝试，无数次的失败，以及错误的猜测和臆想，但是却总是徒劳无功地流汗。在地中海地区的某个地方，曾有野生的小麦，那里的人们似乎在学会播种以前就懂得把它捣碎、磨成粉后当作食物。换言之，人类在懂得播种之前就已经懂得收获了。

有一件特别值得注意的事情：在世界上，哪里存在着播种与收割，哪里就会发现播种的观念与血祭的思想强烈而野蛮地结合在一起。对于某些具有强烈好奇心的人而言，研究这种结合的原因，具有非凡的魅力。感兴趣的读者，可以查看J.G.弗雷泽的不朽名著《金枝》，里面对此做了全面的论述。我们应该记住：这是一种幼稚的、梦幻的、生活在神话之中的原始人心中的纠缠。对于这种想象，如果我们用常规的方法进行推理，是无法得到答案的。在1.2万年至2万年前，每当播种的季节来临，新石器时代的人类就要用活人来做血祭。这些被用来牺牲的人，并不是出生卑贱的或是被逐出的人，通常是一些经过精心挑选的青年男女。这之前，这些青年男女都备受尊崇，他们认为是牺牲的神或王。长此以往，这就逐渐形成了一种仪式，并且规定由年长者主持。这种仪式在经历了数代人的严格遵守之后，已经得到了人们的认可。

最开始，季节概念在原始人的意识里是极为模糊的，为了确定合适的播种时间和祭献活动，他们需要大费周折。我们有理由相信，在人类历史开始的阶段，一定有一段时期，人们没有形成"年"的概念。最初的年代记录是以月亮的一次圆缺为一月来计算的。依次我们可以认为，《圣经》中记载的那些最年长者的年龄，实际上是把一个月当成一年来计算的。这种迹象在巴比伦历法中也能找到记载：为了计算播种期，人们用13次的圆缺作为一个循环周期。这种历法对今天依然有影响。若不是习惯使我们的知觉变得迟钝，那我们就一定会注意到一件很奇怪的事情：基督教复活节的日期为什么每年都不是在一个固定的日期，因为它就是根据月亮的亏盈每年都变换着日期的。

早期的农民是否观测星象，这一点还很值得商榷。通常认为最早开始观测星象的是游牧民族，因为他们可以用星辰来确定方位。但是，人类一旦懂得了运用星象来确定耕种季节，那么星象对农业的重要性就显现出来了。当他们发现播种时期的祭献总是跟某颗星星的南行或北行有关联时，于是对这颗星星的崇拜和神化也就成为理所当然的事情了。

由此我们不难想象，那些有着血祭和星象知识与经验的人，在新石器时代早期，他们的地位该是何等的重要。

早期人类对污秽的害怕心理，以及对于清除恐惧的诉求，使得某些见多识广的男人或女人获得了某种权力。因此原始社会一直都有男巫和女巫、男祭司和女祭司存在。当时的祭司，还并不是现在意义的宗教专家，他们更像是实用科学家。这种源于经验的科学，通常还具有强烈的迷信色彩。为了不让一般人掌握这种科学，他们时常谨小慎微，但是却无法改变这样的事实：祭司的首要职能是拥有知识，首要作用则是在生活中实际运用这些知识。

1.2万年至1.5万年以前，但凡是温暖且水源充沛之处，都遍布着这些新石器时代人类集聚的群体。在这里，有着男女祭司的等级和传统，有着耕种的田地和发达的小村落，并且有着简单城墙围成的小城池。随着时间的推移，各个群体之间相互流动、交流和传播思想。这种早期农业居民的文化被艾略特·史密斯和利弗尔称为"日石文化（Heliolithic，意为'太阳和石头'）"。或许日石文化这个名称并不恰当，不过在学者们还没有找到一个更贴切的名称之前，我们也只能暂时使用这个名词了。始于地中海地区或者西亚的这种文化随后慢慢向东流传，年复一年，沿着一个个岛屿，跨过太平洋，终于传到了美洲。在这里，它又与那些更为原始的来自北方蒙古系部族的生活方式融合在一起。

不管这些有着日石文化的褐色种族走到哪里，都必然带去丰富的奇思妙想以及匪夷所思的生活方式。有些过于奇怪的思想，只能依靠心理学家来进行解释了。或许是为了让祭司能更好地观测天象，他们建造了巨大的金字塔和陵墓，建造了巨石圆形阵。他们把死者尸体的一部分或全部制作成木乃伊；他们文身、行割礼，还盛行"父代母育"的风俗，即妇人在分娩时，让丈夫卧床绝食；他们还创造出了象征幸运与吉祥的"卍"字纹饰。

如果我们想从地图上标出盛行以上风俗的地区，那我们就应该沿着温带与亚热带画一条线，它经过英格兰的巨石群，到西班牙，并横贯世界直至墨西哥、秘鲁。不过，赤道以南的非洲、欧洲中北部和北亚却不包括内，在那里，生活着另一支独行发展的其他支系的种族。

第十四章　新石器时代的原始文明

　　大约在公元前1万年，世界地形的地理轮廓大体上已经与今天相差无几了。由于岁月的侵蚀，当时截断直布罗陀海峡的巨大天然堤坝，没能堵住来自地中海凹地的海水，使地中海形成了与今天相似的海岸线。当时的里海或许比现在的更宽阔，它与黑海连成一片，一直蔓延到高加索山脉的北部。中亚沿海地区的地貌，当时还不是今天这样的一片旷野和沙漠，而是富足宜居的地方。换而言之，地球当时还是较为湿润富饶的星球。在俄国的欧洲部分，当时分布着比现在多得多的湿地和湖泊；而连接美洲与亚洲的白令海峡，当时还是一片陆地。

　　如今我们所知道的所有人种的主要分支，想必在当时已经可以非常明显地辨别出来了。在比今天更温暖、树木丛生的温带地区，沿着海岸线，分布着具有旧石文化的棕色民族，他们就是现在居住在地中海沿岸的柏柏尔人和埃及人以及许多南方和东方亚洲移民的祖先。这一种族进化出了大批不同的分支，例如大西洋和地中海沿岸的伊比利亚人、地中海人、暗白人，以及包括柏柏尔人和埃及人在内的哈姆族人、达罗毗荼人、东印度人和肤色更深的印度人，以及多种玻利尼西亚人种、毛利人种等，都是这一支人种的重要分支。该人种在西方的分支比在东方的肤色要稍微白一点。在欧洲中部和北部森林里，有一种蓝眼睛的人种与众不同，他们从棕色主干人种中分化出来，一般称之为北欧民族。在亚洲东北部的开阔地带，有着棕色人种的另一分支——蒙古族。他们普遍眼角上吊，颧骨突出，皮肤呈黄色，头发黑且质地较硬。在非洲南部、澳大利亚以及亚洲南部的许多热带岛屿上，依然残存着早期黑人的后裔。非洲中部则成为多种族杂居地区。今天，非洲几乎所有的有色人种看上去都是黑色人种与北方棕色人种的混血后代。

我们必须谨记，人类的所有种族都可以自由杂交，就像天上的浮云那样，可以分离，也可以掺杂混合，而绝非像树上长的枝杈一样，分开后就再也不能结合到一起了。我们的心中应该永远牢记：一有机会，人种就会重新结合。如果我们能够明白这个道理，就可以避免许多残酷的偏见与错误。有时候，人们会不合时宜地随便使用人种一词，并且由此得出大量荒唐的结论，那些经常宣扬什么"不列颠人种""欧洲人种"的欧洲人，实际上并不知道几乎所有的欧洲人都是棕色人、暗白人、白人和蒙古人等人种相互混杂的后裔。

当人类历史进入到新石器时代时，蒙古人种首次登陆美洲。显而易见，他们是取道白令海峡到达北美洲，之后又向南方逐渐扩展。在美洲北部，他们发现了大批美洲驯鹿，在南部发现了大群的野牛。他们到达南美的时候，那里还生存着巨大的犰狳类动物——雕齿兽和一种体型如同大象一样高大、笨拙、怪异的树懒——懒兽。后者或许是由于体形过于庞大、身体行动不便而灭绝了。

大部分美洲部落的生活，一直都没能超越新石器时期狩猎游牧的生活水平。他们从来没有发现过铁的用途，使用的金属还只是局限于天然的金和铜。不过在墨西哥、尤卡坦和秘鲁，由于环境适于居住和耕作，所以到了公元前约1000年的时候，这里出现了可以与旧世界文明相媲美，但形势却又完全不同的一种有趣的文明。与旧世界早期的原始文明一样，这里的社会群体也发展出了在播种与收获过程中用活人做牺牲的祭献仪式。不过，在旧世界中，这种原始观念最后呈现递减的趋势，而且被复杂化，随后被其他观念所取代。但在美洲，这种观念得到了发扬光大，而且被一种极为强烈的情绪所渲染而付诸实现。换言之，这些美洲的文明国家，实质上是由祭司所统治着的国度，他们的战争领袖和世俗统治者实际上都被严格的法律与预言所约束。

天文学被那些祭司发展成为一种具有相当精确性的高水平科学。关于历法的认识，他们所掌握的要比我们马上要讲到的巴比伦人更为精确。在尤卡坦，他们创造了一种最为奇特、复杂的文字——玛雅文字。根据我们今天所能理解的程度而言，这种文字是专门用来保存祭司们费尽心思研究出的精确、复杂的历法而创造的。大约到了公元700年至800年，玛雅文明的艺术达到了巅峰。他们在这一时期所创造出来的雕刻，以其强大的创造力、立体感和绚烂的美，令现代人折服不已；同时，它那诡异和奇妙的特征，所表现出来的复杂寓意使现代人困惑费解。在旧世界里再也找不到第二种与其相类似的物品。只有在古印度的一些原始雕刻中才能找到一些年代久远、与之接近的图案。所有的雕刻品上无一例外刻着禽蛇相互交缠的纹样。许多玛雅人的雕刻，与旧世界的所有作品比较起来，倒更像是欧洲疯人院的精神病患者所涂鸦的抽象画。玛雅人的精神文化，似乎是沿着一条与旧世界截然不同的轨道发展的。以旧世界的标准来衡量，玛雅人的思想完全是非理性的。

从他们极度崇拜鲜血，并热衷于放血这一事实上而言，这种偏离正轨的美洲文明，与一般的精神失常者倒是有几分相似之处。古代墨西哥文明尤其注重血祭，每年都有几千人被当成牺牲献祭。祭司们的日常工作和实际生活就是剖开活人的胸膛，挖出仍然跳动的心脏敬献给神灵。一切公共活动，包括国家祭典，都将这种荒唐恐怖的行为作为一项主要内容。

而当时社会上普通百姓的日常生活，则与其他野蛮部落并无多大不同。他们在陶器、纺织和染色等领域有着高超的技艺。玛雅文字不仅被刻在岩石上，还能书写和印制在兽皮等物品上。在欧洲和美洲的博物馆里，至今仍然收藏着大量天马行空的玛雅手稿，关于手稿的主要内容，我们只能看懂计算日历的一小部分。在秘鲁也有类似的文字出现，但是后来被结绳记事的方式所取代。而在中国，几千年前人们就已经采用这种方式记事了。

在公元前5000年至公元前4000年以前的旧世界，也就是说比美洲文明早三四千年的时候，就已经出现与这种美洲文明相差无几的原始文明了。这种文明以寺庙为基础，主要特征便是有着大量的血祭活动和精通天文学的祭司阶层。在旧世界中，各种原始文明相互作用，共同促进，使得世界朝着现代文明的方向发展。但是，在美洲，原始文明一直停滞不前，从来不曾超越其原始水平。他们的每一种文明都在自己狭小的天地中出现和消亡。在欧洲人到达美洲之前，墨西哥人几乎对秘鲁一无所知。至于秘鲁人的主食——马铃薯，墨西哥人更是闻所未闻。

日复一日，岁月变迁，生活在这里的人们依然如以往一样生活，敬神、祭献，最后死去。玛雅艺术在装饰方面达到了很高的水平。人们追求着爱情，部落间经常争战。灾年与丰年、瘟疫与健康循环交替着。虽然祭司们经过数百年的呕心沥血编制出了历法和牺牲的典礼仪式，可是在其他领域依然毫无斩获。

第十五章　苏美尔、古埃及和文字

与新世界相比，旧世界时期更为宽广、更富于变化。到了公元前7000年或公元前6000年以前，在丰饶的亚洲地区和尼罗河流域，已经产生了可以与秘鲁文明比肩的准文明公社。那时的波斯北部、土耳其西部和阿拉伯南部都比今天更加富饶，在这些地区都发现了早期原始公社的痕迹。在现在较为低洼的美索不达米亚平原和埃及，首先出现了城市、庙宇、灌溉系统，以及超过简单的野蛮人村落的社会组织的最早痕迹。那时，幼发拉底河和底格里斯河各自流入波斯湾，苏美尔人在两河之间的地带建起了他们最初的城市。伟大的埃及文明也差不多在同一时间（具体时间不明确）开始了她漫长的历史画卷。

苏美尔人貌似发源于高鼻梁的棕色人种。他们以前使用的文字现在已经可以解读出来了，他们说的语言，现在的人也能听懂。他们已经懂得如何使用青铜制造器具，而且已经懂得用阳光曝晒泥砖来建造塔式的庙宇。由于该地区的黏土质地很好，所以他们在这些黏土上书写文字，从而能让原迹得以存留至今。虽然他们还没有马，但是已经有了牛、绵羊、山羊和驴。他们手擎矛和皮质的盾，用密集的队形徒步作战。他们身上穿的衣服是用羊毛制成的，头发则被剃去。

几乎所有的苏美尔人的城市都是独立的国家，他们各自有着自己的神和祭司。但是也有例外，比如在某个城市处于优势地位时，便会对其他城市进行统治，而被统治城市的居民则需要向宗主城市缴纳贡品。人们曾在尼泊尔发现了一块古碑，上面记载着这样一个"帝国"，这也是最早被记载的帝国，即苏美尔人建立的伊勒克城市帝国。这个帝国的神、祭司兼国王统治着波斯湾至红海的广大疆域。

最初，文字只是画图记事的简化形式。甚至在比这更早的新石器时代之前，人类就已经学会了书写文字。实际上前面所说的阿济尔人的岩画，就已经算是文字的开端了。在这些画作中，记录狩猎与征战的绘画占大多数，里面的人物形象清晰可辨。或许是画者在绘制这些岩石画时没有耐心去画头与四肢，以至于许多作品里面用一条竖线和一两条横线就代表了一个人。这种画进一步演化，约定俗成后，便很容易演变成为一种简单的象形文字。苏美尔人的文字是用芦苇秆按在黏土上面的，但是随着岁月变迁，它们就不容易辨认了，到了最后都无法理解它们最初的意思了。而在埃及，人们用颜料在墙上或纸莎草（最早的纸）上书写文字，所以他们临摹事物的真实形状就不会出现偏差。由于苏美尔人笨拙的字体呈楔形，所以这些文字又称为楔形文字。

当图画不是用来再现原物，而是用来表示与之类似的事物时，图画便向文字的方向迈进了一步。现在仍然盛行的被适龄儿童所喜爱的画谜，便很好地解释了这一点。当我们画出一个帐篷与一个铃铛时，孩子们会非常自豪地猜出这是苏格兰人的名字坎贝尔（Campbell）。苏美尔人的文字与现在美洲的印第安人的文字非常相似，都是由音节拼成的。这种利用音节来表示文字的方法，能表达出绘画所不能表达的意思。与此同时，埃及文字也得到类似的发展。后来，那些无法明白语言音节体系的外来民族学会了这种绘画文字后，就开始修改和简化它们，最终便发展成字母文字。而如今被我们使用的所有字母，全是由苏美尔的楔形文字和埃及的象形文字融合而成的。

文字的发明对人类社会的发展起到了至关重要的作用。此后所有的契约、戒律、命令才得以记录。文字的产生使得比之前城邦规模更大的国家的产生成为可能，也使连续不断的历史意识成为可能。同时，祭司和国王们的命令、印章等才可能下达到无法看见的远方国土，才可能在他们死后也能留存下来。这是一件非常有趣的事情，在古代，苏美尔人就普遍地使用印章了。上至国王、贵族，下至商贾都拥有印章，且雕刻精美、富有艺术性，用来加盖在他们表现其威信的黏土文书上。换言之，在6000年前，人类文明就已经与印刷术密切地联系在一起了。

黏土干燥以后会变得非常坚固，从而可以长期保存下去。想必读者们还记得，在美索不达米亚平原的历史长河中，文件、记载、账目都是书写在难以毁坏的泥石板上的，正因如此，才使我们得以获取大量关于昔日的历史知识。

在苏美尔和埃及，人们很久以前就已经知道了青铜、铜、金、银等金属，以及罕见的珍宝——陨铁。

在旧世界，人们早期的城市生活，与苏美尔、埃及非常相似。此外，除了街上有驴子和牛以外，想必这种生活也与三四千年以后美洲的玛雅城有着许多相同之处。在和平时期，除了宗教祭日外，大部分人都忙于灌溉和耕耘。此时的他们还没有货币，那是因为还不需要货币，偶尔进行的小贸易也是以以物易物的方式进行的。而使用金条、银子和宝石做交易的人，只限于拥有着大量财富的统治者和贵族。那时候，寺院支配着人们的日常生活。苏美尔的寺院呈高大的塔形，塔顶是用来观测星象的地方。埃及的寺院只有一层，却非常宏伟。在苏美尔，主持祭祀的人拥有着至高无上的权力，也是最显赫的人。然而在埃及，有一个人的权力比祭司还要大，他是这一地区主神的活化身——法老，诸神之王。

这时的世界毫无变化。在炎炎烈日之下，人类艰辛地、各司其职地生活着。很少被突然到访的陌生人打破安宁的生活。祭司遵照古老的戒条支配着日常生活，观测星象，确定播种的日期，推测牺牲的预兆，解释梦中的启示。人们安然地劳动着，爱恋着，直至死去。他们既不耻于种族过去的野蛮行径，也不热衷于对未来的期盼。有的统治者会非常仁爱，例如裴比二世，他统治埃及长达90年。有的统治者则野心庞大，他强行征收百姓为兵，对邻邦发动侵略战争，或者征调百姓去修建巨大的建筑，例如基奥普斯、基弗林和迈塞林等，他们好大喜功，强迫奴隶在基塞修筑规模宏大的金字塔陵墓。最高大的金字塔高450英尺（137米），所用石料重488.3万吨。所有建筑材料全都是用船顺着尼罗河运来的，最后用人力搬运到这些地方。对埃及来说，其劳民伤财的程度远远大于一次大规模的战争带来的伤害。

第十六章　原始游牧民族

在公元前6000年到公元前3000年间，人类居住、耕耘、建筑城邦国家，不再局限于美索不达米亚平原和尼罗河流域，而是向一切可以灌溉的地区蔓延开去。人们不再依靠没有保障的狩猎与游牧维持生计，他们搬到可以保证一年四季都有食物来源的地方居住下来。而居住在底格里斯河上游的亚述人也开始在这里建设城市。文明的脚步也逐渐从小亚细亚的谷地、地中海沿岸和岛屿上，来到了一些小的公社部落里。在富饶的中国和印度，人类生活也得到了高度发展。在欧洲，一些湖泊和河流众多的鱼米之乡，居住着一些小部落。他们在水中的木桩上建造房屋，而捕鱼和狩猎则成为副业，以弥补农业的不足。但那时候的旧世界，还有更多地区没有这种定居的条件：土地贫瘠，森林茂密，气候干旱，季节多变，以那时的科学水平与工具水准而言，还无法维持定居生活。

人类若要在原始文明的环境下定居，必须满足两个先决条件：充足的水源和温暖的阳光。这两者但凡缺失一个，人们就只能当猎人去捕捉鸟兽维持生计；或者成为牧人，根据季节的变换追随牧草过着游牧生活。经过漫长的岁月变迁，人类从狩猎者转换为放牧人。在亚洲，当人们在捕捉野牛或野马的时候，逐渐产生了要把这些野兽占为己有的念头，于是自然地就懂得将这些动物赶进山谷圈养起来。同时，为了保护这些私有财产，还需要不时地与狼、野狗或其他食肉的野兽进行斗争。

以水利为基础的农耕文明逐渐在大河流域发展起来。同时，游牧生活——这种与农耕生活完全不同的生活方式，也就是随着季节变换而不断迁徙放牧的生活方式也发展了起来。整体而言，由于生产品种与数量的不足，游牧生活比农业生活更为艰苦。他们产出有限，人口也不多；没有长久居住的寺院，也没有体系完整的祭司阶级，他们仅有少量的工具。或许有的读者认为他们的生活极不发达，请万万不要有这种想法，因为从其他方面来说，这种自由自在的生活远比那些依赖土壤的农耕民的生活更加充实。游牧民族的每一个人都非常独立，从而群体就较为松散；在这里，首领拥有至高无上的权力，而巫师却无足轻重。

由于足迹遍及辽阔的大地，所以游牧者见多识广。在与其他地区的居民的频繁接触中，游牧民对于异族人的面貌和风俗并不感到奇怪。为了草原与牛羊，他们需要与其他牧人进行协商合作。长年累月地翻山越岭，使他们经常穿越高山深谷，所以，牧民拥有比农民更丰富的矿物知识。或许牧民们本身就是非常出色的冶炼高手。而青铜的冶炼，尤其是铁，极有可能是牧民首先发明的。曾经在欧洲中部，一批比人类早期文明更久远的铁器被发掘出来，显然，铁是通过对矿石的冶炼而获得的。

与此同时，定居下来的部族已经开始纺织、制陶，还能制造出丰富的生活用品。农业与牧业这两种不同的生活方式一旦碰撞在一起，掠夺和交流就不可避免地发生了。而苏美尔正是这两种生活方式的交叉地带，既有着耕地又有着沙漠，游牧民族就势必会在耕地附近扎营。他们就如同现在的吉卜赛人一样，在与农民进行交易的同时，还会发生盗窃，甚至可能有诈骗。（不过值得肯定的是，他们不会偷鸡，因为直到公元前1000年，这种源于原始印度森林的动物才成为家禽。）伴随着他们而来的商品通常都是宝石、金属器具和皮制品。如果是猎人，他们就会带上兽皮。他们会用这些兽皮换取自己所缺少的物品，例如陶器、珍珠、玻璃、衣服和其他手工制品。

在苏美尔和古埃及的原始文明时代，有3个主要地区和3个主要的种族一直处于半漂泊半定居状态。皮肤白皙的北欧人是低级的狩猎者和放牧者，他们居住在遥远的欧洲森林里。在公元前1500年的原始文明时代，他们还只不过是少数民族。而蒙古人的祖先——匈奴人，正在遥远的东亚草原上开始驯养野马。匈奴人会随着季节的变化，不断地在冬季牧场与夏季牧场来回移居，他们的足迹遍布辽阔的草原。或许是由于俄罗斯的沼泽地与当时宽广的里海阻隔的缘故，当时的北欧人与匈奴人老死不相往来。要知道，当时的俄罗斯大部分国土全是沼泽和湖泊。

闪米特人——这种民族的肤色一般呈暗白色与棕色，他们居住在叙利亚和阿拉伯持续干旱的沙漠上，他们不停地驱赶着大群的绵羊、山羊和驴等牲畜，从一个牧场来到另一个牧场。而最早接近早期文明的种族，正是这些闪米特族的放牧者，以及那些肤色更黑、来自南波斯的伊拉姆人。在这里，他们既是商人，又是强盗。后来，在他们中间出现了有胆识的首领，他们摇身一变成了真正的主宰者。

大约在公元前2750年，闪米特人的首领萨尔贡征服了整个苏美尔，他统治的区域从波斯湾一直蔓延到地中海。虽然他目不识丁，但他的臣民阿卡德人却熟识苏美尔文字，同时又将苏美尔语定为官方语言及学术用语。他所建立的帝国直到200多年后才遭到灭亡。虽然这个帝国之后被伊拉姆短暂地统治过一段时间，但最后，一支新的闪米特族——亚摩利人又重新取得了这片土地的支配权，并且将河上游一个名叫巴比伦的小城立为首都，因此，这个国家被称为第一巴比伦帝国。公元前2100年，这个帝国迎来了一位伟大的国王——汉谟拉比，他进一步巩固了帝国的政权，并制定了世界史上最负盛名的一部成文法典——汉谟拉比法典。

尼罗河流域地势狭长，不像美索不达米亚平原那样开放，因此也不易被游牧民族频频入侵。但在汉谟拉比时代，闪米特人却成功地入侵了埃及，并建立了法老统治的"牧人王朝"，即喜克索斯王朝。这个王朝统治埃及数百年之久，但闪米特人始终未被埃及人同化，这是由于埃及人一直将闪米特人当成蛮夷加以敌视。公元前1600年前后，埃及人发生了独立运动，终于推翻了闪米特人的统治，将侵略者从这块土地上驱逐出去。

但是在苏美尔地区，闪米特人却和当地人相安无事地生活在一起，并不断被当地人同化。从其语言和口音上看，巴比伦帝国可以算作闪米特人的一个分支了。

第十七章　最早的航海者

大约在2.5万年到3万年前，人类便开始使用船只了。最晚到新石器时代末期，人类可能已经乘坐着掏空的长木或吹胀的皮囊在水面上行驶了。至今仍然在使用的蒙皮小船，在远古时代便已经被埃及人和苏美尔人发明创造出来了。巧合的是，在爱尔兰、威尔士、阿拉斯加也能看见这样的小船行驶在水面上；时至今日，用海豹皮蒙皮制成的小木船仍被用来横渡白令海峡。随着对工具的不断改良，剡木为舟的造船法逐渐得到改良，随后，小舟和小船也就自然而然地出现了。

诺亚方舟的传说，也许最早是用来纪念造船事业的功绩的。就像在世界各民族间广泛流传的洪水故事一样，诺亚方舟的传说或许就是从地中海一带水患众多的洼地处流传开来的。

远在金字塔出现以前，就已经有船只在红海上航行了。到公元前7000年前后，地中海和波斯湾的水面上才刚刚开始有船只出现。其中渔船占多数，但偶尔也会有一些商船和海盗船。以我们目前掌握的材料来看，我们完全可以相信：早期的水手通常热衷于抢劫，不到万不得已不会从事交易。

最早的船只通常只在偶尔起风的内海中航行，由于海面上往往连续几天都没有风，所以这些船只还没有发展出具有辅助作用的船帆。而那些能在大海中航行且装备精良的大帆船，直至近400年才得以发展。在古代，世界上大多数船都是靠划桨航行的，一般只沿着海岸线划行，这样做的好处是当遇到风浪时能快速躲进港口里。当小船发展为单层甲板的大帆船时，航海者们就开始把战俘抓到船上做奴隶。

在上文中，我们已经论述了在叙利亚和阿拉伯地区放牧以及漂泊的闪米特人是如何征服苏美尔，第一个建立了古阿卡德帝国，随后又创建了第一巴比伦帝国的。其实，在西方的海域上，同样有闪米特人的身影出现。他们沿着地中海东岸建立了许多的港口城市，其中最为重要的是提尔港和希顿港。到了巴比伦的汉谟拉比时代，闪米特人有的成为商人，有的成了四处漂泊的流民，有的成了殖民地的开拓者，他们的势力遍布整个地中海盆地。这些在海上出没的闪米特人称之为腓尼基人，他们中的大多数人都在西班牙定居，驱逐了伊比利亚半岛的原住民巴斯克人。同时，他们沿着海岸线进行远征，穿过直布罗陀海峡，在非洲北海岸建立了不少殖民地。在下文中，我们将着重讲述腓尼基人建立的一个城市——迦太基。

然而，在地中海水域最早使用单层甲板帆船的并不是腓尼基人，因为在地中海沿岸和岛屿上早就有了许多爱琴人建立的城镇了。从血缘和语言上分析，爱琴民族与西面的巴斯克人、南面的柏柏尔人和埃及人有着亲缘关系。但是绝不能将爱琴人与希腊人混为一谈，因为在我们所说的故事中，希腊人的出现要晚于爱琴人很多。爱琴人是希腊人的前身，爱琴人在希腊和小亚细亚都建立了自己的城市，例如迈锡尼和特洛伊。另外，他们还曾在克里特岛的诺索斯建造了宏大豪华的宫殿。

直到最近的半个世纪，在考古学家的辛勤发掘下，我们才得以认识爱琴人的势力范围和文明发展程度。考古学家对诺索斯的考察非常全面。值得庆幸的是，在后来的日子里，在这个远古废墟上面再也没有建立过规模更大的城市，因此，这片古迹才得以保存至今，也正因如此，才能成为我们了解这一度被遗忘的文明的重要标本。

诺索斯的历史如同古埃及的历史一样久远。到了公元前4000年前后，这两个国家就已经开始频繁地进行海上贸易了。当时间到了公元前2500年前后，即萨尔贡一世和汉谟拉比时代之间，克里特文明空前繁荣，达到了巅峰。

实际上，诺索斯算不上是一座城池，它只不过是一个居住着克里特王和他的子民的大宫殿，它甚至连城墙都没有。但是在这之后，腓尼基人逐渐强大，再加上凶猛的从事海盗勾当的希腊人经常由北方渡海过来向他们进行侵扰，所以为了抵御入侵，诺索斯才开始构建防御工事。

在埃及，君主被称为法老，而在克里特，君主则被称为迈诺斯。他们所居住的宫殿装有流动水浴室和其他各种方便设施，在其他古建筑中是很难见到这些设施的。他们常常在自己的宫殿里举办大型祭典和表演活动，当然，有时候也进行斗牛表演。这种斗牛表演与今天盛行于西班牙的斗牛活动极为相似，甚至连斗牛士的服饰都是那么的相像。此外，还有体育运动竞技。妇女思想的开放程度从服装上就能略窥一斑，讲究时髦的束胸和多皱的裙摆。他们制作的陶器、服饰、雕刻、绘画以及珍宝、象牙、金属、镶嵌工艺都有令人叹为观止的精美作品。他们已经拥有了独立的文字体系，但可惜的是到现在我们也未能解读出来。

这种幸福、安康的文明生活延续了数千年之久。一直到公元前2000年前后，诺索斯和巴比伦的生活仍然是一派太平盛世的景象，生活在物质条件比较完备环境下的居民大多是有教养的，因而他们的生活单纯而愉快。他们喜欢观看各种演出，并且举行盛大的宗教庆典。在家里，他们的起居有奴隶来服侍；在外面，勤劳的农奴为他们创造财富。生活在阳光充足、碧海环绕的诺索斯，人们安详而宁和。与之相反的是，在当时的埃及，正处于半开化的"牧人王朝"统治之下，国力日渐衰微。一个人如果对政治有敏锐感，那么他必然会发现，闪米特人正在四处扩张，他们不但侵略了埃及，征服了远方的巴比伦，在底格里斯河上游建立了尼尼微城，还向西航行到直布罗陀海峡，在遥远的海岸开辟了许多殖民地。

诺索斯一定出现过许多敏锐且极具猎奇心态的人。因为在后来的希腊人中间就流传着关于克里特的能工巧匠戴德普斯的传说。传说他曾经尝试着制造了一种飞行器——滑翔机，但是不幸的是，由于机翼出现折裂而坠入大海中。

对诺索斯人与现代人的生活进行比较分析是一件非常有意思的工作。例如，一个生活在公元前2500年的克里特绅士会认为铁是来自天外的金属，是异常珍贵的宝物。这是由于当时的人，一直以来只知道陨铁，而不知道从矿石中也是可以冶炼出铁的。在与之相对的今天，铁则到处都是，并不稀奇。再比如，马匹对于克里特人而言是传说中的动物，是一种生活在黑海以北荒凉区域上的体型较大的驴子。他们认为，在爱琴人居住的希腊才存在文明，抑或是吕底亚人、加里亚人和特洛伊人居住的小亚细亚，这些人说的语言与自己相差无几。当然，他们固然知道居住在西班牙与北非的腓尼基人和爱琴人，但他们却认为那遥不可及。那时候，棕色皮肤的伊特鲁里亚人还没有从小亚细亚迁徙到覆盖着稠密森林的意大利。假设，有一个克里特绅士于某日来到码头，发现一个面孔清秀、眼睛碧蓝的俘虏时，必然会惊奇不已。或许他会与这个俘虏简单地交流几句，可是俘虏的回答他却根本无法听懂。于是，他就理所当然地认为这是一个来自比黑海更遥远地方的野蛮人。而事实上，这个俘虏正是一个雅利安人，关于该民族的文化，我们会在后面详述。至于他说的那些无法理解的语言，其实正是后来被分化为梵语、波斯语、希腊语、拉丁语、德语和英语等如今世界上主要语种的母语。

这就是处于巅峰时刻的诺索斯人。他们智慧、上进、乐观、幸福。可是当时间进入公元前1400年，这种繁荣却被突然降临的灾祸毁灭了，遭到破坏的迈诺斯的宫殿此后再也没有修建起来，这里成了无人居住的废墟。至于这是一种什么样的灾难，又是如何发生的，至今无人知晓。研究者们从废墟中发掘出来一些遗物，其中包括一些小动物的尸骨，这些物品最明显的特征是残留着火烧的痕迹，同时也发现了某种极具破坏性的地震的痕迹。没有人知道诺索斯究竟只是毁于自然力量，还是在地震后又遭到了希腊人的洗劫。

第十八章　埃及、巴比伦和亚述

埃及人从未心甘情愿地屈服于闪米特人"牧人王朝"的统治。大约在公元前1600年，一场来势汹汹的爱国运动终于爆发了，他们终结了异族统治的时代，随之而来的是一个埃及复兴的新时代。研究埃及历史的专家们将这一时期称为"新王国"时代。埃及在喜克索斯王朝入侵以前并不是一个统一的国家，而此时，却完成了它的统一大业。长期的屈辱与磨难，让埃及人民留下了一种强烈的反抗精神，这也致使法老成为一个野心勃勃的征服者。他们用从喜克索斯王朝那里缴获的战马和战车装备军队。到了特多麦斯三世和阿米诺菲斯三世执政时期，埃及的势力范围一直蔓延到了亚洲的幼发拉底河流域。

接下来我们将讲述两种完全分离的文明之间所发生的战争：美索不达米亚文明与尼罗河文明，它们之间历经了一场持续上千年的战争。在战争的初期，埃及占有明显的优势。各个伟大的王朝引领着埃及到达过辉煌的顶点，这些王朝包括特多麦斯三世、阿米诺菲斯三世、阿米诺菲斯四世和大女皇哈达苏统治的第十七王朝（公元前1674年至公元前1567年），以及被称为摩西时法老的拉美西斯二世统治了67年之久的第十九王朝（公元前1320年至公元前1200年）。当然，在此期间埃及也经历过衰落的时期，期间叙利亚人和南方的埃塞俄比亚人将他们征服了。美索不达米亚先是由巴比伦统治，而后被赫梯人和大马士革的叙利亚人短暂地统治过一段时期。叙利亚人还一度征服了埃及。尼尼微城的亚述人的命运起伏不定，时而屈辱时而兴盛，有时叙利亚人在统治巴比伦的时候还攻打埃及。限于篇幅，我们在这里对埃及军队同小亚细亚、叙利亚、美索不达米亚的闪米特人军队的战斗情况不做赘述。不过，值得指出的是，此时的大部分军队全都装备有大批的战车，而马虽然已经从中亚传入这些古代文明地区了，却仍然只用于战争凯旋后的仪式。

在远古时代的晨光里，为数不多的几位征服者转瞬即逝，例如尼尼微城的占领者米坦尼的国王塔楚拉达，又如曾经征服过巴比伦的亚述王提格拉特·帕拉沙尔一世。最终，亚述人成为那时军事力量最强大的民族。公元前745年，提格拉特·帕拉沙尔三世攻占了巴比伦，并建立了历史学家所称的"新亚述帝国"。同时，铁也从北方传入了文明国家，亚美尼亚人的前身赫梯人首先学会了使用铁，并把铁的使用方法传给了亚述人。紧接着，亚述王位的篡夺者萨尔贡二世也用铁器来武装军队，于是亚述人便成为史上第一支奉行铁血信条的军队。萨尔贡的儿子辛那赫里布率领军队进攻埃及，结果却因为军人瘟疫蔓延而遭到惨败。辛那赫里布的孙子阿舒巴尼帕尔，这个在希腊历史上以希腊名萨达那帕尔斯而声名赫赫的国王，于公元前670年完成了父辈的遗愿，征服了埃及。但此时的埃及只不过是埃塞俄比亚王朝统治下的属地，萨达那帕尔斯不过是取代了前面的征服者而已。

在这段长达千余年的漫长历史中，如果将各个国家的政治版图描绘出来，我们就会发现埃及的范围就如同一只显微镜下的变形虫，忽大忽小。我们还可以看到巴比伦人、亚述人、赫梯人、叙利亚人等诸多的闪米特人的国家变化不定，它们时而相互吞并时而分裂，反反复复。在小亚细亚西面还有一些爱琴人建立的小国家，例如吕底亚（其首都为萨底斯）和迦利亚等。然而，大约到了公元前1200年的时候，或许比这更早一些，在世界版图的东北方和西北方出现了许多新兴民族的名称。这是一些蛮族部落，他们使用铁制武器和马拉战车装备军队，他们的北部疆界曾与爱琴人和闪米特人的文明碰撞在一起，从而导致了他们所使用的语言也都来自同一母语——雅利安语。

此时，米提亚人和波斯人也来到了黑海和里海的东北部一带。从当时记载的资料中分析，人们把他们与塞西亚人、萨尔马提亚人混为一谈了。另外，亚美尼亚人也从东北、西北方向来到这里，西米里人、弗利吉亚人和希腊人从西北部沿海岸线经巴尔干半岛来到这里。这些不论来自东方还是西方的雅利安人，统统都是侵略者、强盗和城市的掠夺者。他们的血缘关系非常相近，全都是曾经干过抢劫勾当的游牧民族。在东部，雅利安人还只不过是侵扰边民而已，可是西部的雅利安人则嚣张异常，他们猖狂地袭击城邦，打家劫舍，无恶不作，而且还将文明的爱琴人从本土中驱逐出去。爱琴人在备受压迫的情况下，不得不到雅利安人的活动范围之外去寻找新的安身之处，于是一些爱琴人就来到了尼罗河三角洲。可谁曾想，他们在这里又被埃及人所驱逐。另一部分爱琴人的分支爱托利亚人，貌似是从小亚细亚渡海来到覆盖森林的意大利中部的无人区建立起自己的家园。还有一些爱琴人则在地中海东南海岸建立起自己的城邦，他们就是后来历史上著名的腓利斯人。

关于这些凶狠野蛮的雅利安人与古代文明之间的联系，我们将在后面进行详细的论述。但在这里，我们只能简要说明古代文明在这一地区的兴起和变迁。在公元前1600年至公元前600年之间，这批来自北方森林和荒原上的雅利安野蛮民族发动的入侵不计其数，且持续时间非常久远。

在下面一章，我们将要讲述的是另一小部分闪米特人，腓尼基和菲利斯海岸后面的丘陵地带是他们的居住地。他们是这个时代即将结束时最具重要意义的民族，而他们就是希伯来人。他们创造了一部对后世影响巨大的重要著作希伯来《圣经》，这本书将历史、诗歌、箴言和预言融为一体。

在公元前600年前后，美索不达米亚和埃及虽然遭到了雅利安人的入侵，但他们的本质精神并没有发生改变。在埃及和巴比伦的老百姓看来，希腊之前的爱琴人大溃败以及突遭横祸的诺索斯，都似乎是遥不可及的灾难。在文明的发源地，虽然朝代不断更迭，人类生活的主流却一直在缓慢地朝更精细更复杂的方向进步着。在埃及，已经经历了3000多年风吹日晒的金字塔，便是在古代建造而成的山形建筑，至今仍然吸引着无数游客去参观。之后，埃及又兴建了大量更新、更雄伟的建筑，其中最显耀的当属在第十七和第十九两个王朝所建的寺庙。卡那克和鲁克索神庙也同样在这个时代建成。尼尼微所有的主要古代遗迹，例如神庙、带翅人头牛身雕像以及国王、战车、猎狮等浮雕，都是在公元前1600年至公元前600年建成的伟大杰作。这一时期也是巴比伦历史上最为辉煌灿烂的时期。

如今，大量关于美索不达米亚和埃及的记载已经被我们所掌握，包括账簿、小说、诗歌和私人信件。我们从中得知，当时的上层阶级，比如那些住在巴比伦或埃及底比斯等城市中的权贵，他们豪华奢侈的生活丝毫不逊色于今天的富人。在这些人装修豪奢的家里陈设着精美的家具，他们的服饰光鲜亮丽，浑身上下珠光宝气，过着有规有矩的礼仪生活。每逢庆典，他们都会举办盛大的酒会；他们接待来宾时最好的应酬和消遣便是彼此之间相互歌唱和舞蹈；经过培训的奴仆时常簇拥在他们周围，而牙医与医生也常伴左右。他们很少旅行，长途旅行更是不可思议的事情，不过在河上行舟却不失为一桩美事；在夏天的时候，不论是尼罗河还是幼发拉底河，最常举行的娱乐活动就是乘船游玩。驴子在当时是主要的坐骑，而马仍然只用于拖战车和国家典礼上，骡子更是非常罕见的动物。虽然在美索不达米亚能见到骆驼，但在当时还没有传入埃及。由于当时铁制器具还很少见，所以最常用的金属还是铜和青铜。被广泛应用的纺织品都是一些上等的棉麻织物和毛织物，丝绸还没有从中国传入。当时已经出现了美丽的玻璃制品，并且颜色非常丰富，不过成品通常都很小，而透明玻璃还没有发明出来。人们已经开始镶金牙，但还不懂得在鼻梁上架眼镜。

在古代，底比斯和巴比伦的生活与现代社会仍然有一个非常明显的差异，那就是货币还没有产生，大多数贸易依旧是以物易物。不过，巴比伦在财政金融方面的发达程度要远远高于埃及，他们已经学会用金银来交换其他的物品，或者将金银制成金块、银块保存起来。一些"银行家"先于货币出现，他们在贵重金属块上印上自己的名字，并标明金属的重量。携带一些宝石出门对于商贾和旅行者来说是非常必要的，因为他们可以在自己需要的时候变卖宝石来换取生活必需品。当时的佣人和生产者大多为奴隶，他们没有薪水，只能获得一点儿实物。但随着货币的出现，奴隶制度也随之衰落了。

如果现代人去游览这些古代的繁华城市，他们会发现有两种非常重要的食品是在这里找不到的，那就是母鸡和鸡蛋。因此，法国厨师肯定不会喜欢巴比伦，因为他们毫无用武之地。据说，这两样东西大约是在亚述帝国末期才从东方的某个地方传到这里的。

宗教在这个时期也得到了很大程度的发展。比如用活人献祭的陋习早就被废止了，取而代之的是用动物或面粉做的假人。但是腓尼基人，尤其是在迦太基（腓尼基人在非洲最大的移民区），那里的人民仍然在用活人献祭，从而备受后世的唾弃。在古代，每当一个伟大的领袖死去，人们就会让该领袖的妻子与奴隶一起殉葬，并用折断的弓箭当作陪葬品，为的是让死者的灵魂在另一个世界也能使用这些物品和奴役这些仆从。这种愚昧的做法在埃及也非常盛行，所以当地人养成了将房屋、店铺、奴仆和家畜制成小模型来陪葬的习俗。后来，人们挖掘出的这些模型真实地展示着3000多年以前甚至更久的时期，古代居民所过的那种文明且安定的生活。

这就是野蛮的雅利安人从北方的森林和原野出来之前古代社会的大致情况。这时，印度和中国也已经发展起来了。在印度与中国的江河流域，棕色人种的农耕城邦发展了起来。但是印度的城邦似乎与美索不达米亚和埃及的城邦不太一样，并没有迅速地发展、合并，他们反而更接近古代苏美尔和美洲玛雅文明的发展水平。中国学者正在用现代手段来研究中国的历史，其中许多的传说材料，还有待于学者们去剔除、整理。不过，值得肯定的是，该时期中国的文明程度要比印度高很多。中国的商朝与埃及的第十七王朝同期，这一时期，中国的统治者类似于皇帝兼祭司，他统治着一些组织松散、割据各地的诸侯国。这些古代帝王的首要职责是主持祭祀仪式。从至今仍然保存完整的美妙绝伦的商代青铜器可以看出，当时制作技术的高超，使我们不得不相信：在雅利安人之前的许多世纪中，中国早已出现了这一文明。

第十九章　原始的雅利安人

　　在4000年以前，也就是公元前2000年前后，欧洲中部和东南部以及亚洲的中部等地可能要比现在更温暖、湿润，树木更加繁茂。有一群原始部落在莱茵河到里海之间的广大地区过着漂泊不定的生活，其中大多数人都是金发碧眼的北欧人。他们说着源于同一母语的各种语言，彼此进行深切的往来。在当时，他们的人口或许还不是很多，但他们的存在，却早已被遵奉汉谟拉比法典的巴比伦人以及最早饱尝异族入侵之苦的埃及人所熟知。

　　上天似乎早就安排好让这些北欧民族在世界历史的舞台上饰演重要的角色。这些拓荒者在森林中开垦出万顷良田。最初他们并没有马，只有牛，所以当他们迁徙的时候就把营帐和别的物品放在简陋的牛车上；如果在某地驻扎下来，他们就用树枝和泥土垒砌小茅屋以遮蔽风雨。他们不像先前的暗白人一样实施土葬，而是在重要人物死后实行火葬。假如死去的人是部族首领，他们就会将他的骨灰装进瓦瓮中，然后修筑起一个巨大的圆形坟冢，这些称之为"圆冢"的大土堆在北欧随处可见。而他们的先人暗白人种是不喜欢火葬的，他们将死者摆成端坐的姿势，然后埋葬于矩形的坟冢里，这就是所谓的"长冢"。

　　雅利安人非常奇怪，他们虽然种植小麦，也懂得用牛耕地，却并不会因此而定居下来，他们在收获粮食之后就会从此地搬走。他们早已拥有青铜器，到了公元前1500年前后，他们又有了铁器，他们似乎就是冶铁术的发明者。或许也正是在这段时期，他们驯服了马，第一次驱使马来运送货物。他们的社会生活完全不以寺院为中心，这一点与地中海附近那些定居民族非常不同，而且他们的领袖也不是祭司，而是头领。他们的社会体系并不依靠神，也不依靠帝王，而是一种贵族制。从很早以前，家族间就有较为明显的贫富贵贱之分。

这个民族由于常年的漂泊生活，为了鼓舞情绪，他们在举行酒宴的时候，个个都能歌善舞，且开怀畅饮，一些专职的吟唱诗人也加入来助兴。在他们接触文明社会以前，他们没有文字。吟唱诗人的记忆就是他们活的文字，这种对语言的发展起了很大作用的说唱方式是作为娱乐流行起来的，后来终于成为一种非常优美的表达工具。毋庸置疑，在此之后，由雅利安语分化而来的各种语言之所以具有如此众多的优点，大部分原因都与此有关。雅利安各民族的传奇历史都保存在各种叙事诗、史诗和宗教传说之中。

在雅利安的社会生活中，人们经常以首领的家为中心。当他们在某地驻扎下来时，首领居住的房屋通常都是非常宏伟的木制厅堂，而牧人住的小房子和远处的牛羊圈都拱卫在周围。对于大部分的雅利安人来说，首领居住的大厅是部落的中心，人们在这里聚集，举行酒宴、唱诵诗歌、参加游戏或者商讨部落大事。一般厅堂周围都设置了牛栏和马圈，而首领和家人都在屋内或楼厅上休息，部落的普通成员则如同今天的印度家庭那样随地而卧。在雅利安人部落，除了武器、装饰品、工具等私人物品外，其余财产全都是公共的，这是一个族长制的共产社会，首领代表公众的利益而管理着牲畜和牧场，而森林和河流还没有被开发。

当美索不达米亚平原和尼罗河流域的伟大文明不断向前发展的时候，在欧洲中部和中亚西部的广大地带，雅利安人就是这样繁衍生息的。到了公元前2000年，雅利安人开始在各地压迫日石文化的其他民族。他们侵入法兰西、不列颠和西班牙，随后侵略大军分成两股力量。第一股力量使用青铜武器装备自己，他们挺进到大不列颠和爱尔兰，并且将当地居民全部驱赶出去，要知道，这些被驱赶的民族曾经在不列颠岛建造了伟大的卡纳克石碑、在英格兰索尔兹伯里平原上建造了巨石阵，这些民族在这股势力的冲击下，要么被驱逐，要么被征服。当雅利安人到达爱尔兰以后，他们有了一个正式的称号——盖尔·凯尔特人。第二股力量是一支血缘相近的民族，其中可能融合了别的种族因素，他们把铁传入了大不列颠。这支力量被称为布里托尼·凯尔特人，而威尔士人的语言正是从凯尔特人的语言转化而来。

　　血统相近的凯尔特各民族不断向南侵入西班牙，他们不仅与当时仍然占据着这块土地且拥有"日石文化"的巴斯克人接触，而且还与在沿海建立殖民地的闪米特系腓尼基人相互往来。与此同时，意大利人的各个部落关系密切，并且结成联盟南下，来到了荒凉的、树木丛生的亚平宁半岛。当然，他们不再以征服者的姿态出现了。公元前8世纪，罗马登上历史舞台。此时的罗马还只不过是位于台伯河畔的一个商业小镇，雅利安系的拉丁人占居民的大多数，统治者则是伊特鲁里亚的贵族与王室。

　　雅利安人的势力范围也不断向南推进。这支说梵语的雅利安人，早在公元前1000年以前，就已经向西进入了印度北部。在那里，他们和达罗毗荼文明——原始的暗白人文明发生了接触，并且学到了许多东西。另外一些雅利安部族，其活动区域似乎已经扩展到了中亚的山区，一直延伸至比今天这个民族居住区域更远的东方。直至今天，仍然有金发碧眼的北欧人种部落居住在东土耳其，不过他们现在讲的是蒙古语。

　　居住在黑海和里海之间的古代赫梯人，在公元前1000年之前因为被阿美尼亚人征服而被雅利安同化。而亚述人和巴比伦人也警觉到东北边疆有一个新崛起的好战蛮族，其中声名最为显赫的当属塞西亚人、米提亚人和波斯人。

　　然而，雅利安各民族对旧世界文明最沉重的打击，还是在他们穿越了巴尔干半岛之后。在公元前1000年前的若干世纪，他们就已经南下进入了小亚细亚。而在最早来到这里的部族中，尤其以弗利吉亚人最为出名，紧接着伊奥里斯人、爱奥尼亚人和多利安希腊人也来到了这里。到了公元前1000年前后，他们已经把希腊本土以及希腊诸岛上的古代爱琴文明一扫而光。迈锡尼和梯林斯古城被毁，而诺索斯古城则差不多被完全遗忘了。在公元前1000年以前，希腊人就越过海洋来到克里特和罗德岛上定居，并且按照腓尼基沿地中海兴建的港口城市的模式，在西西里岛和意大利南部建立了许多殖民地。

　　就这样，在提格拉特·帕拉沙尔三世、萨尔贡二世以及沙达那帕鲁斯统治着亚述，并与巴比伦、叙利亚、埃及等国进行战争的年代里，雅利安各民族受到了文明的熏陶，并按照自己的意愿，在意大利、希腊和波斯北部创造了自己的文明。从公元前9世纪往后的600年里，世界历史其实就是雅利安民族如何发展强大、如何从事开拓事业，最后又如何征服闪米特人、爱琴人、埃及人等整个古代世界的历史。从表面上看，似乎是雅利安人取得了完全的胜利，可事实却是：在思想和制度上，雅利安人与闪米特人、埃及人的斗争从未停止，并且在雅利安人取得了统治权以后的很长时间里仍在继续。换言之，这场斗争事实上贯穿了人类的整个历史，时至今日，它仍然以某种形式继续着。

第二十章　巴比伦帝国末期和大流士一世帝国

在上文中，我们已经讲到过在提格拉特·帕拉沙尔三世和篡位者萨尔贡二世统治下的亚述国是如何成为一个军事强国的。这位篡权者的本名其实并不叫萨尔贡，他之所以叫这个名字，是为了让巴比伦人不要忘记在2000年前古阿卡德帝国的开创者正是萨尔贡一世。巴比伦虽然是被征服的城邦，但是与尼尼微比起来，无论是人口数量还是地位的重要性都超过了尼尼微。也因为这样，征服者们除了对巴比伦的神灵柏尔·马杜克心存敬畏外，还对巴比伦的商人、祭司也以礼相待。公元前8世纪的美索不达米亚平原，人类再也不像以前那样一旦攻占某座城市就必然烧杀抢掠了。征服者们希望通过怀柔政策赢得被征服者的归顺，所以当萨尔贡死后，新亚述帝国又维持了将近一个半世纪。之后的事情正像前面提到的那样，阿舒巴尼泊（即萨达那帕尔斯）控制了埃及的南部。

但是强大统一的亚述帝国却由于内部的分裂，实力迅速地减弱。与之相对的是，此时埃及人却奋发图强，经过艰苦卓绝的斗争，埃及终于在沙麦提克斯一世统治时赶走了侵略者。尼科二世在位时还曾经图谋发动一场征服叙利亚的战争。由于当时的叙利亚与邻国正好发生了战争且相互僵持着，所以没有能力抵抗侵略者。在公元前606年，尼尼微被来自美索不达米亚东南部的闪米特族迦勒底人，以及雅利安族米提亚人、波斯人结成的联盟从东北方攻陷了。也正是从这个时候开始，人类有了较为准确可考的纪年表。

此后，亚述遭到了瓜分和掠夺。在北方，塞克萨里斯建立了米提亚帝国，它的疆域包括了尼尼微，定都爱克巴坦那，它的东部疆界甚至延伸到印度边境。在米提亚帝国南边，是版图呈新月形的迦勒底帝国，也就是第二巴比伦帝国。由于尼布甲尼撒的治理，第二巴比伦帝国积攒了丰厚的财富，国力日渐强盛起来，于是巴比伦的最后一段辉煌时期开始了。在此后的一段时间里，米提亚帝国与巴比伦帝国相安无事，互不征战。尼布甲尼撒还将自己的女儿嫁给了塞克萨里斯。

这期间，尼科二世征战叙利亚，毫不费力就征服了它。而在此之前的公元前608年，他曾在米吉多战役中击败了犹太国（关于犹太国的具体信息，我们将在后面详述），并且杀死了犹太国王约西亚。紧接着，他又亲率大军直发幼发拉底河流域，已经衰落的亚述帝国并不是他此次行动的目标，他的目标是日渐强盛的巴比伦。但是尼科的如意算盘落空了，他的军队遭到迦勒底人的顽强抵抗，最后被击溃，仓皇逃回埃及。巴比伦乘机把国界扩张至古埃及边境。

公元前606年至公元前539年，第二巴比伦帝国虽然还处于不安定的环境之中，但是由于它与北方那个更强大、更稳固的米提亚帝国的长久和平，所以国内依然极为繁荣。在这67年间，巴比伦国内不但生活富足，文化也高度繁荣。

巴比伦这座古城，即便在亚述历代帝王的统治下，也始终是文化知识的重要传播地，尤其在沙达那帕鲁斯时代更加突出。身为亚述人的沙达那帕鲁斯早已被巴比伦文明同化。他建造了一座大型图书馆，当然，其中收藏的不是纸质图书，而是从苏美尔时代早期大量流传下来的美索不达米亚地区的黏土刻字板。如今，他的这些藏书已经被挖掘出来，它们可能是世界上最为珍贵的历史资料。巴比伦帝国的最后一位帝王是迦勒底系的那波尼丢斯，他对文学有浓厚的兴趣，所以鼓励并且支持研究这些古籍。当萨尔贡一世登基的具体时间被他手下的研究人员发现之后，他立刻命令将这段史诗刻碑以作纪念。虽然他并不昏庸，但在他统治时期帝国仍然出现了许多分裂的征兆，他为了稳固中央集权统治，于是下令把全国各地的神灵全部集中到巴比伦，并且为诸神修建庙宇。虽然后来这种方法被罗马人成功仿效，且收到了奇效，可是在巴比伦却使得信奉巴比伦主神柏尔·马杜克的有权势的祭司们猜忌，他们开始谋划着如何逼迫那波尼丢斯退位，让邻近的米提亚帝国君王居鲁士取而代之。因为在这之前，小亚细亚东部富足的吕底亚王国富有的国王克里萨斯曾经被居鲁士征服，令其声名鹊起。经过他们的里应外合，当居鲁士率大军进攻巴比伦时，只在城外打了一仗，就有人把城门打开了（公元前538年）。居鲁士的军队兵不血刃就进入了这座城池。根据《圣经》里的记载，当时拿波尼度的儿子——伯沙撒王太子正在举行宴会。正当宴席进行时，一只手伸了进来，用火在墙壁上写下了一些神秘的文字："Mene, Mene, Teke, Upharsin（弥尼，弥尼，提客勒，乌法珥新）。"于是他召见先知但以理来解谜。但以理解释道："上帝已知道你王国的年数，现在正是你的末日。由于在天平上称出你的分量不够重，因此把王国赐予了米提亚人和波斯人。"那些信奉柏尔·马杜克神的祭司们早就知道这种在墙上写字的把戏。《圣经》上说，当天晚上伯沙撒王太子就遇害了，而拿波尼度也被捕入狱。由于本次占领未曾采取武力，所以对柏尔·马杜克神的祭典未曾中断。

就这样，巴比伦帝国和米提亚帝国统一起来了。此后，埃及也被居鲁士的儿子冈比西斯攻占了。但冈比西斯自己却由于情绪暴躁，暴毙而亡。而居鲁士的宠臣之一希斯塔斯皮斯之子、米提亚人大流士继承了王位，他就是大流士一世。

大流士一世统治的波斯帝国，是古代文明史上最早出现的新雅利安帝国，这个帝国的疆域比以往任何国家都更辽阔，囊括了小亚细亚和叙利亚全境，以及原亚述帝国、巴比伦帝国全境，还拥有埃及、高加索和里海地区，经米提亚和波斯等地，将疆界延伸到了印度河流域。之所以能够建立一个如此庞大的帝国，与当时的客观条件——马匹、骑兵、战车和宽阔的大道——分不开。以前，驴子、牛和沙漠中的骆驼是最方便的交通工具，但是现在，为了管理新的帝国，统治者下令修建了许多宽阔、平坦的大道。驿马随时待命，以供帝国信使或取得官方许可的旅行者使用。铸币开始出现，极大地推动了贸易的发展。但是，此时巴比伦不再是帝国的首都了。虽然巴比伦仍是一座主要城市，却已呈日薄西山之势。珀塞波利斯、苏萨和爱克巴坦那成为帝国新崛起的重要城市，苏萨还成为帝国的新首都。尼尼微已被人们弃置，慢慢成为一片废墟。从结果来看，那些信奉柏尔·马杜克神的祭司们并没有从他们的背叛中获得多少好处。

第二十一章　犹太人的早期历史

现在，我们来谈一谈一个闪米特族系的分支——希伯来人。在当时，这个民族的重要性其实远远不及它日后对世界历史的影响。在公元前1000年以前，希伯来人就已经在犹地亚定居很长时间了，也是从那以后，首都一直设在耶路撒冷。他们的历史与南方的埃及、北方相继出现的叙利亚、亚述和巴比伦等各大帝国的历史是交织在一起的。这是因为希伯来人的国土是北方各国和埃及往来的必经之地。

希伯来人之所以给后世留下了举世瞩目的影响，还要归功于他们创造的一部重要的文学作品。这既是一本汇聚世界史、法律、年代学和赞美诗的合集，又是一本集箴言、诗、小说和政治言论于一体的百科全书。这本被后世基督徒称作《旧约》的，正是希伯来《圣经》，它大约成书于公元前400年或公元前500年。

这部作品很可能是在巴比伦首次完成编纂整理工作的。上文中提到过，当亚述人正和米提亚人、波斯人以及迦勒底人拼命战斗时，埃及法老尼科二世也在侵略亚述帝国。公元前608年，犹太国王约西亚率众反抗尼科二世，但不幸战败身亡，因此，犹太国成了埃及的附属国。后来，巴比伦的新迦勒底王尼布甲尼撒大帝把尼科赶回了埃及，企图在耶路撒冷拥立一位傀儡国王来统治犹太国，可是这个图谋失败了，因为犹太民众将巴比伦派来的官吏杀了。正因如此，尼布甲尼撒痛下决心，想彻底消灭这个让埃及和北方帝国相互制约的小犹太国。于是，耶路撒冷遭到了残酷的烧杀抢掠，而幸存的居民也被当作战俘送往巴比伦。此后，这些难民就一直被羁押在巴比伦，直到公元前538年居鲁士攻克此城，才把他们送回故土，让他们重建了耶路撒冷的城墙和庙宇。

在此之前，犹太人似乎并不是一个非常开化和团结的民族，只有少数人可以读书识字。即便从他们自己的历史书来看，也没有谁读过《圣经》开篇的几章。约西亚时代第一次有人提到了这本书。被俘虏到巴比伦的耻辱经历，使得他们开化且团结起来。回到故土后，他们才重新意识到本国文学的重要性，于是他们重新成为有敏锐的自我意识和政治头脑的民族。

在那个时候，他们的《圣经》可能只有"首五卷"，也就是我们现在所知的《旧约》开头的五篇。除此之外，还有大量其他独立成篇的书，例如编年史、圣诗和箴言，这些作品与"首五卷"一同被归入后来的希伯来《圣经》中。

希伯来《圣经》开篇所描述的故事几乎与巴比伦的传说完全一样，都是创世纪、亚当和夏娃以及洪水的故事，这似乎是所有闪米特人的共同信念。而摩西和参孙的故事，又几乎与苏美尔、巴比伦的传说完全一样。不过，关于亚伯拉罕及其后的故事，则更具有犹太民族的特色。

如今我们推测，亚伯拉罕极有可能生活在汉谟拉比时代的巴比伦，成长于族长制的全盛时期。在《创世纪》的一篇中，读者可以看到上面记载着他漂泊的故事，以及他儿子、孙子的故事，而且还记录了他们成为埃及人俘虏的经过。据希伯来《圣经》记载，亚伯拉罕一来到迦南，上帝就将这片土地连带其中的大城市全都赐给了他和他的子孙们。

自从亚伯拉罕的子孙被羁押到埃及之后，摩西带领着他们在旷野中闯荡了50年之久，终于发展成由12个部族组成的大民族。随后，他们便从阿拉伯大沙漠大举东进，攻打迦南。或许这些事件就发生在公元前1600年至公元前1300年的某段时期。然而奇怪的是，在埃及的历史资料上，没有任何一条与摩西和当时迦南相关的信息。不过，可以肯定的是，这次入侵并不成功，他们除了上帝恩赐的山地之外，毫无所获。在当时，迦南人并没有得到沿海地带的所有权，这些地区仍然掌握在爱琴人和腓力斯人的手里。他们在此建立起来的城市全都抵挡住了希伯来人的进攻，这些城市包括加沙、加多、阿什杜德、阿斯卡伦和乔帕等。由于亚伯拉罕的子孙们自此之后全都定居在丘陵地带，所以他们也始终未能引起世人的注意。在此之前，他们曾长时间与腓力斯人发生冲突，并且还和与自己同属一宗的莫阿布人、米提亚人发生争战。如果读者想了解他们在这一时期的战斗经过，可以看看《旧约》中的《士师记》。毫不夸张地说，《士师记》简直就是他们灾难与失败的完整记录。

在很长一段时间里，领导希伯来人的士师（类似于祭司）全都是由民间的长老们选举出来的。但是到了公元前1000年前后，他们选出来一个王，由他来统率三军、与敌人交战，这个人就是扫罗。就领导能力而言，扫罗并不比士师们更为出色，并且在吉尔布亚山的战斗中，扫罗被腓力斯人一箭穿胸而死，他的铠甲被当作战利品送到腓力斯人的维纳斯神庙展示，他的尸体则被钉在了贝塞香的城墙上。

扫罗的继承人大卫要比他更有谋略。希伯来民族在大卫的统治下取得了空前的繁荣，而这种繁荣与腓尼基的提尔人不无关系。提尔城的君主海勒姆是一位有远见的明君，他提议建立一条安全的贸易商道，这条道路穿越希伯来丘陵直达红海。这个提议深得人心，因为当时的传统商道必须途经埃及方能抵达红海，而埃及国内此时战乱频繁，就算此时埃及没有战争，这条路在往常也并不顺畅。就这样，海勒姆与大卫一拍即合，并且与之建立了战略合作伙伴关系，这样的关系延续到大卫的儿子同时也是王位继承人的所罗门时代。耶路撒冷在海勒姆的援助下修筑了城墙、宫殿和寺庙。同时，作为回报，海勒姆被许可拥有红海船舰的营造权。贸易之门就这样通过耶路撒冷从南到北敞开了。同时，所罗门也带领着本民族进入了强盛时期，他甚至还迎娶了埃及法老的女儿。

但世间的事情通常是相对的，所罗门虽然获得了前所未有的强大，但说到底，他也无非是一个小城邦的小国王而已，况且他的权威又是如此的短暂。从他离世之后没几年，耶路撒冷就被埃及第二十三王朝的第一位法老西谢克攻陷了，昔日的繁荣被彻底摧毁。时至今日，仍有很多评论家觉得《旧约》中的《列王记》和《历王记》篇里有关所罗门全盛时期的描述有待考证，他们觉得这是后世的撰写者出于爱国心与自尊心而刻意夸大的。但如果你仔细推敲《圣经》上的记录，你就会发现，开篇时描述的所罗门王国的那种鼎盛情景远没有第一次阅读时那样令人惊叹。如果对所罗门神庙的尺寸进行测量，你会奇怪它的规模与一般的郊区小教堂差不多。在亚述人的纪念碑上有一段记载，写着所罗门的继承人埃哈卜曾调拨一支2000人的军队与亚述军队交战，如果大家都看过这段记录，那么也就不会为他拥有1400辆战车感到惊叹了。《圣经》上还明确记载着，所罗门是个挥霍残暴、爱慕虚荣的人，他对百姓征收苛捐杂税，并且摊派了名目繁多的徭役。所以在他死后不久，王国的北部便从耶路撒冷分裂出去，成立了独立的以色列王国，但耶路撒冷仍是犹太国的首都。

海勒姆死后，提尔停止了对耶路撒冷提供援助，这也间接地终结了希伯来人短暂的繁荣。与此同时，埃及又一次振兴起来。原属一国的以色列和犹太国如今分裂成两个小国，于是以色列和犹太国的历史就成了夹在北方诸强之间的两个小国的历史：先是叙利亚，而后是亚述，再后来是巴比伦，南方是新崛起的埃及。这段历史充满了战乱和灾难，不过是未开化的君主统治着一群野蛮民族的历史。

公元前721年，亚述人全面入侵以色列，以色列全民皆成为俘虏，以色列从此在历史上销声匿迹。犹太国也同样遭到了入侵，但是他们没有放弃战斗，一直持续到公元前604年，才遭受到与以色列同样的命运。在整部《圣经》中，希伯来人的历史从士师时代开始，除了某些细节仍有批评和探讨的余地外，大体上还是真实可信的。这些故事与19世纪在埃及、亚述和巴比伦发掘出的古代遗物的研究结果基本吻合。

希伯来人在巴比伦羁留期间开始收集整理他们的历史，发展他们的传统。当居鲁士允许他们返回故土耶路撒冷时，他们无论在精神上，还是在知识上，都与被俘时大不相同了，因为他们已经学到了文明。有一种人，或者说某种新型人，在他们希伯来特有的民族性发展上起到了至关重要的作用，那就是先知。我们必须高度重视这些人，因为这些先知的出现，标志着一种新的、突出的力量已经在人类社会的稳步发展中形成了。

第二十二章　犹太的祭司与先知

对于闪米特各族人而言，亚述和巴比伦的衰落只不过是灾难的开始。在公元前7世纪，闪米特人几乎统治着世上所有的文明国度。这些被统治的国家包括庞大的亚述帝国和埃及，亚述、巴比伦、叙利亚的人们说着同一种语言，同属于闪米特族系。而且，闪米特人还掌控了全世界的商业往来。在腓尼基海岸，提尔、西顿这样的大城市逐步兴起。他们在西班牙、西西里岛和非洲的殖民地面积甚至超过了本国。迦太基城建立于公元前800年，在当时，这是一座人口超过百万的城市，在很长一段时间内，它都是世界上最大的城市。很多船只频繁往来于迦太基与不列颠群岛之间，有的船只甚至还远航到大西洋以外的海域，还可能到达过马德拉岛。在上面的篇章中，我们说到过海勒姆和所罗门一道开辟了阿拉伯和印度的商业之路，并且在红海合作建造船只。在尼科王时期，曾经有一支腓尼基远征船队，绕非洲航行了一整圈。

在当时，雅利安各民族还未经开化，希腊人开始着手在被他们自己摧毁的文明废墟上创建新的文明。而米提亚人，如同亚述碑文上所记载的那样，逐渐崛起为中亚的可怕部落。公元前800年，谁也不会料到，到了公元前3世纪，雅利安人将取代闪米特人，成为新的统治者，而闪米特人则变成亡国奴，背井离乡。在当时，除了在阿拉伯北部沙漠上的贝都因人仍然固守着游牧生活，坚守着萨尔贡一世和他的阿卡德人民出征苏美尔以前的古代闪米特的生活方式以外，其他各处的闪米特人都被征服了。但是阿拉伯的贝都因人永远没有被雅利安统治者征服。

在这风云变幻的500年里，闪米特文明遭到不断破坏与蹂躏。只有一个民族始终团结一致，固守着古老的民族传统，这就是被波斯人居鲁士遣送回耶路撒冷、重建自己家园的弱小的犹太民族。这个民族之所以能完成如此伟业，全凭他们自己在巴比伦编纂的那部关于他们自己文明的文献——《圣经》。与其说是犹太人写就了《圣经》，还不如说是《圣经》塑造了犹太人。因为贯穿《圣经》的，是一种与其他民族完全不同的精神，即一种激励人奋进和忍耐的精神。在2500年艰苦、冒险和被压迫的生活境遇中，他们注定要执着地体现犹太民族是靠着共同命运的意识才得以崛起的民族，这一信念，从他们被俘后返回耶路撒冷的那一时刻起就拥有了。

犹太精神的真谛在于，他们的神灵是无形的，但又无处不在。他们的神灵并不住在人间的寺庙里，而存在于每个人的心中。世上其他民族都有自己的神，他们的神是居住在庙堂里的，并以塑像的形式加以体现，一旦神像被毁，庙堂倾覆，神也就化为乌有了。然而犹太人的神住在天国，是高于祭司和牺牲的一个新的概念。犹太人坚信亚伯拉罕神之所以选择他们做子民，是为了让他们重建耶路撒冷，并让耶路撒冷成为全世界的真理之都。这种意识渗透到了每一个犹太人的血液里。

这种精神在那个被推翻、被征服的时代里，吸引着一大批使用共同语言，有共同的习俗、习惯、嗜好和传统的巴比伦人、叙利亚人以及后来的腓尼基人加入进来，这样的现象其实不难解释。在提尔、西顿、迦太基以及西班牙的其他腓尼基人城市遭到灭亡以后，腓尼基人突然从历史上消失了。但同时，我们会发现：不仅在耶路撒冷，在西班牙、非洲、埃及、阿拉伯以及遥远的东方，但凡有腓尼基人到过的地方，那里就会出现犹太人的团体。他们全都是因为《圣经》，或者是因为阅读过《圣经》而聚集在一起的。也就是从这一刻开始，耶路撒冷就不过是犹太人名义上的首都，而他们实际意义的首都则是这部《圣经》中的精神。这是历史上的一种新现象，这种风气早在苏美尔人和埃及人开始用现代文字替代象形文字之时就已经播下了种子。犹太人的确是一个奇特的民族，他们没有国王，没有庙宇（后面我们还将讲到耶路撒冷在公元70年被毁的情形），使他们团结在一起的神秘因素不是别的，正是《圣经》中文字的力量，这也是信仰的力量。

犹太人这种精神上的团结，绝不是祭司或政治家们通过事先计划、设想和推行而形成的。随着犹太人的逐渐发展，人类历史的舞台上不仅出现了新的团体，而且还产生了一种新型的人。所罗门时代的希伯来人，表面上似乎与其他小民族一样弱小，那些小民族集合在宫殿和神庙的广场上，被富有心计的祭司所诱导，受统治者的野心所操纵。然而，读者们从《圣经》中可以看出来：这种新型的人，也就是所谓的"先知"，的确已经存在了。

希伯来人由分裂而产生的困苦越是深重，先知们的重要性也就愈加明显。那么，这些先知到底是由什么人组成的呢？

其实，先知中大部分人的出身背景都不相同，例如，先知伊齐基尔出身于祭司阶层，而先知阿摩斯则是身穿羊皮袄的牧羊人。不过在他们身上有一点是相同的，那就是他们的忠诚只献给真理之神，而且他们和民众直接进行对话。先知从不接受任何人的许可和任命。"现在，神的旨意已经降临到我身上了。"这就是他们的任命仪式。他们热衷于政治，所以时常鼓动民众反抗埃及，说它是"折断了的芦苇"，也时常鼓动民众反抗亚述和巴比伦。先知们无情地指责祭司的懒惰和国王的暴虐。有些先知致力于我们今天所说的"社会改革"。他们四处宣传：富人"正在压榨穷人"；奢侈的人在浪费孩子们的面包；富人与异族结交，学习异族的骄奢淫逸。而这一切全是上帝耶和华——亚伯拉罕之神所憎恶的，他必将降祸于这块土地。

这种宗教精神被记录和保存下来，并得以传承。但凡有犹太人出现的地方，先知也如影随形。他们每到一处，就在那里宣扬新的宗教精神。他们引导人们脱离祭司和神庙的掌控，摆脱政府与国王的压榨，宣扬人人平等，这就是先知在人类历史上的价值所在。在以赛亚（Isaiah）激昂的演讲里，先知的声音如同天籁梵音，大家将在唯一的真神的庇佑下，得到统一与和平，而犹太人的预言也在此到达巅峰。

当然，并不是所有先知都完全赞成以赛亚的观点，高明之士必然会从先知们的书中发现许多有关仇恨、偏见以及在如今看来仍极具危害性的语言。但不管怎样，我们还是应该承认：那些被羁押在巴比伦的希伯来先知们，为人类世界贡献出了一股新鲜的血液。这股鲜血不断涌入人们的心灵，激发着人们去反抗以往禁锢人类思想的物神崇拜的牺牲和奴隶式的愚忠，争取自由意志的力量。

第二十三章　希腊人

所罗门统治结束之后（约公元前960年），分裂的以色列和犹太王国遭到重创，民众流离失所。当巴比伦的犹太俘虏正在发展自己的传统时，另外一种影响人类文明的伟大力量也在蓬勃发展，它就是希腊传统。简而言之，当希伯来的先知们致力于在人民与永恒的、万能的真理之神之间建立起一种新的、直接的道德关系时，希腊的哲学家们也在创造一种新的人类思维，它可以使人们的头脑更清晰，并开启人类的智慧。

如上所述，希腊民族本是雅利安人种的分支。他们是在公元前1000年以前的几百年间，才逐渐移居到爱琴海沿海城市和岛屿上的。或许在埃及法老特多麦斯第一次在自己征服的幼发拉底河流域狩猎大象之前，他们就已经来到那里了。要知道，在那时，大象生活在美索不达米亚平原，而希腊只有狮子。

希腊人极有可能就是焚毁诺索斯城的元凶。但让人费解的是，虽然在希腊神话中有着关于米诺斯及其王宫（迷宫），以及克里特工匠精湛技艺的传说，却从来没有提到过这次胜利。

正如多数雅利安民族那样，希腊人也有自己的歌手和游吟诗人。这样的表演通常是一种极为重要的社会联系方式。在这个民族进入文明的最初阶段，有两部伟大的史诗得以流传。一部是《伊利亚特》，它主要记叙希腊联军如何攻打位于小亚细亚的特洛伊城的故事；另一部是《奥德赛》，这是一部历险记，主要内容说的是希腊人英明的首领奥德赛从特洛伊返回自己的国家时，在漫长旅途中的冒险故事。这两部史诗是在公元前8世纪至公元前7世纪完成的，希腊人也正是这段时期，从文明程度更高的邻国学会了使用字母。但是，很多人都认为那些史诗存在的时间比这要早得多。以前，人们一直以为是双目失明的、才华横溢的游吟诗人荷马创作了这两部史诗，他们认为荷马如同弥尔顿创作《失乐园》的方式一样，是坐在那里完成这两部史诗的。至于历史上是否真有荷马其人，已无从查考；究竟是荷马创作了这两部史诗，还是他只是记录、整理并润色了原有的诗篇，一直以来都是博学之士们喜欢争论的问题。当然，我们在此就不必多费时间争论了。对我们来说，更重要的是希腊人在公元前8世纪就已经拥有了他们民族的史诗。由于这些史诗是希腊各部族共有的财富，所以它成了联系各部族的纽带。正是有了这条纽带，希腊人在抵御外来蛮族侵略时才能形成一种合作意识。事实上，希腊民族正是通过共同的语言，而后通过共同的文字联系在一起的同种民族的结合体。他们有着共同的品性和勇敢的性格。

从史诗中我们得知，以前的希腊是一个没有铁、没有文字，且没有居住到城市的未开化民族。最初，他们在被他们摧毁的爱琴人城市的废墟旁边建立村落，他们围绕着首领的大屋建造自己的小屋。随后，他们才开始慢慢地修建城墙，并从被他们征服的民族那里学会了建造神庙。传说，在原始社会，神的祭坛是整个部族的中心，渐渐向外扩展，城墙是后来才修建的。可是希腊人却恰恰相反，他们的城市是先修筑城墙，而后才修筑神庙的。以后，商业活动也得到发展，他们开始往城市里大量输送移民。公元前7世纪，在希腊的谷地和岛屿上建立了一系列的城市。于是，人们逐渐忘记了早期的爱琴文明城市。在一系列城市中，雅典、斯巴达、科林斯、底比斯、萨姆斯和米洛斯等新建城市都是最为重要的。与此同时，希腊人在黑海沿岸、意大利和西西里岛上加紧建设自己的殖民地。例如，如今意大利半岛的脚跟和脚趾部分曾被人们称为"大希腊"。现在的马赛，正是在腓尼基人的殖民地旧址上兴建起来的希腊城市。

在此期间，很多位于平原的城邦，以及一些位于幼发拉底河、尼罗河等大河流域的国家，经常会因为共同的统治而得到统一。例如埃及和苏美尔的一些城邦，都是在同一个政府的统治下得到统一的。但不管是希腊还是"大希腊"，由于其境内多山，各部族分居在一些岛城和山谷之间，各自为政。所以，当希腊出现在世界历史上的时候，早已分裂成很多个小王国，丝毫没有统一的迹象，即便在种族上，他们的发展方向也不尽相同。这些城邦的主要居民主要由希腊系的爱奥尼亚族、伊奥利斯族、多利安族组成；而其他一些城市的居民，是希腊人与前希腊的地中海族人的混血子孙；还有一些城邦居住着一些纯粹的希腊种系的自由民，俘虏在他们眼里就是奴隶，并被他们随意践踏在脚下，比如斯巴达的奴隶希洛人。有的城邦实行贵族阶级统治，他们由原来的统治者雅利安家族联合组成；有的城邦则实行民主政治，领导者由全体雅利安市民选举产生。在这些城邦里，有的城邦由选举产生国王，或者靠世袭当上国王；而在另一些城邦中，则是一些篡权夺位的阴谋家或暴君当上国王。

这些地理条件不但让希腊各城邦保持分裂状态且风俗相异，而且使得各城邦保持着比较小的规模。即便是规模最大的希腊城邦，跟英格兰的许多州比起来也要小得多。这些城邦，人口最多的不超过三四十万，而人口超过5万的城市就更是屈指可数了。虽然各个城邦之间在共同的利益和信仰驱使下达成外交关系，可是并没有结盟。随着商业往来的频繁，各城邦之间开始结盟或者联盟，小城邦寻找大城邦作为庇护者。不过，最终让全部希腊人民形成统一的思想情况，则是以下两件事：第一件是史诗，而另一件则是每4年在奥林匹亚举办一次的体育竞赛会。虽然战争和矛盾还在发生，但至少让各城邦间的冲突得到了缓和。为了让前来参加比赛的旅客受到保护，有矛盾的两个国家必须要停战。长此以往，这种共同传统所产生出来的情感也愈加深厚，有更多的城邦加入了奥林匹克运动会。到后来，前来参赛的国家不再局限在希腊各国，那些与希腊有着亲缘关系的北方国家，如埃比尔斯和马其顿，也被允许参加比赛。

随着希腊城邦的商业不断发展，其重要性也日渐凸显。公元前7世纪至公元前6世纪，整个希腊文明的性质逐渐向着稳定的方向变化。在社会生活方面，出现了许多与爱琴文明和大河流域文明有着较大差异的有趣变化。虽然他们的庙宇非常宏伟，可祭司本身却不是伟大传统的化身。在旧文明城邦里，祭司就是文化的智库，思想的源泉。希腊人虽然也有领袖和贵族，但他们并不是被严密组织的政府所束缚的准神圣君主。确切地说，他们的政府机构全都是由贵族中的当权者构成，当然，这些家族间的关系也是牢不可破的。他们一贯宣扬的"民主政治"，事实上，只在贵族中有效而已。固然，他们的市民都有权参加公共活动或集会，但是，读者们应该清楚，并不是每个人都可以被称为"市民"的。希腊的民主政治是一把双刃剑，在给予数百或数千人以市民权的同时，还剥夺了数以万计的奴隶和自由民参与公共事业的政治权利。对希腊实施统治的往往都是有实力的当权者或当权派，而当权派的产生，要么通过选举，要么通过篡逆，单凭这一点，他们就与埃及法老克里特王、弥诺斯以及美索不达米亚王（都是由个别被神化的人担任）全然不同。因此，希腊无论在精神上还是在制度上，都有着以往文明所没有的自由气氛。历史上最早以及最重要的共和主义者是希腊人，因为，是他们把个人主义，即北方草原游牧文明的个人主动精神带入了城市。

我们察觉到，一旦他们从残酷的战争中脱离出来时，一种新鲜的趋势便在理智的生活中显露出来。我们还发现，以往知识文化只是祭司的特权、国王的消遣，而现在，普通民众也开始追求知识了，甚至还在探索生命与存在的奥秘。我们还发现，在公元前6世纪，可能就是以赛亚在巴比伦发表演说的时候，就已经产生了像米利都的泰勒斯和阿那克西曼德、以弗所的赫拉克利特这样一些人。用今天的标准来看，这些都是具有独立精神的绅士，是他们对我们生存的世界提出了一连串深刻的问题：世界的本原是什么？世界是从哪里来的，又要到哪里去？一些模棱两可的解释被他们剔除了出去。关于希腊人提出的这一系列有关宇宙的疑问，在本书的后半部分我们将会做进一步的叙述。这些在公元前6世纪出现的希腊学者，是世界上最早的哲学家，也就是最早的智者。

值得我们注意的是，公元前6世纪，在人类历史上具有非同凡响的意义。当时，在希腊，哲学家们开始探讨人类在宇宙中的地位；以赛亚把犹太人的预言提到一个全新的高度；在印度，释迦牟尼开始布道解惑；在中国，孔子和老子的学说广为流传。当然，这些我们在后面的章节中还要再次提起。从雅典到太平洋，人类的精神产生了一种生机盎然的骚动。

第二十四章　希波战争

在南意大利和小亚细亚的各个城邦中，希腊人正自由地进行理智的探索，当巴比伦和耶路撒冷的最后一批希伯来人先知在为人类创造自由意识的时候，两个具有冒险精神的雅利安部族——米提亚人和波斯人，已经具有了古代世界的文明，并且建立了一个领土比以往任何帝国都要大的帝国——波斯帝国。在居鲁士统治时期，富庶的巴比伦和文明古国吕底亚曾一起被并入波斯的版图。与此同时，在地中海东海岸的黎凡特的腓尼基诸城邦以及所有小亚细亚地区希腊人的城邦全都向波斯朝贡。另外，埃及也被冈比西斯征服。这样，波斯的第三位统治者，米提亚人大流士一世（公元前521年），俨然将自己看成全世界的主宰。他的信使怀揣着他的旨意，在达达尼尔海峡和印度河流域间纵马奔驰，驰骋在上埃及到中亚的这片广阔土地上。但是事实上，不管是在意大利、迦太基、西西里岛，还是在西班牙的腓尼基人居住地，西欧的希腊人从来都没有受波斯帝国的直接统治，不过，他们仍然要对波斯帝国充满敬畏之情。而雅利安系的塞西亚人则是唯一可以给波斯人造成严重威胁的民族，曾经在俄罗斯南部和中亚地区的游牧民族中能看见他们的祖先的身影，波斯北部和东北部边境时常是他们侵犯的对象。

这个庞大的波斯帝国，其臣民并不全是波斯人，虽然是征服者，但波斯人仍然是少数民族，在他们没来到之前，其他民族就已经在这片土地上繁衍生息了，只不过，波斯语被规定为官方语言。闪米特人把持着波斯帝国的大部分贸易和财政。提尔和西顿依旧是地中海的大港口，闪米特人的船只仍然在海上往返漂浮。但是，在东奔西走的过程中，大部分闪米特商人和实业家逐渐在希伯来的传统和希伯来《圣经》中发现了有益的、互助的、与之一致的历史。因此，在波斯帝国境内，有一股新力量异军突起，而这股新力量就是希腊元素。在海上，希腊人正逐渐成为闪米特人的强劲对手，他们那种独立自强的精神和充满生机的知识体系，促使他们变为富有才干、公正无私的官员。

大流士一世入侵欧洲主要是因为塞西亚人的缘故。因为他图谋把骁勇善战的塞西亚人的故土——南俄罗斯——纳入自己的版图。他率大军渡过博斯普鲁斯海峡，借道保加利亚，最终抵达多瑙河；而后将船只拼接起来，连成浮桥通过多瑙河，继续向北挺进。士卒们在进军过程中极其艰难。因为大流士一世的部队大多是步兵，而塞西亚人却经常绕到他们身后切断给养，并袭击单独出行的军队，却从不肯与他们正面交锋。最后，大流士被击退，无功而返。

大流士只身回到了苏萨，不过又在色雷斯和马其顿驻扎了军队，所以马其顿人不得不向大流士表示臣服。经过了这次失败，亚洲的希腊人城邦发动叛乱，欧洲的希腊人也卷入到这场动乱中来。大流士下定决心要平服欧洲的希腊人。他认为自己掌握着腓尼基舰队，就可以逐一攻下希腊诸岛。正是因为这个原因，公元前490年，他将自己的主攻方向指向雅典。一支不可比拟的庞大舰队从小亚细亚和地中海东岸的各个港口出发了。当远征的舰队在雅典北边的马拉松平原登陆时，遇到了雅典人的顽强抵抗，惨遭失败。

在此次战役中，发生了一件超乎想象的事情。在希腊，斯巴达一直是雅典最强劲的对手。当波斯大军压境的紧要关头，雅典派遣了一名擅长长跑的人作信使，向斯巴达人求援，恳求斯巴达不要坐视希腊各族人成为野蛮人的奴隶。这个使者居然用了不到两天的时间，就在这高低不平的山地上跑了一百多英里（马拉松赛跑由此而起）。斯巴达人迅速回应，立即发兵援助。然而当斯巴达的军队用了3天时间赶到雅典时，除了看到战场上遍布着被击溃的波斯军队的尸体外，一切都显得那样平静。波斯舰队已战败退回亚洲，波斯人对希腊的第一次征讨以失败告终（马拉松之战）。

但是第二次征讨声势更猛。大流士在收到马拉松战役大败的消息后，没多久就去世了。在随后的4年里，大流士的儿子薛西斯继承了王位，他为征服希腊做了周密的部署。同时，恐怖笼罩着全希腊，希腊人也因此更加团结友爱了。虽然薛西斯的军队确实是世界上空前绝后的庞大军队，然而，它又是胡乱拼凑起来的杂牌军。公元前480年，波斯人故技重施，搭建浮桥成功渡过达达尼尔海峡，同时，由一群乌合之众组成的运输给养的舰队沿海岸线继续前行。在狭长的塞尔比雷甬道，斯巴达国王列奥尼达一世率领的一支1400人的小分队阻挡住这支军队的去路。这场战斗惊心动魄，虽然斯巴达全军壮烈牺牲，但也同样给了波斯人以重创（温泉关之战）。经过这次战争，薛西斯的军队带着报复心理攻打了底比斯和雅典，底比斯议和投降；雅典人则弃城逃离，雅典城随即被焚毁。

此时，希腊似乎早已落入敌手，可就是在这种敌我军力悬殊的情况下，形势发生了巨变，胜利又重新降临到希腊人头上。在数量上，希腊舰队还不到波斯舰队的三分之一，但是在萨拉米斯湾战役中，希腊一举击溃敌军。获知已经失去给养的薛西斯无心再战，于是率领剩下的一半军队仓皇退回亚洲，而另一半人马，则在普拉太亚一役被全歼（公元前479年），与此同时，在小亚细亚的麦卡利，波斯舰队余部也被歼灭。

自此，来自波斯的威胁终于得到解除，亚洲的大部分希腊城邦恢复了自由。世界上第一部史书即希罗多德所写的《历史》记载了战争的整个详细过程，且配备了大量生动的绘画。该书作者希罗多德，在公元前484年前后，降生在小亚细亚的爱奥尼亚人的城邦哈利卡纳斯。他为了精准地收集史料的真实细节，游历了一遍巴比伦和埃及。麦卡利战败后，波斯帝国内部陷入了内乱。公元前465年，薛西斯遇刺身亡，埃及、叙利亚和米提亚相继反叛，这一连串的事件引发了连锁反应，强大的波斯帝国分崩离析。希罗多德之所以撰写《历史》一书，旨在批判波斯帝国的虚弱本质。以我们现代人的眼光来看，这部《历史》更像是一种宣传刊物，是为了鼓励希腊人团结奋进，共同抵御波斯而做的宣传册。希罗多德让他笔下创造的人物阿里斯达哥拉斯，指着那时的世界地图向斯巴达人说道："这些野蛮人，并不精于作战，相反，你们却获得了战争的最高技术……世界上没有哪个国家拥有他们那样多的东西：金、银、青铜、华美的服饰、牲畜和大批的奴隶。但凡你们想要，你们就有能力把这些据为己有。"

第二十五章　希腊的繁荣

波斯战败后的一个半世纪，是希腊文明最为辉煌繁荣的时期。公元前431年至公元前404年，雅典、斯巴达以及其他城邦为了抢地盘，爆发了伯罗奔尼撒战争，战后的希腊曾一度分崩离析。到了公元前338年，马其顿人掌握了希腊的统治权。即使在这种情形下，这段时期的希腊人在思想、创造能力和艺术热情方面仍达到了空前的高度，举世瞩目，致使后世常将这段时期取得的成就，看成人类智慧的源泉。

雅典是这一精神活动的中心。三十多年来（公元前466年至公元前428年），雅典一直被伟大的伯里克利管理着。这是一个胸怀宽广且富有生气的人，正是由于他的努力，才让被波斯人焚毁的雅典城重新兴建。到现在依然极负盛誉的富丽的雅典废墟，便是那时伟大工程的遗迹。伯里克利不仅在物质层面重建了雅典，而且还重建了雅典的精神世界。他不仅在雅典召集了大批的建筑师与雕塑家，而且还召集了大批诗人、剧作家、哲学家和教师。公元前438年，希罗多德为了朗诵自己写的历史，从而来到雅典。此外，天文学家安纳萨格拉斯也带着他对太阳与星辰最早的科学描述来到这里，埃斯库罗斯、索福克勒斯和欧里庇得斯也先后来访，他们把希腊戏剧推上了完美与崇高的最高境界。

为了争夺霸权，各个城邦之间爆发了一场漫长的、耗资巨大的伯罗奔尼撒战争，但是伯里克利对雅典文明生活的促进作用，一直延续到他死后。这种政治上的分歧与矛盾在一段时间内，不仅没有消磨掉人们的探索精神，反而大大激发了人们的热情。

　　远在伯里克利时代之前的岁月，由于制度上的自由，辩论的技巧在希腊就已经是一门非常重要的学问了。很多重要的决策既不取决于国王，也不取决于祭司，而是取决于市民或者是领导阶层的集体会议。也正因如此，能言善辩成为人们渴求的才能，诡辩家——这种专门向年轻人传授辩论技艺的教师也就相应地出现了。如果没有事实作为依据的话，人们的话很难站住脚，于是继辩术的热潮之后，人们进而追求知识。与之相应的，考察一个诡辩家是否合格，这需要看他的谈吐是否风趣，思维是否清晰，辩论方式是否有效等。苏格拉底在伯里克利逝世后，以个人的智谋力战诡辩家，将他们的错误论断一一击破，从此一举成名，从而在他周围聚集着一大群才华横溢的年轻人。可是，最终他却被法院以蛊惑人心的罪名判处死刑（公元前399年）。一种盛行于雅典的"高尚"死法是他的最终选择：在众目睽睽下，喝下用有毒草类炮制而成的毒酒。然而，苏格拉底的死并没有平息人心的动乱。所幸的是，他的弟子们继承了他的遗训。

　　苏格拉底的弟子当中，最有影响力的当属柏拉图（公元前427年至公元前347年），他建立了学院讲授哲学。他教授的学说基本分为两个方面：一是考察人类思维的本质与方法，二是探究政治制度。柏拉图是第一个向我们描绘"乌托邦"的人，那是一种不同于现有社会、比任何时代的社会更加美好的社会蓝图。以前人们总是盲目地接受传统习俗而从不提出怀疑，这本书充分地揭示了人类这个弊端，他所表现出的胆略前所未有。柏拉图坦率地向人类疾呼："你们深受其害的社会与政治的弊端，全都控制在你们手里，只要你们有毅力和勇气去改变他们。如果你们愿意思考并付诸行动，你们完全可以生活在一个更好的制度下。你们还没有意识到自己的力量。"这种极其大胆的教导已经渗透到我们共同的理智中了。《理想国》这本柏拉图早期的著作，讲述了一个共和主义贵族的梦想。而《法律》是他最后一部未完成的著作，描绘的是关于另一个乌托邦国家的规范模式。

　　柏拉图死后，他的学生亚里士多德继续对思维方法和政治理论进行批判。亚里士多德曾在吕克昂学院执教。马其顿的斯塔基拉城是亚里士多德的故乡，他的父亲是马其顿王的宫廷医生，而他自己一度曾是马其顿王子亚历山大的教师。

这位亚历山大即位后，建立了很多丰功伟业，这些我们在后面的章节将会详细谈到。亚里士多德在思维方法上做出了卓越贡献，他把逻辑学提高到了一个极高的水平，而逻辑学在此后的1500年间，一直沿用他的学说。到了中世纪，经院派学者又采用了这种古老的问答体方法。亚里士多德没有乌托邦思想，他认为人类如果要像柏拉图所说的那样，自己掌握自己的命运的话，必须要掌握更多的、更正确的知识。因此，亚里士多德开始着手对当时人类的知识进行系统性整理，也就是我们今天所谓的"科学"工作。他还派遣探险队去收集事实材料。他是自然科学史的鼻祖，也是政治学的奠基人。在吕克昂学院，他的学生曾对比和研究了158个不同国家的政治制度。

公元前4世纪，我们的确发现了某些近代思想家。针对实际生活的、经过训练的、富于批判精神的思想方法，取代了原始的、幼稚的、空想的思想方法。丑恶的、怪物般的象征主义，关于神和魔鬼的幻想，以及以往不许任何人深思探索的禁忌、敬畏和抑制等全被一扫而光，人类开始采纳自由的、准确的、系统的思维方式。这些来自北方森林的新人，带着新鲜、无拘无束的精神气质，闯入了神秘的圣殿，并将周围的一切照亮。

第二十六章　亚历山大大帝的帝国

伯罗奔尼撒战争从公元前431年一直持续到公元前404年，大大地消耗了希腊的国力。然而与此同时，在希腊的北边，日渐强大起来的马其顿，其文明程度获得了极大的提高。马其顿语和希腊语非常相似。公元前359年，贤能且野心勃勃的菲利普继承了马其顿的王位。曾经，菲利普作为人质被囚居在希腊，所以他受到的教育，纯粹是希腊式教育。或许菲利普受到希罗多德思想的影响，他认为一个团结起来的希腊一定可以征服亚洲。哲学家伊索克拉底也曾详尽地阐述过希罗多德的这种思想。

菲利普首先扩张了自己的王国，然后对军队进行改编。在之前的1000多年，决定战争胜负的主要因素，历来都是具有攻击性的马拉双轮战车和近战的步兵，虽然骑兵也参加战斗，不过全都是一些未经正规训练且没有战术的散兵群。在战斗中，菲利普将他操练的步兵排列成密集的阵形，这就是著名的马其顿方阵，同时对那些马背上的绅士——骑士以及他们的随从加以操练，把他们编入军队参加战斗，于是骑兵就建立起来了。骑兵在战场上驰骋是他采用的主要战术，他的儿子亚历山大后来也继承并发展了这种战术。在双方交战时，步兵方阵与敌军步兵正面交战，而骑兵则在敌军的两翼来回冲击，以损失敌方的马匹，时而从侧翼或者背后攻击敌人，并派弓箭手射杀对方战车的马匹，使其战车丧失战斗能力。

菲利普依靠这种新型的军队扩大了自己的疆域，使其穿过色萨利一直伸延到希腊。公元前338年，菲利普与雅典及他们的盟军在凯罗尼亚交战，从而一举征服整个希腊。而希罗多德多年的梦想也终于一步步地走向现实。在此之后，菲利普被希腊各城邦在会议上推选为希腊——马其顿联军的最高统帅，率军去攻打波斯。公元前336年，他的一支先遣队终于踏上了亚洲的土地，开始了他蓄谋已久的冒险活动。但是极为遗憾的是，他再也不能亲自统率大军征战了，因为他被人暗杀了。根据记载，此次暗杀的主谋是王后——亚历山大的母亲奥林匹阿斯，奥林匹阿斯之所以如此，传说是因为菲利普娶了第二个妻子而心生妒意。

在子女的教育上面，菲利普煞费苦心。他不仅为儿子们聘请世界上最伟大的哲学家亚里士多德做教师，还把自己的思想和军事经验传授给他的儿子们。在凯罗尼亚一役中，年仅18岁的亚历山大就已经是一位骑兵指挥官了。正因如此，他才可能在20岁即位后，立即就继承了父亲的遗志，成功完成了征服波斯的宏图大业。

亚历山大整整花费了两年时间才得以建立和巩固自己在马其顿和希腊的统治地位。公元前334年，亚历山大挥师亚洲，并且在格勒奈克斯战役中打败了一支不算强大的波斯军队，占领了一些小亚细亚城市，并沿海推进，所向披靡。由于提尔和西顿的舰队仍然被波斯军队掌控着，所以他们依然掌握着海上的主动权。为了保持军需给养，亚历山大每攻陷一座城池便留下一部分军队驻守，这才不致让自己身后的城市落入敌手，从而波斯舰队也就无法登陆。公元前333年，亚历山大发动了伊苏斯战役，迎战大流士三世统率的大军，并且一举歼灭了他们。与150多年以前航行到达达尼尔海峡的薛西斯大军一样，大流士三世的军队也是一支临时拼凑的杂牌军；同时，他失败的原因还在于，他让大批宫廷官吏、妃嫔、侍从等非战斗人员随军出征，拖累了作战部队。西顿抵挡不住，便向亚历山大投降，可是提尔却仍然顽强抵抗。于是亚历山大便发动总攻并将提尔攻克下来，提尔城也无可避免地遭受了洗劫和毁灭。遭遇同样结果的还有加沙城。公元前332年岁末，亚历山大又挺进埃及，这个城市终于被亚历山大从波斯人的手里夺了回来。

在埃及，亚历山大修建了一些以亚历山大命名的城市，为了防止叛乱，他修建了很多条大道，让这些城市相互连接起来，同时也互相制约。不久，腓尼基人各个城邦的商业也全都转移到这些城市。西地中海的腓尼基人，忽然地从历史长河中消失了。同时，在亚历山大新建的商业城市里，很快就出现了犹太人。

公元前331年，与之前的托多梅斯、莱梅斯和尼科等人一样，亚历山大从埃及出兵，对巴比伦进行征讨，但此次与以往不同的是，他取道提尔。在位于早已被人遗忘的尼尼微城堡附近的阿尔比勒城，他们与大流士三世的军队进行了决战。对阵中，波斯的战车先锋队头一个遭到惨败，马其顿的骑兵先锋队乘胜追击，而步兵方阵则在后压阵，波斯帝国冗杂的队伍被全部击退。无心再战的大流士三世率军败退下来，向北方的米提亚地区逃去。于是，亚历山大便占领了当时依然非常繁华的城市巴比伦，紧接着又挥军直取苏萨和珀塞波利斯，并在那里举行了盛大的庆功宴，筵席后将曾是"王中之王"大流世的宫殿付之一炬。

没多久，亚历山大大帝在中亚举行大阅兵，然后挥师向波斯帝国的最远边境前进。最初，他向北进军，目标是歼灭大流士三世。终于在黎明时分，他追上了大流士三世，这完全是因为大流士三世被自己的部下出卖了，此时的他正躺在战车上一动不动；其实，希腊先头部队抓获他的时候，他还没有咽气，可是等到亚历山大来到后，他却已经死了。亚历山大继续沿着里海进军，他们翻越了土耳其西部的山区，并且越过赫拉特城（他亲自建立的城市）、喀布尔和开伯尔山口，进入印度。于是，亚历山大与印度国王波鲁斯在印度河畔发生了一场激烈的战斗，这是马其顿军队首次遭遇象阵，不过他们还是赢得了胜利。

最终，他命令大军自造舟船，顺印度河而下，来到印度河入海口，沿着荒凉的海岸往回航行，终于在出征的6年之后，即公元前334年，回到了苏萨。之后，亚历山大开始着手巩固和整顿自己打下的江山。为了赢得新臣民的民心，他穿上波斯王的长袍，并且戴上了波斯王的头巾。可是这一举动却让他的马其顿将领心生猜疑，给他惹来了不小的麻烦。他积极促成马其顿官员与波斯、巴比伦妇女结婚，这就是著名的"东西通婚"。但是，他终究还是没有完成自己的统一大业，在巴比伦的一次庆功宴上，他与人拼酒，不幸患了伤寒，于公元前323年逝世。

亚历山大死后，他创建的庞大的帝国马上便被瓜分了。原来属于波斯帝国的大部分国土，即从印度到艾菲索斯的一大片土地，被他的一位将领塞流古斯夺得了；埃及则被另一位将领托勒密占据了；马其顿则被安提戈努斯纳入囊中。而剩下的残部也陷入内乱，地方势力你争我夺，战争连年不断，何时结束遥遥无期。随后，北方蛮族大举南侵，日渐取得大片土地。最后，一个新的帝国——罗马共和国，在西方大地上崛起。它慢慢征服了邻近的小国，建立了一个统一的、统治时间更久的新王国。这些内容我们将会在下文中详叙。

第二十七章　亚历山大城的博物馆与图书馆

　　在亚历山大之前，波斯帝国的绝大部分土地上遍布着希腊的商人、艺术家、官员和雇佣兵。在薛西斯死后的几次王朝争端中，色诺芬率领的一万人的希腊雇佣兵团在历史的舞台上扮演了非常重要的角色。在色诺芬的著作《一万名士兵的撤退》中，详细地描述了这个雇佣兵团从巴比伦返回希腊的亚洲部分的整个经历，这本战争小说是世界上第一部由一位亲临战场的将军著述的。希腊人和他们的语言、风俗、文化进一步渗透到古代世界的每个部分，这完全要归功于亚历山大的远征，以及他短暂的帝国被其属下将领们的瓜分。甚至连遥远的中亚和印度西北地区都能找到这种传播和渗透的痕迹，印度艺术很显然深受希腊文化的影响。

　　几个世纪以来，雅典一直都是世界艺术和文化的中心。一直到公元529年，雅典的文化学校才停止开办。换言之，这种学校开办了大约1000年。世界精神文明的领导中心在这个时期终于跨过地中海，来到由亚历山大兴建的商业之都亚历山大城。与此同时，一位将军在马其顿王宫即位为法老，他就是托勒密，朝中使用希腊语。托勒密在即位前就已经与亚历山大有了深厚的友情，也正是出于这个原因，亚里士多德的思想也深深地影响着他。他以极大的热情和卓越的才能，积极致力于知识的传播和研究，并且还撰写了亚历山大的远征史，但遗憾的是，这本书早已失传。

　　虽然亚历山大在世的时候曾为亚里士多德提供了巨额经费以支持科研，但第一次建立长久性的科研基金，则是在托勒密时代。亚历山大城有一座表面上是为女神缪斯修建的庙宇，实则是亚历山大博物馆。通过两三代人的努力，在亚历山大城完成的科学成果空前辉煌。这里涌现了大批的科学大师，例如欧几里得、埃腊托斯特纳（他所测量的地球直径与实际直径仅仅相差50英里即80千米），还有写下了圆锥曲线专著的阿波罗纽斯，以及首次绘制星象图和星象表的希伯卡斯，设计出第一代蒸汽机的希罗等。这些人在科学开拓者队伍里闪耀着夺目的光辉。就连阿基米德也曾慕名从叙拉古来到亚历山大城求学，并且在此后的岁月里多次与博物馆通信。而当时希腊最伟大的解剖学家海洛菲拉斯也来到亚历山大城学习，据说，他曾经做过活体解剖试验。

在托勒密一世至托勒密二世统治的几十年间，一个知识与发明的繁盛期出现在亚历山大城，这样的盛况在16世纪以前再没有出现过。但可惜的是这段时期并不长久。其之所以如此迅速地衰落，或许是多种原因使然，不过根据已故的马哈菲教授的说法，其中最重要的原因在于，这个博物馆里的教授与科研人员全都由埃及法老任命及供养，成为一所不折不扣的"皇家学院"。博物馆的日常运行，在亚历山大一世（亚里士多德的学生与朋友）统治时期，一切正常。但是自托勒密以后的各代国王渐渐被埃及同化，慢慢地被埃及祭司和宗教所禁锢，原来的研究工作无法进行下去。探索精神在他们的严格控制下被扼杀了。正因如此，在有过创举的1个世纪以后，博物馆再也没做出什么突出的贡献。

为了让最先进的思想来指导对新知识的探索，托勒密一世曾尝试建立一个百科全书式的知识宝库——亚历山大图书馆。这个图书馆不仅是一个存放书籍的仓库，更是一个图书复制以及买卖的场所。无数的图书抄本在这里被大量复制，向世界传播开去。

"近代历史"真正意义上的开端，始于亚历山大博物馆和图书馆的建立，它标志着人类历史进入了一个新纪元。因为到了此时，我们今天所说的知识传播过程才明确开始了。也正是因为这两个地方的设立，人类才有了对知识的系统搜集和分类。

历史上，任何伟大的研究工作和传播工作都会遇到重重阻碍，其中最大的社会鸿沟便是将哲人即绅士与商人、工匠隔离开来。虽然那时候已经出现了大批的玻璃工人和金属工人，可他们与思想家没有一点儿精神上的交流。生产各种美丽的多彩珠玑和器皿是玻璃工的主要工作内容，可是他们从来不做试管与透镜，他们对那种纯净透明的玻璃没有丝毫兴趣。各种武器和珍宝是金属工人们制造的主要产品，但是他们却从未制作过化学上使用的天平。而那些哲人们，也只是不知所以地钻研着他们的原子和事物的本质，对釉料、颜料、灵丹妙药等的实际制作过程却一无所知。正是因为他们对物质缺乏兴趣，导致在亚历山大短暂的统治时期，世界上既没有发明显微镜，也没有诞生化学。希罗发明的第一台蒸汽机，既没能安装在水泵上，也没能安装在船舶上用作动力，更不用说在其他方面发挥它的实际效能了。除了在医学领域起到了微乎其微的作用外，科学的实际用途少之又少。同时，科学也未能因为实际应用带来的兴趣和利益的刺激和推动而获得进一步的发展。因此，除了托勒密一世和托勒密二世日渐淡漠的好奇心和尊崇之外，再也没有什么能够刺激科研工作继续向前发展了。亚历山大博物馆里所完成的科学研究，也仅仅被记录在永远没人看的手稿上，从未受到人们的关注。这种情况一直持续到文艺复兴时期，人们心中对科学的好奇心才开始复苏。

与此同时，图书的制作和传播依然没有得到亚历山大图书馆的任何改进。在古代，用纸浆做成固定大小的纸张还没有问世。虽然那时中国已经发明了纸，但这种纸直到公元9世纪才传入西方。而当时图书的制作材料非常原始，所谓书籍就是用羊皮纸或用狭长的纸莎草一张张拼凑的书页。更何况，纸莎草经常起卷，严重阻碍了装订与印刷，翻阅起来非常不方便。人类远在旧石器时代就已经对印刷知识有了初步的发现，最好的佐证就是古代苏美尔人发明的印章。可是，即便掌握了印刷技术，如果没有大量的纸，图书印刷则毫无利益可言。同时，这种技术所做的任何改进都可能受到图书复制从业者的排斥和抵制。虽然亚历山大时代产生了大量书籍，可造价过于昂贵，使得知识远远没有普及到权贵阶级之外的普通大众中。

也正是因为这样，才导致托勒密一世与二世所集聚的哲学家圈子以外的人们无法享受到当时知识事业的光亮。好比一盏置身于黑暗之中的灯，只能照亮周围的人，而光线之外的人则仍然一无所知。他们的生活依然一成不变，全然不知即将改变世界的科学种子早已播下。很快，亚历山大城终于被偏执和食古不化的黑暗所笼罩。自这以后的1000年间完全进入了黑夜之中，这种黑暗也把亚里士多德种下的科学幼苗淹没了。但是，这棵幼苗最终还是无可阻挡地抽枝、生长，终于在短暂的几百年里得到普及与发展，并最终形成了改变整个人类生活的知识和思想。

在公元前3世纪，希腊的知识文化中心并非只有亚历山大城一个。在短暂的亚历山大帝国分裂以后，许多城邦不断涌现，文明灿若星河。例如思想和科学延续200余年的西西里的希腊城市叙拉古，又如曾经创建过大型图书馆的小亚细亚的贝加蒙。但最后，北方蛮族的侵略让光辉灿烂的希腊文明遭到了破坏。例如在北欧兴起的蛮族高卢人就曾经向这里大举进犯，他们沿着希腊人、弗利吉亚人和马其顿等诸民族的祖先走过的路线源源不断地向这里扩张，所经之处，必然遭到烧杀抢掠。继高卢人之后的罗马人也同样以野蛮著称，他们从意大利开始，对大流士和亚历山大帝国的整个西部逐个击破，并一一征服。聪明是罗马人的民族特性，但缺乏想象力也是这个民族的特性，他们对法律与利益的重视程度要高于科学和艺术。与此同时，一支新的侵略者从中亚出兵向塞琉古斯帝国进发，并占领了该帝国，这使得印度与西方的联系又一次被切断了，他们便是马背上的民族——柏提亚人。公元前3世纪，他们袭击希腊系波斯的裴尔塞波利斯和苏萨的方法，便是模仿了公元前六七世纪米提亚人袭击波斯人的战术。此外，来自东北亚的一支游牧民族也向此杀来，但是这一次，这支人种并不是金发碧眼、说亚利安语的北欧民族，而是有着黑头发、黄皮肤、说蒙古话的游牧民族。关于他们的情况，我们将在后面的章节做详细论述。

第二十八章　孔子和老子

至此，还有两个伟大的人物我们不可不说：孔子和老子。他们都生活在思想高度发展的公元前6世纪——人类的青年期刚刚开始的时候。

本书到此为止还未曾提到过中国早期的历史，这是由于它至今仍然不明朗。我们只能将希望全都寄托在如今正在成长的中国探险家和考古学家们身上了，希望他们可以像20世纪欧洲的历史学家探索欧洲历史一样，去探索中国的过去。在很久很久以前，中国最早的文明在黄河流域生长起来，这也是原始的日石文化。中国的原始文明与埃及、苏美尔文明一样，也具有日石文化的总体特征。庙宇是当地人活动的中心，而主持节日祭祀仪式的祭司或是祭司兼国王，就居住在这些庙堂里。当时那里的城市生活，想来一定跟六七千年前埃及人和苏美尔人的生活相似，或者与1000多年前美洲玛雅人的生活也非常类似。

假如中国曾经也用活人献祭的话，那也应该是在有史记载之前，就改由牲畜献祭了。中国在公元前1000年前就已经出现了象形文字。

如同欧洲和西亚的原始文明经常要与来自沙漠和北方的游牧民族发生冲突一样，早期的中国文明也时刻遭到北方野蛮牧民的侵袭。这些不同部落的牧民，语言和生活方式都很相似。不同的历史时期，侵略者的称呼也有所不同，他们相继是匈奴人、蒙古人、突厥人和鞑靼人。他们一直在变化、分裂、融合、重组，这就好比北欧和中亚的日耳曼人，虽然他们在称呼上不断改变，本质却一成未变。这些蒙古系的牧民比日耳曼人更早驯服马匹。他们极可能早在公元前100年就已经在阿尔泰山附近发现了铁。与西方的历史发展一样，东方的游牧民族也屡次在政治上获得某种形式的统一，并且屡次成为一些文明地区定居者的征服者、统治者和复兴者。

正如同欧洲文明和西亚文明不等同于日耳曼人和闪米特人的文明一样，早期的中国文明也很有可能不是蒙古人的文明。根据推测，中国的原始文明很可能是暗白人种的文明，这一点跟原始的埃及文明、苏美尔文明、德拉维达罗毗荼文明出奇地一致。按照如今最古老的记载，中国的原始文明也出现过被征服、被融合的现象。但无论如何，中国到了公元前1750年前后，就已经产生了诸侯和封国这种庞大的集团了。诸侯国之间形成一种松散的联盟，拥戴一位中央黄帝，即"天子"，并定期或不定期向天子朝贡，献上或多或少的贡品。公元前1125年，商王朝覆灭，取代它的是周朝。尽管周朝的统治并不是十分有力，但还是勉强维系着中国统一的局面。而这种统一，一直延续到印度的阿育王和埃及的托勒密王朝时代。周朝的统治漫长而松散，导致诸侯国拥兵自重，中国也开始显现分裂的局面。连年入侵的匈奴在蚕食着中国的领土，并且建立国家。诸侯们也逐渐各自为政，不再向周天子进贡称臣。有一位中国历史界的权威人士曾说：中国到了公元前6世纪，实际上已经出现了五六千个独立的国家，而这一时期在中国历史上称之为"春秋战国"。

春秋战国时期，各国连年征战，但丝毫不影响思想文化活动的进行，也不影响更多的带着地域色彩的文明中心涌现出来。假如我们对中国历史了解得更加深入，便会恍然大悟：原来中国也有着他们自己的米利都、雅典、贝加蒙和马其顿。由于与这段时期有关的知识我们知之甚少，所以还无法理出头绪给读者呈现一条完整连贯的线索，所以只好在此为大家做一个笼统的说明。

正像希腊在分裂后仍然出现了许多哲学家、当了亡国奴的犹太人中也有先知降临一样，战乱频频的中国，在当时也出现了许多圣哲先贤。似乎正是这种不安定和动荡的境遇，加速了伟大思想的产生。孔子出身官宦世家，开始时在鲁国充当小吏。或许是跟希腊人冲动时的心情一样，他创办了学校，开始探求知识、传授智慧。中国当时那种礼崩乐坏的局面让他焦虑不已。他怀抱着建立仁政、改善人民生活的美好愿望，开始周游列国，四处游说，希望找到能够实现他的政治和教育思想的君主。可他至死也未曾找到这样一位开明的君主。虽然曾经遇到过这样一位，但最后却因为同僚的谗言损害了他的声誉，导致他的改革计划告吹。有意思的是，在150年后的希腊，哲学家柏拉图也有过相似的经历，但他比孔子幸运得多，甚至还一度成为西西里岛叙拉古国王狄奥尼修斯的顾问。

不得志的孔子郁郁而终。临死时，他不无遗憾地说："夫明王不兴，而天下其孰能宗予，予殆将死也。"（《礼记·檀弓上》）但他的学说和主张，比他在怀才不遇时所设想的更有生命力，最终成为中华民族的精神源泉。儒教是中国人所说的"三教"之一，另外两教分别是佛教和老子的道教。

孔子的儒家学派，主张圣人君子之道。他非常注重个人人格的修养，就像释迦牟尼注重于无我境界、希腊人注重客观知识的探求和犹太人注重正义行为一样。他是世上所有伟大的哲人中最为关心公众精神的人。他为了世界的混乱和苦难而忧心忡忡，为了实现一个世上所有人都极有素质的文明社会而劳累奔波。他希望国家的礼法更加健全，从而更有力地约束大家的言行。他提倡先培养每个人的高尚人格：温文尔雅，心怀正义，严于律己，宽厚待人。君子的理想形象被永恒地流传下来，中国北方的人们都深受这一理想的影响。

而曾经长期供职于周朝王室图书馆的老子，他的学说要比孔子的学说更加深奥、玄秘和不可测。貌似他所倡导的学说，就是要人类对尘世间的欢愉和权力保持一种斯多葛派式的冷淡，去过那种沉迷于想象的简朴生活。虽然他留下的著作文体简约，可是语言晦涩，像谜语一样难懂。老子去世以后，其学说被人们加以神话，从而蒙上了一种戒条复杂而奇异的迷信色彩。

中国北部的黄河流域，在思想上和精神上深受孔子学派的影响。而中国南部的长江流域，则普遍受到老子学说的影响。正因如此，当我们在研究中国历史发展的关键事件时，就非常容易看出这两种精神之间的矛盾，同时，这也同样是北方精神与南方精神的矛盾，北京与南京（后期）的矛盾。一般而言，中国北方更具官僚气质，行为刻板，思想传统；而南方则相对浪漫、轻松、重经验和勇于探索。

到公元前6世纪，周朝衰落得更彻底了，战乱破坏了原有的平衡，中国礼崩乐坏，达到了分裂的顶峰。周朝积弱无能，于是老子辞去官职，归隐山林。

在当时的中国，有3个诸侯国的势力相对强大一些，它们是北方的齐国与秦国，以及南方长江流域的楚国。楚国在军事上更具有向外扩张的实力，所以齐国与秦国联盟，同时向楚国施压。迫于这两个军事集团的压力，楚国不得不解除国内武装，从而实现暂时的和平。从此，秦国的实力得到极大扩张，在实力上也更具优势。终于，在印度阿育王统治时期的相同年代，周王朝的九鼎（九鼎是周王朝用于祭献的神器，它象征着王权）被秦王夺取。公元前220年，秦庄襄王之子秦始皇登基为帝（公元前246年即位），他被称为中国历史上"第一个统一中国的皇帝"。

与亚历山大比起来，秦始皇似乎更加幸运。他在位36年的有力统治，对中国来说意味着一个统一繁荣的新时代的开始。为了抵御北方沙漠匈奴人的入侵，他投入了举国之力，开始修筑伟大的万里长城。

第二十九章　罗马的兴起

　　上述文明世界，虽然遭到印度西北边境的喜马拉雅山，以及中亚、印度境内山脉的阻隔，但读者们还是能看出它们之间有相同之处。首先，几千年以来，日石文化在古代世界的大河流域普及开来，让具有祭祀、牺牲等传统的神庙制度，以及祭司的统治得以快速发展。这种文化的创造者显而易见就是暗白人种，在前面的叙述中，我们一直将其作为重点人种来讲述。由于游牧民族不断从他们季节性的牧场向外掠夺，所以，他们的特征和语言便掺杂到原始文明之中。从某方面来看，原始文明在他们的征服和刺激下有了新的发展，同时也让各地的文明面貌多姿多彩。在美索不达米亚平原，伊拉姆人和闪米特人夺人先声，然后才是北欧系的米提亚人、波斯人、希腊人；而在爱琴海地区，则是希腊人；在印度，是雅利安语系民族；埃及，则因为巫术文明影响太深，而让之后的征服者无法对其产生深远影响。而中国则由于连续入侵的匈奴人来自不同部族，而使得文化也趋于多样化。这就好比希腊和印度北部被雅利安化，美索不达米亚被闪米特化一样，中国也被逐渐蒙古化了。不可否认，当游牧民族每到一处，这里就会遭到破坏，可是同时，侵入者也会带来自由探索和道德革新的精神，从而使传统信仰遭受质疑，给庙堂带来光明，让宗教不再神秘莫测。他们不再服从于祭司或神明，而是服从于长老及同僚中选出的具有领导能力的君王。

　　我们发现，在公元前6世纪后的几个世纪里，古代传统遭遇了最大的打击。一种追求道德和知识的新精神也随之觉醒，这种精神在人类大变革时期不再沉默。此后，我们发现：读书和写作不再那么难以掌握，也不再是祭司们的秘密武器和法宝，而成为统治阶级和富裕阶层的少数人掌握的普通而又易学的才能。人们对马的驾驭能力逐步提高，使得马匹成为使用最广泛的交通工具，更多的道路得以修建，运输日渐简便，人们的出行更加便利，人类的旅行日渐频繁。为了更方便商业贸易，人们开始铸造货币。

现在，请将我们的视线从古代东方的中国移回地中海的西半部。在这里，有一个伟大城市的出现必须要引起我们的注意，因为它即将在人类的历史舞台上扮演举足轻重的角色，那就是罗马。

到目前为止，意大利在本书当中仅仅只是被略微提及过而已。公元前1000年，当时的意大利人烟稀少，在以山地为主的领土上，覆盖着大片森林。这个半岛，直到雅利安系人种的闯入，才得以兴建起一些小镇和城市。而在半岛的南端，稀稀拉拉地散布着希腊人的殖民地。仅存的希腊式建筑位于裴斯茨姆神圣的废墟上，到现在还在为我们展现它当年的威严和风采。而此时定居在半岛中心位置的是一支与爱琴人极为相似的人种，他们是非雅利安系的伊特鲁里亚人。他们逆转传统模式，不断地向各个雅利安部族发动攻击。当罗马第一次在历史上出现的时候，它还只是台伯河畔的一个小集市，居住在那里的居民虽然受伊特鲁里亚人国王的统治，但他们属于拉丁语系民族。按照古代年表的记载，罗马城建立于公元前753年，比腓尼基人建立迦太基略晚约50年。换言之，罗马的建立要比第一次奥林匹克竞赛晚23年。不过，后来在罗马广场上挖掘出来的伊鲁特里亚人陵墓，却要早于公元前753年。

公元前510年，伊特鲁里亚的国王被驱逐出境，正是在这风云变幻的公元前6世纪，罗马成为贵族制共和国。新成立的罗马共和国除了居民说拉丁语之外，它与同样是贵族制的希腊共和国别无二致。

罗马这几百年的历史，实际上就是平民为争取自由和民主而不断斗争的历史。在希腊，我们也能发现这种斗争的存在，这场斗争被当时的希腊人称作强权与民主的斗争。而斗争的最后结果是，平民攻占了贵族的城堡，赢得了平等的权利。以往的排外政策被他们全部解除，极大地扩张了市民的权利范围，从而导致许多外来种族也获得了这种权利。当时的罗马，一方面正在进行残酷的内部争斗，另一方面，它又在不断向外扩张。

公元前500年，罗马军队正式开始对外扩张。至此，罗马与伊特鲁里亚人的大多数战役均以失败告终，就连与之相隔数英里的伊特鲁里亚人的威伊堡垒都攻克不下。公元前474年，伊特鲁里亚人的舰队终于遭到重创，但是攻打他们的并非罗马人，而是居住在西西里岛的叙拉古希腊人。同时，北欧系的高卢人也从北方向伊特鲁里亚人攻杀而来。在罗马人和高卢人的双面夹击下，伊鲁特里亚人全军覆没，彻底在历史上消失了。公元前390年，当罗马人重兵驻守新征服的威伊城时，罗马城防空虚，让高卢人看到了机会，挥军冲进罗马，大肆烧杀，洗劫一空，但所幸的是，他们并没有占领罗马神朱庇特的神庙；他们曾经发动过一次偷袭，但是由于鹅叫而被发觉。最后，收到大量议和钱款的入侵者打消了攻占的念头，撤回意大利北部。

罗马人并没有因为高卢人的入侵而一蹶不振，反而促使他们不断地向外扩张。原有的统治者伊鲁特里亚人被罗马人征服并且同化，其势力范围也从阿尔诺河向那不勒斯的整个意大利中部地区不断扩大。而所有的这一切，全都完成于公元前3世纪。与此同时，罗马征服了意大利，这与菲利普向马其顿和希腊进行扩张、亚历山大对埃及和印度进行侵略发生在同一个时间内。到了亚历山大帝国分崩离析的时候，罗马人已经在东方文明世界里声名远播了。

罗马帝国北部居住着高卢人，而南边的马格纳·格拉西亚则是希腊人的殖民地，它包括西西里岛和意大利脚尖和脚跟的部分（意大利的版图如同一只靴子）。由于罗马人所面临的敌人——高卢人——凶猛彪悍而且好战，所以罗马人不得不在帝国的边界上修建了防御工事。与其说希腊南方城市（塔兰托和西西里岛上的叙拉古）给罗马造成了威胁，倒不如说它们受到了罗马的威胁，所以它们正在寻找一个强有力的同盟者，以抵御新的侵略者。

在上文中，我们描述过亚历山大帝国分裂以及被其部下瓜分的故事。在这些瓜分者里面，有一个叫皮洛士的人，他是亚历山大的亲戚。他创建了一个新的帝国——伊庇鲁斯帝国，这个帝国的版图横跨亚得里亚海，并且向意大利半岛的脚跟部分延伸而去。而皮洛士的野心也正如他的国土一样不断向外延伸，最终成为塔兰托和叙拉古的庇护者及领袖，就好比当年马其顿在马格纳·格拉西亚所处的显赫地位一样。根据那时的科技水平，他所拥有的军队可称精锐：步兵方阵牢不可破，骑兵也全都是从色萨利精选而来，与当初的马其顿骑兵一样所向披靡，而且他还拥有20多只战象。通过两次战斗，他击败了当时占领意大利的罗马军队，并将他们赶向北方，这两次战斗分别是公元前280年的希拉克利之战与公元前279年的奥斯卡兰之战。之后，西西里岛成为他的第二个征讨对象，他迅速集结大军，准备出征。

然而，他此次面临的敌人要比在罗马遇到的敌人更强大。此次征战的对象是腓尼基的商业之都迦太基，它是当时世界上最大的城市。由于西西里岛与迦太基距离太近，所以迦太基人对皮洛士并无好感。其实他们早在50年前就结下了仇恨，那时候迦太基人的母城提尔遭到了袭击，正是因为这个缘故，迦太基人才对罗马人恩威并施，派遣舰队援助罗马人继续战斗，同时又直接出兵，切断皮洛士的海上通道。皮洛士又一次受到罗马军队的重创，而他设置在拿波里和罗马之间的贝尼温陀大本营也遭到了灾难性的毁灭。

正当战争进行到紧要关头的时候，皮洛士接到伊庇鲁斯来报，要他迅速回国，以抵抗从南方入侵的高卢人。不过此次，高卢人并没有对意大利发动攻击，因为他们看出罗马的防御工事固若金汤，于是不得不借道伊利里亚（如今的塞尔维亚和阿尔巴尼亚），转而进攻马其顿和伊庇鲁斯。此时的皮洛士可谓三面受敌：一方面要镇压罗马的反击，另一方面还要抵御迦太基从海上的进攻，同时还要防备来自背后高卢人的威胁。在这种情况下，皮洛士迫于压力，于公元前275年放弃征服西西里的打算，狼狈回朝。罗马趁机将自己的势力范围扩张到墨西拿海峡。

在海峡另一边的西西里岛，是希腊城市墨西拿，当时正被海盗所占领。而此时西西里岛的真正统治者正是迦太基人，于是迦太基人与叙拉古结盟，于公元前270年，同时向墨西拿的海盗发起攻击，将海盗赶跑，随后将军队驻扎在岛上。失败的海盗心有不甘，于是转而向罗马求援，而罗马居然同意了海盗的请求。之后，两个强国就隔海对峙起来，超级发达的商业帝国迦太基和新兴的强国罗马，谁将会一统天下，就留在下面的篇章揭晓吧。

第三十章 罗马与迦太基

公元前264年，罗马帝国和迦太基之间爆发了战争，史称布匿战争。在战争爆发的这一年，阿育王刚在比哈尔即位不久；中国的秦始皇还是个孩子；亚历山大城博物馆正忙着从事科学研究；而野蛮的高卢人正在小亚细亚勒索贝加蒙进贡。由于距离的限制，世界上的各个地区仍然相互隔绝。虽然闪米特种族的最后命脉迦太基和雅利安语种族中的新兴者罗马在西班牙、意大利、北非和西地中海一带持续了150年之久的战争，可是对于其他民族来说或许从未听说，或只有一点点模糊的印象。

那次大战至今仍然深深地影响着整个世界。虽然罗马将迦太基打败而赢得了战争的胜利，却进一步酿成了雅利安人与闪米特人之间的仇恨情绪，从而为后来的犹太人与非犹太人之间的冲突埋下了祸根。接下来，我将在本书中向大家讲述一个事件，这事件所导致的种种后果以及被歪曲了的传闻，给现代社会的矛盾和论战留下了阴影，左右着现代社会的发展。

公元前264年，第一次布匿战争爆发了，这场战争的罪魁祸首是墨西拿的海盗。随着战争规模不断升级，除了希腊的叙拉古王国之外的整个西西里岛，全都卷入到这场大战之中。在战争初期，迦太基在海上拥有绝对的优势，因为他们拥有一支五层桨战舰组成的庞大舰队。这种战舰，以当时的社会水平来看，简直就是航空母舰，要知道，在200年前的萨拉米斯战役中，主力战舰只有三层桨。同时，迦太基的战舰还装置了巨大的撞角。缺乏海战的罗马人虽然没有对方的无敌战舰，可他们士气高涨，结果出人意料地将迦太基人打得落荒而逃。罗马人在自己的舰队上面也做了相应的部署，他们给新舰队全部配备了希腊水手；此外，为了应对敌舰装备上的优势，他们自主研发了一款大型搭钩，这种搭钩是应对迦太基战舰上的撞角而设置的，如果迦太基战舰试图用撞角撞毁己方的船只，就用搭钩去勾住敌船，然后使两船并列，战士们就可以冲上甲板进行厮杀。迦太基的军队分别在发生于公元前260年的米列战争和公元前256年的埃克诺穆斯战役中遭到了重创。尽管他们击退了试图在迦太基附近登陆的罗马军团，可最终还是在巴勒莫遭到了惨败，104只战象也全部成为罗马人的战利品。后来，罗马军队凯旋的时候，这些战象经过罗马广场时受到了狂热的追捧，罗马更是举国沸腾，万人空巷。虽然罗马军队在随后的两次战争中都遭到了挫败，但很快又恢复了元气。公元前241年，士气高涨的罗马人乘胜追击，终于在埃加迪群岛的海战中将迦太基的最后一支海军主力一举歼灭。迫不得已的迦太基只好求和，于是，除了叙拉古王的领土之外，整个西西里岛全都划归罗马。

这之后的22年里，罗马和迦太基国内战乱不断，所以两国保持着相对的和平。高卢人趁罗马人新战不久的机会，向南进犯意大利，从而对罗马构成威胁。恐慌的罗马人手足无措，甚至又恢复了活人献祭的方式，以祈求神明保佑。但很快，高卢人在特拉蒙遭到罗马一举歼灭，罗马则乘胜将边境向外扩张，越过阿尔卑斯山，一直扩张到亚得里亚海的伊利里亚才停止。在迦太基，科西嘉岛和撒丁岛先后发生了叛乱，祸不单行，正当迦太基元气大伤时，另一件令人绝望的事发生了：这两个叛乱的岛屿被罗马人攻占了。

当时，迦太基占领西班牙北至埃布罗河的全部领土。埃布罗河也成为罗马人欺侮迦太基的边界，但凡有迦太基人胆敢越过此河，都被视为对罗马的挑衅。公元前218年，罗马人无底线的挑衅终于惹火了迦太基人，他们在青年将领汉尼拔——这位世界史上杰出的将领——的指挥下，渡过埃布罗河向罗马挺进。他统率的军队从西班牙出发，横跨阿尔卑斯山来到意大利，然后说服高卢人一同反对罗马，之后便在意大利境内爆发了长达15年之久的第二次布匿战争。在特拉西米诺湖和坎纳等地，他让敌人遭受惨败。可以毫不夸张地说，在汉尼拔对意大利进行讨伐的整个时期，罗马的任何一支军队都无法与之抗衡，罗马屡次铩羽而归。

可战争的最后时期，由于有一支罗马军队在马赛登陆，将西班牙对迦太基的供给切断，汉尼拔无法得到攻城的武器，从而没能一举攻下罗马。随后，迦太基国内的努米底亚人发动叛乱，迦太基军队不得不班师回国，以保卫他们在非洲的殖民地。在迦太基撤退的时候，有一支罗马军队一路尾随，进入非洲。随后在扎马城交火，一贯所向披靡的汉尼拔败在了罗马统帅西庇阿的手中，第一次尝到了失败的苦酒。第二次布匿战争也因扎马之战的失败而结束。迦太基投降了，他们放弃了西班牙的领地，并且解散作战舰队，赔偿巨额的战争赔款，并同意交出汉尼拔，可得到消息的汉尼拔早就逃走了。他偷偷地来到亚洲，因为前无去路、后有追兵，为了不让敌兵捕获，一代英雄服毒自尽。

此后的56年里，罗马与战败的迦太基始终保持着和平。在这段时期，罗马帝国吞并了分裂的整个希腊，并挥师征讨小亚细亚，在吕底亚的马格尼西，将塞琉古王朝的安泰奥卡斯三世击败。此外，当时仍处于托勒密王朝统治下的埃及、贝加蒙和小亚细亚等众多小国全都被罗马招安，成为它的盟国。用今天的话来说，这些全都是罗马的被保护国。

虽然迦太基被打败了，国力也受到了削弱，可是它利用这段和平时期，又悄无声息地复兴了。迦太基的复兴引起了罗马人的警惕和猜忌，所以，罗马人以莫须有的罪名，在公元前149年，对迦太基进行了又一次的攻击。虽然迦太基人坚守城池，可还是在公元前146年沦陷了，之后便发生了整整6天的巷战和屠杀，情况悲惨、令人发指。等到全城被占领时，原有25万居民的迦太基，剩下不到5万人。而这些有幸逃脱杀戮的人却难以逃脱灾难，他们被贱卖为奴隶，迦太基城也被付之一炬。最后，征服者将这片废墟开辟为耕地，撒下种子，宣告这个城市彻底在历史上消失了。

就这样，第三次布匿战争宣告结束。500年前，闪米特人曾在世上繁荣一时，并且创建了为数众多的国家和城邦，而如今只剩下仅有的一个小国，继续在本民族领袖的统治下过着自由的生活，而这个小国便是犹太国。从塞琉古王朝的统治下解脱出来的犹太人，在麦卡贝王族的统治下继续生活。此时，他们已基本完成了对《圣经》的编撰，继续发扬着独特的犹太传统。从迦太基人、腓尼基人以及散布在世界各地的各民族所使用的同一种语言和这本充满希望与勇气的巨著

《圣经》中，我们可以看出他们之间某种相同的东西。所以，从某种程度上说，这些民族的人仍以商人和旅行家的身份分布在世界各地。因此，与其说闪米特人的世界消失了，还不如说它已融入到人类的整个世界中了。

耶路撒冷不仅仅是犹太教的中心圣地，还一直是犹太教的象征。耶路撒冷在公元前65年被罗马人占领。此后的若干年里，这个城市经历了多次分裂和叛变。公元70年，罗马军队围攻耶路撒冷，虽然犹太教徒拼死抵抗，但仍然无法逃脱被攻破的命运，城市中的建筑和神庙均遭到或大或小的破坏。在公元132年的叛乱中，整座城市被彻底毁灭。而今天我们看见的耶路撒冷，其实是在经过罗马人准许的情况下重新兴建的。如今的罗马神朱庇特的神庙也是在耶和华圣殿的遗址上兴建起来的，同时，这座城市也不再允许犹太人居住。

第三十一章　罗马帝国的发展

公元前200年至公元前100年，复兴的罗马帝国主宰了整个西方世界。它在很多方面都与过去统治这片土地的各代王朝有所不同。第一，它并非由一切强有力的征服者所创建，也并非君主制国家；第二，它不是第一个共和体制的帝国。因为雅典早在伯里克利统治时期，就已经将一批同盟国与附属国牢牢地掌握在手里了，而迦太基在与罗马进行命运之战前，就已经统治了撒丁、科西嘉、摩洛哥、阿尔及利亚、突尼斯以及西班牙和西西里岛的大部分地区。罗马在这些共和政体国家中是第一个免于灭亡且不断向前发展的国家。

以往那些共和政体国家的中心一般位于美索不达米亚或埃及各大河流域，但罗马帝国的中心位置更靠西一些。中心位置的西迁，使得一些新地区和新民族走向文明。此时，罗马的势力范围已经扩张到摩洛哥、西班牙，又慢慢向西北方向延伸至今天的法国、比利时、英国以及向东北方延伸至匈牙利、南俄罗斯。国家政治中心的转移有利有弊，那些远离国家首都的地区，例如在中亚和波斯，罗马始终未能在这些地方建立自己的统治。由于版图辽阔，罗马人民中不但包括了大量北欧雅利安语系民族，而且几乎包括了世界上所有的希腊民族，但哈姆特人和闪米特人的数量却比以前的任何帝国都要少。

在后来的几百年里，罗马并不像之前短暂的波斯帝国、希腊帝国那样逐渐走向衰落，反而不断地发展繁荣起来。而原来米提亚人和波斯人的统治者都只传位了一代就被巴比伦人接过了象征权力的王冠，并且接管了神庙。受到同化的当然也包括亚历山大以及他的后继者；塞琉古王朝的宫廷管理机制则完全沿袭了尼布甲尼撒的宫廷机构，同时，尼布甲尼撒的各种管理方法也被他一并接管，成为埃及王以后的托勒密更是被埃及同化。被同化的这些征服者，与被苏美尔人同化的闪米特人别无二致。不过，罗马人就完全不同，他们统治异族的城市长达几个世纪，却始终坚守着自己的法律和规则。在公元前300年至公元前200年，唯一对罗马人的文化产生过某些影响的民族，就是在血统上和罗马人相近的希腊人。

所以，从实际意义上而言，最早用雅利安模式统治广大领土的国家是罗马帝国。这种新模式是亘古未有的，罗马帝国也可以说是一个扩大化的雅利安共和国。而过去那种围绕着供奉丰收之神的庙堂兴建城市的统治方式，对罗马帝国不再适用。罗马人的神非常多，庙宇也非常多，他们的神与希腊诸神一样，全都是半人半兽的、永恒的、神圣的贵族。血祭是罗马人祭献的主要方式，当有重大活动的时候，甚至会用活人来做牺牲，这种残忍野蛮的行径，或许是从伊特鲁里亚人那里传承而来的。但是即便罗马处于鼎盛时期，祭司和神庙也从未在罗马的政治舞台上扮演过主要角色。

罗马帝国这种充满传奇色彩的发展历程，从未经过任何安排和计划。罗马人的这场行政管理模式的变革试验，完全是在毫无声息的情况下发生的。但是，我们仍然不能肯定这项试验是成功的，因为帝国的最终结果是仍然陷入了全面的崩溃之中。无论在形式上还是方法上，罗马帝国都在进行着巨变。罗马100年内发生的变化，要比孟加拉、美索不达米亚、埃及等国家1000年发生的变化还要激烈。罗马帝国始终处于变化之中，从未停留在任何一个固定的模式之中。

可以说，这个实验失败了，但也可以说这个实验还没有完全结束。因为今天的欧洲和美国仍在致力于探索罗马帝国最早遇到的、世界性的行政管理难题的答案。

历史研究者必须铭记的是：罗马帝国从开始到现在的全部历史不单单只有政治变革，社会变革与道德变革也是至关重要的。如今的大多数人常常会偏向地认为，罗马帝国是统一的、稳定的、不朽的、强盛的、神圣的、具有主导地位的。例如麦考利的《古罗马之歌》中，就把老卡托、西庇阿、恺撒、狄奥克莱斯、君士坦丁大帝以及凯旋、演说、角斗和殉教全都糅杂起来，描绘出一幅高尚、冷酷、高贵的图画。但是，这里面的任何一个题材都应该进行详细的解析，因为这部作品完全是偷换概念，就如同将威廉一世时的伦敦与今天的伦敦进行比较一样，这样的变化更加深刻，他就是把深刻的变化拼凑在了一起。

至此，我们可以非常明确地将罗马的扩张分为4个阶段。第一阶段的开始，是以高卢人入侵罗马为标志的，也就是公元前390年，并以公元前240年第一次布匿战争的结束为终点。我们可以将这一阶段称为"同化的共和国阶段"。或许罗马历史上最美好、最具特点的时期正是这一阶段。在此期间，贵族和平民的矛盾并不尖锐，也不存在伊特鲁里亚人对罗马的威胁，贫富差距非常小，国民的整体素质非常高。这一时期的罗马是自由民的共和国，在历史上，与之类似的还有公元1900年南非布尔共和国，公元1800年至公元1805年的美国北方各州或许也与之相近。在该阶段的早期，罗马只不过是方圆不到30英里的小国，而它的周围又全都是一些强国，为了不被吞并，它不断与周围各国进行角逐。由于这些列强与自己同源同种，罗马并不希望获得战争的破坏，它所希望的是和平共赢。国内几百年的连年征战，使得国民的妥协精神与隐忍能力大为提高。有些城邦虽然在军事上战败了，成为罗马的附属城市，但同时它也获得了政治上的投票权；而另外一些城邦则成为自治领地，这些自治领地有着高度的自治权，同时还拥有在罗马做生意与通婚的权利。各个战略要地由全体市民组成的警卫队把守，罗马人在此处的殖民地数不胜数，同时罗马公民在此也具有各种特权。为了有效地管理与统治这些新征服的土地，罗马修建了很多连接各大城市的大路。正是在这种政策的贯彻下，意大利也毫无疑问地被罗马同化。公元前89年，意大利所有自由民全都转化成罗马市的市民。从形式上来看，整个罗马终于变成了一个继往开来的帝国。到了公元212年，这个国家的每一个自由民全都被赋予了市民权。换言之，但凡出席了罗马市民会议的人，就一定拥有选举权。

罗马帝国扩张的方法非常独特，他们先让一些易于掌控的城市的市民拥有选举权，然后再逐步将这种方式推行到全国，这样就打破了征服者占领土地，却又被当地人同化的惯例。而罗马征服者，则依靠这套方式将被征服者同化。

虽然原来的同化方法在第一次布匿战争以及征服西西里岛以后仍然在使用，但同时其他的新方法也被创造出来了。例如沦陷的西西里岛就被征服者当成战利品，并宣布这里的土地与人民全都是罗马民族的私有财产，从而增加了罗马的财富。这些财富的绝大多数都流进了贵族和平民领袖的手里。除此之外，大批奴隶也随着战争被劫掠而来。罗马共和国的大部分农民，在第一次布匿战争以前都享有市民权，参军是他们的权利和义务。可是战争爆发后，由于他们大多数都在服兵役，导致他们的农场遭受亏损，这也使得新兴的奴隶农业得到空前发展。当这些农民返回家园后，那些来自西西里岛和新占领国的奴隶生产的农产品取代了他们的农产品。时代在变，共和国的性质也在变。在西西里岛被罗马统治期间，平民百姓受到了富有的债主和富有竞争者的掌控。自此，罗马进入第二阶段——富人勃兴的共和国阶段。

为了自由，也为了获得参政的权利（即民主），农民出身的士兵，一代又一代地战斗了200年，最终却只享受了100年的特权。第一次布匿战争不仅消耗了他们的青春，同时他们所赢得的一切权利也都被剥夺了。

他们的选举权也慢慢变得徒有虚名。实际上，罗马共和国的行政团体主要由两个部分组成：其中之一是元老院，这也是最重要的部分。元老院最开始的时候全都由贵族组成，到了后来，逐步演变成由执政官或监察官等实权派人物，召集社会上各行各业的代表联合组成。与后来的英国上议院一样，罗马元老院也汇聚着大地主、权术家、商界翘楚。如此看来，它与如今的英国上议院更为接近，而与美国的参议院不同。在布匿战争后的300年里，元老院始终都是罗马政治思想和意志的中心。而另外一个部分平民会议，它是全体罗马市民的集会。当罗马仍是一个方圆20多英里的小国时，举行这样的集会还是可以实现的，可是当罗马的市民权将意大利地区也包括进来的时候，这就成为一件完全无法实现的事情了。从前，这种平民会议召开时，召集者就在罗马神朱庇特的神庙或者罗马城墙上吹响号角，而现在，大会慢慢演变成了投机倒把者和泼皮无赖的集会。公元前400年，平民会议还能代表人民的权利，与元老院对话，并对其进行牵制，可是到了布匿战争结束时，平民会议则成了社会底层民众毫无意义的历史遗物，再也不能对那些大人物的行为进行合法有效的牵制了。

罗马共和国从未实行过代议制度，而且也从未有人想到过用选举的方法来选出代表市民意志的参会代表。这一点对研究历史的人而言是至关重要的。平民会议自始至终都没能成为美国众议院和英国下议院那样的机构。虽然它在理论上包括了全体市民，实际上它没有起到丝毫作用。

因此，罗马帝国的国民在第二次布匿战争以后，又一次陷入了十分可怜的境遇中。这些人要么陷入贫穷，要么失去土地，甚至唯一赖以生存的职业也被奴隶取代了。更可悲的是，他们失去了扭转这种政治局面的有利时机。对他们来说，所有表达市民政见的方式全部被剥夺，而唯一留给他们表达意志的方法就只剩下罢工和暴动了。公元前2世纪至公元前1世纪，罗马人为了争取权利爆发了多次革命暴动，但收获不大。那些企图废除贵族地产，恢复自由农民的田地，免除全部或部分债务的提案，以及其他种种纷乱争斗的情形，受本书篇幅所限，实在无法详述。总而言之，暴动和市民起义连绵不断，扰攘不息。公元前73年，斯巴达克斯领导了奴隶起义，这加剧了意大利的困境。因为这些起义者中有很多是在角斗场上受过训练的职业角斗士，所以这次奴隶暴动显示出了强大的战斗力。斯巴达克斯的队伍在当时似乎已经是死火山的维苏威火山口顽强战斗了两年。然而，最后还是被残酷地镇压下去了。公元前72年，6000名被俘的斯巴达克斯战士全部被惨无人道地钉死在罗马南边的阿比斯的大路旁的十字架上。

长期以来，平民百姓始终没能战胜那些奴役、压迫他们的贵族阶层。相反，那些征服了他们的贵族阶级不但打败了他们，而且在他们自己和平民之上扶植了一个新的势力——军队。

在第二次布匿战争之前，农民一直都是罗马军队的重要组成部分。农民们根据自身的情况，或骑马或徒步奔赴战场。对于那些距离较近的战争，这支队伍可以称得上是精锐，可是一旦出现远征或鏖战，这支队伍就有些支撑不住了。而且，由于奴隶的大量增加以及殖民地的迅速扩展，这种来去自如的民兵数量就日趋减少了。正在这个时候，一位出身平民的统帅马略出现在了历史舞台上，他进行了一项新的改革。北非在迦太基文明毁灭之后变成了一个半野蛮的王国——努米底亚王国，于是，罗马便和努米底亚国王米古达发生了军事冲突。可是，罗马在征服努米底亚王国的过程中遭遇了不小的阻力。为了扳回颜面，马略被激奋的国人推举为执政官。这时的马略展现出了他个人的军事才华，他募集雇佣兵，然后用非常严格的方式训练他们，最终大败努米底亚王国。公元前106年，努米底亚国王米古达被活捉，他被征服者用铁链锁着押解到罗马。而有了军团作为后盾的马略，在其执政官任期满之后，拒绝交出权力，可此时的罗马再也没有力量来约束他了。

罗马帝国从马略开始进入了第三阶段——军人共和时期。这时，雇佣军的指挥官们为了夺取罗马的最高权力，频频发生斗争。而马略的竞争对手是贵族苏拉，此人曾在马略远征非洲时为马略效劳。他们肆意屠杀着自己的政敌。几千人被流放被处死，地产也被他们拍卖。继两者血腥厮杀之后，也就是在平复了斯巴达克斯的暴动之后，罗马进入了由军官把持朝政的时代，卢古鲁斯、庞培大帝、克拉苏、恺撒等先后做了军政当局的首脑。克拉苏镇压了斯巴达克斯的叛乱；卢古鲁斯征服了小亚细亚，并且成功入侵亚美尼亚，但是他并没有居功自傲，而是在掠得大批财富后就退位了。之后，克拉苏又率大军入侵波斯，结果军队被安息人击溃，他自己也阵亡了。公元前48年，长期与恺撒较量的庞培失败了，他被判在埃及接受极刑。最后只剩下恺撒，他成为罗马帝国的唯一统治者——恺撒大帝。

恺撒的故事激发了人们的想象，但很难辨别他的功绩和真实作用的比重到底有多少。他成了传奇中的偶像和崇拜的象征。但在我们看来，恺撒最重要的功绩在于他将罗马从军事冒险者时代过渡到罗马帝国的初期阶段。公元前100年，罗马帝国的疆域达到顶峰，尽管当时罗马的经济和政治混乱不堪，内战频繁，社会衰败，但这丝毫不影响罗马疆域的不断扩大。罗马的扩张进程曾经有过3次低迷时期：第一次低迷时期出现在第二次布匿战争的危急时刻；第二次低迷时期出现在马略重建军队之前；而斯巴达克斯暴动则是罗马的第三次低迷时期。此时，恺撒首先在高卢（今天的法国和比利时曾经居住着为数众多的高卢人，他们是本地最主要的民族，属于凯尔特系，他们曾占据意大利的北部，并且征战小亚细亚，最后在此地定居）确立了自己的领袖地位。之后，他打败了入侵高卢的日耳曼，并把高卢地区纳入了罗马帝国的版图。他曾经在公元前55年和公元前54年，两次横渡多佛尔海峡，入侵不列颠，但都遭到了强有力的抵抗而未能如愿。与此同时，庞培利用这段时期，在罗马东至里海的各征服区，培养自己的势力。

公元前1世纪中期，罗马的政治中心名义上仍然是元老院，执政官和其他官员也仍然由元老院来任命。那时候有很多政治家（西塞罗就是其中最杰出的人之一）为了维持罗马共和国的伟大传统和维护法律的尊严而进行斗争。可这种市民权的精神已随着自由民的大幅减少而逐渐颓废衰微。生活在这片土地上的大部分是奴隶和贫民，他们对自由既不理解又无要求。事实上，这些在元老院供职的共和国领袖们，他们的背后孤立无援，而那些大冒险家们则拥有着强大的军团，这也是领袖们害怕他们，并想要对他们加以控制的主要原因。正因如此，克拉苏、庞培和恺撒架空了元老院，将帝国的统治权一分为三。这便是第一次三雄执政的开始。克拉苏在5年后的卡尔战役中被安息人杀死，而庞培与恺撒则继续斗争。支持共和政体的庞培，以恺撒藐视法律、不服从元老院的命令为罪名，主持并通过了对恺撒进行审判的法案。

在那个时代，如果将军的军队出现在自己领地以外的区域，那就违反了法律。公元前49年，恺撒一边声称"迫不得已，退无可退"，一边率领大军渡过卢比孔河（这是恺撒领地与意大利的界河），向庞培所在的罗马进军。

过去的罗马曾有这样一个不成文的惯例：在军情紧急时刻，推选一位独裁官来领导罗马，并赋予此人至高无上的权力，直至危机结束为止。恺撒在打败庞培之后，成为罗马史上第一个拥有10年任期的独裁官，此后，又在公元前45年，被推选为终身独裁官。实际上，此时的恺撒早已成为罗马帝国的终身统治者。曾有人建议恺撒登基为帝，可是考虑到公元前500年罗马将伊特鲁里亚人驱逐之后，老百姓对皇帝一直很反感，所以恺撒拒绝称帝，不过，他愿意接受皇帝的地位和实际权力。庞培的残余势力被他全部消灭之后，恺撒曾经远征埃及。他爱上了埃及女王克莉奥佩特拉，这是托勒密家族最后一位美艳无比的女王。克莉奥佩特拉的思想臣服于古代的神王思想，或许正是因为她的缘故，让恺撒的思想发生了根本性的改变，从而把埃及"神兼国王"的观念带回罗马。恺撒将自己的雕塑安置在神庙的殿堂里，殿堂上的题词则是：献给无敌之神。可是，行将就木的罗马共和精神做了最后一击，就在恺撒曾经杀死政敌庞培的元老院的雕像脚下，刺杀了恺撒。

此后的13年，是权术家们争权夺利的13年。最后，罗马出现了第二次三雄执政，由雷比达、安东尼奥和屋大维（恺撒外甥的孙子兼养子）组成。屋大维同其养父一样，所管辖的领地是贫穷而多自然灾害的西部省份。可就是在这里，他招募到了全国最为精锐的兵团。公元前31年，屋大维在亚克兴海战中，将自己唯一的对手安东尼奥击败，一举成为罗马帝国的统治者。但成功后的屋大维与成功后的恺撒截然相反，他既没有像养父那样成为神，也没有成为独裁官的愿望，更不想要任何美艳绝伦的女王做情人，他把自由和权利都还给了罗马的元老院和人民，然后辞谢了独裁官的职务。为了表示对屋大维的感谢，元老院将实际的权威以一种无形的方式颁发给他。虽然屋大维没有称帝，可是被称为"元首"或"奥古斯都（意为'尊严'）"。就这样，他成为罗马帝国的第一位皇帝——奥古斯都·恺撒（公元前27年至公元14年）。

屋大维的皇位继承人依次是提庇留·恺撒（公元14年至公元37年）、加里古拉、克芬狄和尼禄，接着是图拉真、哈德良、安敦尼·庇乌以及马可·奥勒留等。这些皇帝无一例外都是军人出身。军队可以拥立皇帝，同时也可以推翻皇帝。元老院渐渐在罗马历史上消失了，取而代之的是皇帝及其行政官。罗马帝国的疆域也扩张到了极点，不列颠的大部分地区都被并入帝国版图，而特兰西瓦尼亚则被划分为新的省份"达契亚"。图拉真则让国界线跨过幼发拉底河，而哈德良的做法则让我们非常自然地联想到在遥远的东方也曾发生过的类似的事情。哈德良和中国的秦始皇一样，也修筑了一条用来抵抗北方野蛮民族的城墙，其中有一段甚至横贯整个不列颠。此外，他还在莱茵河与多瑙河之间架设了许多栅栏，并放弃了一部分图拉真时代被征服的领土。

至此，罗马帝国的扩张宣告结束。

第三十二章　罗马与中国

公元前2世纪到公元前1世纪，人类历史进入了一个崭新的时期。历史学家的目光也已经从地中海东岸与美索不达米亚平原转移开来。虽然当时美索不达米亚和埃及仍然是人丁兴旺、商业繁荣的富庶之地，却再也无法对世界起到任何影响了，权力中心逐渐向东、西两个方向转移。那时的世界局势被两个强大的帝国控制着，它们分别是新兴的罗马帝国与再次复兴的中国汉朝。罗马帝国的势力范围曾一度到达幼发拉底河流域，此后就再也无法向前推进了，因为路途实在过于遥远，无法掌控。在幼发拉底河向东的远方，就是以前被波斯和塞琉古王朝所占领的印度，这时候早已被新的强权者占领。而中国在秦始皇死后，秦被汉取代。汉朝的疆域异常辽阔，向西一直跨过西藏，越过帕米尔高原，直达土耳其西部边界。

这个时期的世界，中国是地球上版图伟大、组织系统最完整、政治体系最发达的国家，其文明高度发达，人口稠密，幅员辽阔，即便是鼎盛时期的罗马也无法与之相提并论。但是，这两个处于同一时代的庞然大国，却对彼此一无所知，这种情况，在那个时候是非常有可能的。因为让两国进行交流的方式，不管是水路还是陆路，都还没有发展到足以形成直接冲突的程度。

即便如此，两国之间仍然用一种特殊的方式间接地相互作用。夹在两国中间的中亚和印度深受两国的影响。有限的商业往来，规模虽然极其渺小，但至少还是发生了接触。这种商业接触实现于一支穿越波斯的骆驼商队，或者是实现于经过印度与红海沿岸的商船。公元前66年，庞培率领罗马的千军万马，沿着亚历山大大帝当年的足迹，顺着黑海东岸向北前进。100多年后，即公元102年，中国的班超也率领大军来到了黑海，还派出使者了解罗马的实力。然而，真正了解对方的真实情况，并找到实现让欧洲和东亚这两大平行世界发生交往的直接交通要道，则是几百年以后的事情了。

在这两大帝国的北部，同样是未开化的荒原。现在德国的大部分国土在那时还是森林。这片森林一望无垠，一直延伸到了俄罗斯。生活在森林里的野牛体积同大象不相上下。而东亚山脉的北部则是荒漠和大草原；向北，再向北，则是森林和冰原。在亚洲的东北部山麓是一片叫"满洲"的大三角地区。从俄国南部、土耳其一直延伸到满洲的这一大片土地，自古气候多变。如今这里的降雨量也是在几个世纪前才发生转变。人类很难在这样的地区生活并加以开发。这片地区一度是一块水草丰美、宜于耕作的宝地，可是接踵而至的干旱又葬送了这片土地。

从德国的森林地区到俄国南部和土耳其，从哥德兰岛到阿尔卑斯山，在北部荒漠的西边，是北欧各民族和雅利安系民族的发祥地。往东的草原与沙漠则是匈奴人、蒙古人、鞑靼人和土耳其人等民族的发祥地。从语言、种族和生活方式上看来，这些民族都十分相似。与北欧各民族源源不断地从故土向南方的美索不达米亚平原和地中海沿岸等文明地区迁徙一样，匈奴各部族多余的人口，也总是以流浪者、强盗或征服者的身份来到中国。如果北方地区气候适宜，那里的人们就会安居乐业；可是这里一旦发生干旱、饥荒、瘟疫，这些粗俗暴躁的野蛮人就势必大举南侵。

世界历史终于迎来了这样一个时代——同时存在的两个大国不仅能打败入侵的蛮族，而且还能把自己的和平国界向外推进。在中国，汉朝皇帝开始对北部蒙古进行了残酷漫长的征伐。以至于中国的老百姓越过长城向外迁徙。每当保家卫国的士卒攻下一地，荷锄带粮的农民就会在此居住下来，他们耕耘草地，封锁冬季草场。即使后来匈奴各部落时常偷袭这些移民，可最终还是无法招架中国官方的穷追猛打。于是这些游牧民不得不进行选择，要么留在故土向中国皇帝称臣进贡，要么就迁徙到别处去开发新的夏季牧场。于是一部分人选择了前者，从而被中国吸收同化；而另一部分人则越过亚洲南北向的山脉，向土耳其一带流亡。

公元前200年，蒙古牧民开始不断地入侵西方。他们欺压雅利安各部族，迫使他们西迁，又骚扰日渐衰落、防守不严的罗马边境，希望可以找到军事力量薄弱的地区，以便随时占领。有着蒙古血统的塞西亚人（这支人种在公元前1世纪侵入了幼发拉底河地区）入侵小亚细亚，与东征的庞培大帝展开激战；他们还击败过克拉苏率领的军队，并杀死克拉苏；他们推翻了波斯的塞琉古王朝，建立了塞西亚人自己的帝国。塞西亚帝国（公元前247年至公元前224年）又名阿萨息斯王朝或安息帝国，是亚洲西部的伊朗高原地区古典时期的奴隶制王国。建于前247年，开国君主为阿尔撒息。公元226年被波斯萨珊王朝代替。

但无论是东方还是西方，很多国家都非常猛烈地抗击了这些饥饿游牧民的侵扰。所以，这些饥民不得不经过中亚，从东南方向的开伯尔山口翻越而过，向印度迁徙。事实上，在罗马与中国都处于极盛时期的几百年间，多次受到蒙古人入侵的其实是印度。印度平原遭到了这些惯犯一次次的洗劫，屠杀和破坏在肆意进行着，阿育帝国因此土崩瓦解，印度从而再次迎来了史上一段极为黑暗的时期。在这些侵略民族中，有一支"印度塞西亚人"建立了贵霜王朝，一度统治了印度北部地区，从而维持着那里的秩序。来自蒙古的这种侵略一直持续了几百年。公元5世纪的大部分时期，白色匈奴人一直侵扰着印度。这些侵略者强行征收印度小诸侯国的税赋，这使得印度常常陷于恐怖与灾难之中。夏天的时候，这些白色匈奴人在土耳其西部放牧，但一到了秋天，他们就翻越山口到印度来侵扰居民。

公元2世纪，同时遭逢不幸的罗马帝国与中国汉王朝，开始对蛮族的抵抗显现出疲软之势。主要的原因则是因为受到了瘟疫的猛烈袭击。这场瘟疫在中国蔓延了11年之久，使得社会组织严重瓦解。汉王朝也由盛转衰，又陷入四分五裂、连年征战的局面。等到中国再次崛起，已经是公元7世纪的大唐王朝了。

当时，瘟疫从亚洲向欧洲蔓延。公元164年至公元180年，罗马全国遭到了瘟疫的疯狂肆虐。这场灾难让帝国权力机构的实际力量大大削弱，各地区人口锐减，管理力度与效率也急剧下降。总而言之，此时的罗马边界早已不是那么的固若金汤了，反而遍布缺口与弱点。原本居住在瑞典哥德兰岛的哥特人正在崛起，他们穿过俄罗斯，向伏尔加地区和黑海沿岸迁徙，从事海盗的营生。公元2世纪末期，他们有感于匈奴人西侵的威胁，在公元247年渡过多瑙河，大举向其他国家发起攻击，终于在今天的塞尔维亚地区挑起了一场大战，打败并杀死狄西阿皇帝。公元236年，属于日耳曼系的法兰克人攻破莱茵河下游的罗马边境。而如同潮水般的阿拉曼人则开始涌向阿尔萨斯。至于高卢地区，虽然有罗马军团抵御着侵略者，可是居住在巴尔干半岛上的哥特人却屡次进犯，这使得罗马的达契亚省从版图上消失了。

罗马逐步地丧失了往日的辉煌与自信。公元270年至公元275年，罗马这个过去300年间从不设防的城市，终于在皇帝奥利连的命令下，修筑了具有防御工事性的城堡。

第三十三章　罗马帝国早期的平民生活

　　建于公元前2世纪的罗马帝国，从奥古斯都·恺撒统治时期开始维持了200年和平稳定、繁荣昌盛的状态，之后，又一次陷入了混乱和分裂的局面，最终灭亡。这一切是如何发生的呢？若想解开这个谜题，我们首先要关注生活在这片广阔国土上的平民，去了解他们的生活。此时此刻，我们已经进入了那段距离今天2000年的时代。无论是在和平时期的罗马，还是在盛世的中国汉朝，这些文明民族的生活都越来越与如今文明人的生活相近。

　　在西方，金属钱币已被广泛地普及开来。在现实社会里，那些既不是政府官员又不是祭司的平民百姓，也有了自己的私有财产。人们可以自由出行，大道与客栈比比皆是。这样的生活与公元前500年时的状况相比，更加舒适和自由。这是由于过去的文明民族总是被禁锢在一个地区、一个国家，一些传统思想束缚着他们的言行，致使他们永远生活在狭隘的环境里。在当时，只有游牧民族才可以自由地进行交易和旅行。

　　可是，无论是在罗马帝国还是在中国汉朝，并不代表在其统治下的广大区域有着完全一样的文明。事实上，某地与某地之间的文化往往有着天壤之别，就好比如今被英国统治的印度（1947年8月15日，印度摆脱英国殖民统治，取得独立）与英国本土的风俗习惯截然不同。在这片无垠的土地上，到处都有罗马的驻军和殖民地，这里的人们说着拉丁语，供奉着罗马神。那些在罗马人还未到来之前就已经是城镇的地方，现在依然是城镇。虽然这里的人民被征服了，可是他们的生活却依然没有改变，大家都忙着处理自己的事情，至少在短时期内，他们仍然能够用自己的方式来信奉本族的神。其实，拉丁语从未在希腊、小亚细亚、埃及以及被希腊化的东方地区占据主导地位，在这些地区，希腊语始终有着不可撼动的主导地位。塔苏斯城（位于土耳其南部，是圣保罗的故乡）的扫罗，后来成为圣徒保罗，虽然是个犹太人，可同时又是罗马市民，他所说所写皆是希腊语，而并非希伯来语。即便是那个将希腊系塞琉古王朝灭亡了的安息王朝，虽然不在罗马的统辖范围之内，可是它举国上下的官吏都说着希腊语。另外，在此时的西班牙和北非，虽然原来统治此地的迦太基王朝已经灭亡，可是迦太基语却仍然沿用了很长时间。再比如古城塞维利亚，这是一个早在罗马名称尚未问世就已十分繁荣的城市，在当时尽管每隔数里就有罗马的驻军，可是居住在此地的闪米特人却仍然信奉着自己的女神，自由地说着闪米特语。此外，皇帝塞弗拉斯，他从公元193年登基到公元211年统治结束，一直都在说着自己祖国的语言——迦太基语，拉丁语是后来才被定为外语来学习的。根据古籍记载，他的妹妹从来都不会说拉丁语，她在指使那些罗马仆婢的时候都在使用腓尼基语言。

但是在有些地区，罗马帝国强行普及拉丁语，从而使之拉丁化，这些地区包括高卢、不列颠这种原本没有城市和神庙的未开化国家，还有达契亚（大致在如今的罗马尼亚）、庞若尼亚（位于多瑙河以南的匈牙利）等省份。从此，这些国家在罗马帝国的强行干预下，首次向文明迈开脚步。罗马帝国在这些地方建立起了许多城镇，这些地方从建立伊始就以拉丁语为官方语言。与此同时，他们还在本地供奉罗马的神，普及罗马的风俗习惯和文化传统。现在的罗马尼亚语、意大利语、法语和西班牙语，全都是由拉丁语演变而来的，因此我们不难想象，当时拉丁语和罗马风俗到底有多么的普及。虽然拉丁语普及到了非洲西北部地区，但是在埃及、希腊和其他一些东方帝国，拉丁语始终未曾波及。他们在文化和思想层面始终保持着埃及和希腊的传统。在罗马，那些受过高等教育的人甚至将希腊语当成绅士用语，并加以学习，正是在这样的情况下，希腊的文学与知识就往往比拉丁语更受人喜爱。

在这样一个丰富多彩的国家，劳动和交易方式也多种多样。农业仍然是固定居民的主要职业。在上文中我们曾提到过，意大利早期的自由民是罗马共和国的主要劳动力，但是从布匿战争结束之后，他们便慢慢地被奴隶所取代。市民们在阿卡迪亚田园时期，仍然用自己的双手辛勤劳作，但是受到后来斯巴达风气的影响，人们开始将苦力劳动视为低贱的工作，从而驱使着大量奴隶代为耕作，在这段时期，各种各样的耕作方式呈现在希腊的世界里。可是这一切终将成为过去，大多数地区被希腊化，导致领地制度和奴隶集团开始向全国蔓延开来。这些奴隶中有些是战俘，但由于他们来自不同的国度，说着不同的语言，相互之间根本无法沟通；有些是家生奴，他们既不会团结一致地反抗压迫，也没有争取权利的传统，更没有知识，因为他们都不会读书写字。他们的人口总数虽然超过了全国的一大半，却始终没有发动过任何形式的暴动。至于发生于公元前1世纪的斯巴达克斯起义，其实是一支经过特训的奴隶角斗士的起义。农奴们在罗马共和国末期与罗马帝国初期受到了非人的待遇：奴隶主为了防止他们逃跑，一到晚上就用大铁链把他们锁起来，或者将奴隶的头发剃去一半，从而使之容易辨认。结婚生子对奴隶们而言更是痴心妄想，他们中的大多数都会因为主人的虐待而残疾，甚至死亡。奴隶们被奴隶主牵到市场上随意买卖，有时候还会被驱赶到竞技场上与野兽进行决斗。相对而言，在希腊的个别地区，尤其是在雅典，奴隶们的待遇要好一些，可总体上还是痛苦的。对于这些奴隶来说，后来那些冲破罗马军事防线的野蛮侵略者，不但不是敌人，反而是他们的解放者。

社会的各行各业几乎都被奴隶制渗透了。那些需要多人合作才能完成的工作几乎全都由奴隶来做。例如挖矿、冶炼、摇橹、修路、修建房屋等项目全都是奴隶的工作。与此同时，一切家务劳动也由奴隶来做。不过在城市和农村仍然有着大量贫穷的自由民和刚刚获得自由的人，为了维持生计而不得不从事体力劳动。他们的职业或者是工匠，或者是监工，或者是其他领取薪资的工作，他们是新兴的劳动者阶级，不断地与奴隶劳动者进行竞争。可是我们无法得知这些人在总人口中所占的比例到底是多少，或许这种比例在不同地区和不同时期也有着很大的差别。当然，地区不同，管理奴隶的方式也各不相同。在有些地区，白天用鞭子驱赶奴隶们去农场或采石场服苦役，到了晚上用铁链将他们锁住；而另一些地区，奴隶就如同佃户，奴隶主将自己的土地划出一部分让他们自行耕种，但是必须要按时向奴隶主交租，甚至他们中的一些人还可以获得与自由民一样的权利——结婚。

当然，还有用来决斗的奴隶。公元前264年，即布匿战争刚发生不久的时候，罗马时兴起伊特鲁利亚人创造的那种让奴隶自相残杀的娱乐方式。很快，罗马的富人们每人至少拥有一个角斗士。虽然他们仍然无法逃脱去角斗场厮杀的命运，但工作性质已经发生了根本性的改变，开始充当起富人们的保镖。在奴隶当中，受过教育的人不在少数，而这些大多都是战俘。在共和国后期，许多文明高度发展的城市被罗马攻占，例如希腊、北非和小亚细亚等国的许多城市，罗马从那里带回大批受过良好教育的奴隶。在罗马很多上等家庭里，奴隶们通常还担任孩子的家庭教师。那些希腊奴隶非常紧俏，富人们强烈希望能有一个这样的奴隶来管理图书，或者充当秘书或营养师。他们非常喜欢将诗人像一只会耍杂技的狗一样豢养起来。当时的文学和懦弱善辩的学术风格在奴隶制的氛围里得到了快速发展。有一些唯利是图的奴隶贩子，会专门将一些聪明的小奴隶买下，对其进行教育，然后高价出售。一般，奴隶们也会被训练成抄写员、珠宝匠和各种手工艺者。

罗马从富人占据优势的开放的共和初期，到瘟疫肆虐继而导致国势衰败的400年里，奴隶的地位也发了巨变。公元前2世纪，战俘的数量大幅增多，而他们的境遇也更加惨无人道。他们的所有权利都被剥夺了，读者们无法想象的一切虐待全部被施加在他们身上。到了公元1世纪，罗马文明对奴隶的态度出现了非常明显的改善。由于战争经常遭遇不利，每次战争所捕获的俘虏少之又少，从而导致奴隶的价格节节攀升。在这样的情况下，奴隶主们开始觉醒：只有给予奴隶更高的尊严，才能让自己的利益最大化，生活也可以更加安心。另外，希腊人的高尚品质也使得旧罗马的苛刻态度得以缓和，社会道德和人们的正义感慢慢得到提高，同时，残暴的行为也受到了约束。奴隶主不再随意买卖奴隶，也不再让奴隶与野兽决斗。奴隶们被贴上了私有财产的标签，成为一种充当奖励的财产形式。形式各异的奴隶婚姻也得到了认可。在很多地区，有部分农业劳动不适合集体耕种，或者在某个季节才有集体劳动的必要，所以，奴隶也就日渐成为农奴。他们只需要向奴隶主缴纳一定的收成，或者只需要在某个季节为奴隶主服务就可以了。

如果我们意识到，公元前1世纪至公元前2世纪中，这个大范围使用拉丁语和希腊语的国家，其实在本质上已经后退到了奴隶社会，而拥有尊严的自由民少之又少，那么它衰落和崩溃的原因也就不难知晓了。那个时期的罗马几乎没有正常的家庭生活，也几乎没有过着节制生活、对人生和理想积极思考和学习的家庭。鲜有学校和图书馆，即便有，也相距太远，自由思想和自由精神更是奢望。虽然罗马为自己的后人遗留下了很多宽阔的大路、雄伟壮观的建筑废墟以及让人匪夷所思的法律和权力的传统，可是这些仍然不能抵消被它伤害了的意志、扼杀掉的理性和被它歪曲了的愿望。即便是统治这片广大国土的国王们，强迫奴隶进行劳动的统治者们，他们的灵魂即便上了天堂，也难以安宁、充满愧疚。在这种氛围下遭受破坏的还包括艺术和文学、科学和哲学这些欢乐之果。罗马帝国到处都充斥着抄袭和模仿，虽然他们有着数目庞大的艺术工匠，以及无数卑鄙无耻的迂腐学者，可是，罗马在400年间所取得的成就，却根本无法与小城市雅典在100年间通过大胆和高尚的理性活动所表现出的伟大相比。正是在罗马的这种统治之下，雅典不可避免地衰落了，亚历山大城的科学也一蹶不振，甚至连人类的精神也日趋没落。

第三十四章　日耳曼蛮族的入侵和罗马帝国的分裂

在公元3世纪，罗马帝国逐渐走向社会衰退和道德崩溃。与此同时，蛮族的入侵也日渐成为迫在眉睫的危险。这一段时期内皇帝基本上都是一些好战独裁者。帝国的首都因为军事政策的调整而经常搬迁，时而在意大利北部的米兰，时而在今天塞尔维亚境内的塞密安或尼什，时而又在小亚细亚的尼科美底亚。而位于意大利中部的罗马，则因为距离用兵之地太远，其重要性和影响力日益下降。尽管战乱频繁，但是帝国的大部分城市基本上还能够维持和平的局面。罗马皇帝仗着自己握有兵权，对待人民越来越专制，罗马帝国越来越像波斯那样的东方君主制国家了。

一直以来，罗马帝国的边界大致沿着莱茵河和多瑙河设置。如今蛮族已经从各个方向迫近，法兰克人和其他日耳曼部落已经抵达莱茵河边，汪达尔人出现在今天匈牙利的北部，西哥特人出现在今天的罗马尼亚地区，而东哥特人则出现在南俄罗斯地区，再往后的伏尔加河地区则是阿兰人。此时，东方的蒙古部落也开始向欧洲挺进。彪悍的匈奴人不仅强迫阿兰人和东哥特人进贡，还赶着他们一路向西。

在亚洲，波斯的再度崛起对罗马提出了强有力的挑战，罗马帝国的国境线日益萎缩。这个由萨珊王朝统治的波斯是一个富有活力的新崛起的国家。在此后的300年间，萨珊波斯成长为罗马帝国在亚洲最强有力的对手。

只要认真看一下欧洲地图，读者们就不难发现，罗马帝国的边境线实在是太薄弱了：多瑙河在今天的波斯尼亚和塞尔维亚地区向南拐了个弯，形成一个U字形，从这里到亚得里亚海中间只隔了约200英里的陆地。因为罗马帝国从未对海上交通实施过有效的长期管辖，所以这200英里宽的狭长地带，实际上已经成为连接西方拉丁语世界和东方希腊语世界的交通枢纽，其战略地位和重要性不言而喻。蛮族对此也心知肚明，所以他们投入了大量的兵力来进攻这一U形地区。当他们最终占领这一地区时，罗马帝国就不可避免地要陷入分裂了。

我们可以大胆假设，倘若此时的罗马帝国仍然具有强悍的战斗力，它是完全可以夺回这一地区的。可惜，历史没有假设，此时的罗马帝国已经是日薄西山、气息奄奄了。诚然，君士坦丁大帝是一位聪明且有为的皇帝，他把入侵罗马的哥特人打跑了。可是，他始终没有足够的力量把国境推进到多瑙河彼岸。他的视野过于关注国内，企图依靠基督教的团结和道义的力量来恢复早已羸弱不堪的帝国精神。所以，他决定以靠近达达尼尔海峡的拜占庭作为永久性的首都。为了歌颂自己的丰功伟绩，他以自己的名字把拜占庭更名为君士坦丁堡。可惜，直到他死的那一天，君士坦丁堡还在施工当中。在君士坦丁统治末期，备受哥特人压迫的汪达尔人请求君士坦丁允许他们举族搬迁到罗马帝国境内。君士坦丁答应了他们的请求，并将潘诺尼亚，即今天多瑙河西岸匈牙利的一片土地赏赐给他们居住。这样，汪达尔人的军队实际上就成了罗马军团。

君士坦丁想重塑罗马帝国的辉煌，但可惜天不假人，在过度的操劳中，君士坦丁去世了。他死后没多久，帝国的边境就被西哥特人突破了。这一次，西哥特人所向披靡，几乎攻到了君士坦丁堡城下。他们不仅在亚得利亚堡战役中打败了罗马皇帝瓦伦斯，还在今天的保加利亚地区建立了定居点。表面上看，他们和汪达尔人一样是帝国的臣民，可事实上彼此都心知肚明：西哥特人才是真正的统治者。

从公元379年至公元395年，罗马帝国的皇帝是狄奥多西大帝。在这段时间内，罗马帝国在形式上依旧是完整的。但实际上，意大利和潘诺尼亚的罗马军队由汪达尔人首领斯底利哥统率，巴尔干半岛的军队则由哥特人的首领和国王阿拉列统率。狄奥多西去世后留下了两个儿子。阿拉列在君士坦丁堡拥立其长子阿卡丢，而斯底利哥则在意大利拥立次子霍诺留。在斯底利哥和阿拉列的怂恿下，阿卡丢和霍诺留兄弟俩围绕着王位和帝国的归属权展开了激烈的争夺。在这场战斗当中，阿拉列进军意大利，经过短暂的包围，于公元410年攻陷罗马城。

5世纪的前50年，整个罗马帝国都成了蛮族军队进攻的目标。今天的我们如果想把当时的世界形势清晰地描绘出来，无疑是一件非常困难的事情。尽管在法兰西、西班牙、意大利和巴尔干半岛的广袤土地上，那些早在帝国初期便兴旺繁荣的大城市此时依旧矗立着，可是现在它们面对蛮族一波接一波的进攻，早已经疲惫不堪了。这些城市里平民的生活，早已没有了当初的悠然与淡雅，充斥着平庸、粗陋和不安。尽管形势已经变得如此不堪，可是帝国的地方官吏们依旧耀武扬威、醉生梦死，打着皇帝的旗号，干着卑鄙无耻的勾当。但是在帝国的各个角落，只要没有遭到蛮族的抢掠和破坏，我们依然能够发现书籍、绘画、雕刻和其他的艺术品。

城市如此，农村也好不到哪里去。此时的罗马帝国，各个角落都呈现出一种前所未有的荒凉和混乱。在一些地区，由于遭受到战争和瘟疫的轮番侵袭，土地日渐荒芜，道路与森林强盗横行。此时的蛮族几乎遇不到什么像样的抵抗，便能长驱直入。他们肆无忌惮地拥立自己的酋长为统治者，并擅自加授罗马帝国的官衔。假如这些蛮族具有些许的文明意识，他们或许会对被占领地区的人民订立宽容的条款。他们或许会在占领这些城市后，组织一些社交活动，甚至与当地人通婚联姻，或许还会学习一些拉丁语。但很可惜，这些入侵者，如哥特人、盎格鲁人、撒克逊人等都是农业民族，城市对他们而言，根本派不上什么用场。在不列颠，他们把罗马化的居民一扫而空。他们甚至用自己使用的条顿语取代了原有的语言，这种语言最终发展为英语。

由于篇幅有限，要想追踪日耳曼、斯拉夫各个部族在罗马帝国混乱之际，为追求财物和舒适的家园而四处转战的足迹是完全不可能的。这里，我们就拿汪达尔人来举个例子。汪达尔人最早出现在东日耳曼地区。如前所述，汪达尔人后来定居于潘诺尼亚地区。公元425年前后，汪达尔人经过漫长的跋涉旅程，来到了今天的西班牙地区。在这里，他们发现来自南俄罗斯的西哥特人和其他日耳曼部族都建立了属于自己的王国和体制，他们从中受到了启发。此后，他们在根瑟里的带领下，于公元429年从西班牙渡海来到了非洲，439年又占领了迦太基，并建立了一支属于自己的强大舰队。他们很快便取得了海上霸权，转而攻陷并大肆掠夺了罗马。此时的罗马尚未从半个世纪以前阿拉列的占领和掠夺中恢复过来。从此，汪达尔人就成了西西里、科西嘉、萨丁尼亚以及地中海西部大部分岛屿响当当的霸主。事实上，汪达尔人已经建立起一个与700年前的迦太基海上帝国不相上下的海上帝国。到了公元477年前后，他们的国力达到了顶峰。但是，到了下一个世纪，也就是查士丁尼一世统治的时代，汪达尔人辛辛苦苦建立起来的全部领土又被君士坦丁堡的罗马帝国夺走了。

　　汪达尔人的故事，不过是许多与它相似的部族的冒险故事中的一个而已。在此之后，一个与日耳曼人毫无种族关系，却要比日耳曼人更加凶狠残暴的征服者到来了。这个征服者便是西方世界从未领教过的蒙古系匈奴和鞑靼人，一个充满了活力和战斗力的黄种民族。

第三十五章　匈奴人和西罗马帝国的灭亡

蒙古族入侵欧洲，可谓开启了人类历史的一个新阶段。其实追溯到上个世纪，蒙古各族和北欧各族都没有什么密切的接触。虽然蒙古族拉普人曾经居住在北方森林以北的冻土地带，而后向西远迁到拉普兰德地区，但是他们在历史进程的主线中从未扮演过什么重要的角色。而数千年以来，雅利安民族、闪米特民族以及那些主要的暗白色民族，也由于从未受到南方黑色民族或远东地区蒙古民族的侵略（只有埃塞俄比亚人侵埃及是个例外），因此一直继续着充满戏剧色彩的历史进程。

其实游牧的蒙古人之所以再次向西迁徙，可能出于两个主要原因：其一是中国广阔的领土得以巩固。在汉朝的繁荣时期，中国的人口不断增加，疆域也不断向西扩张；另一个原因则是气候发生了变化。一些地方的降雨量减少，沼泽和森林逐渐消失，而另一些地方的雨量却增加了，使得沙漠地区出现了草原。而这两种气候变化发生在不同的地区，其共同作用导致了蒙古族的西迁。如果说还有一个原因，那恐怕就是罗马帝国的经济衰退、内部腐败和人口锐减。罗马共和国后期的富人和军人出身的皇帝的税收官，他们耗尽了罗马帝国的生命力。这些都给蒙古人的西进提供了时机。因此，我们便找到了蒙古人西进的原因、方法和时机所在，有来自东方的压力，西方出现的腐败，还有一条开放的大道。

在公元1世纪，匈奴人就已经抵达了俄罗斯欧洲部分的东部边界，但是他们直到公元4世纪到公元5世纪才称霸这片草原。5世纪是匈奴人的世纪。最早到达意大利的匈奴人是由霍诺留的主人汪达尔人斯底利哥带领的一支匈奴人雇佣军团，他们很快占领了已经人去楼空的潘诺尼亚，汪达尔人曾经居住于此。

公元5世纪20年代到50年代，匈奴人中出现了一个伟大的军事将领阿提拉。我们对他强大的力量没有确切的了解，只知道他不仅统治着匈奴人，还征服了日耳曼诸部族联盟。他的帝国从莱茵河起跨越欧洲大平原一直伸展到中亚，他还曾与中国互派使节。而他的大本营则设立在多瑙河之东的匈牙利平原上，就是在这里，他曾经接见过君士坦丁堡的使节普利斯克斯，此人后来写下了有关阿提拉帝国逸事的著作。而这些蒙古人的生活方式，与被他们驱逐了的雅利安人的生活方式十分相近，一般大众都住在小屋或帐篷里，而部落首领们则住在安有栅栏的木房子中，同时，这些木房子也是人们举办盛宴、酒会或听游吟诗人说唱的场所。且不说荷马史诗中的英雄们，即便是亚历山大手下的那些马其顿人，在阿提拉的营帐里，恐怕也要比在狄奥多西二世——阿卡丢之子，此时的君士坦丁堡皇帝——的日趋颓废且礼仪繁多的宫廷中，感到更舒服自在。

历史仿佛在一个巨大的舞台上重演，匈奴人和阿提拉统率的游牧民族，在地中海区域的希腊、罗马文明中所扮演的角色，类似于多年以前希腊人在爱琴文明中所扮演的角色。但是匈奴人热爱游牧生活的程度绝非那些不断迁徙着的半农半牧的希腊人可比，因此，他们尽管侵略、掠夺，却从不定居。

阿提拉随心所欲地欺侮着狄奥多西，他率领军队一直攻到君士坦丁堡城下。而根据吉本的推测，在巴尔干半岛，阿提拉攻克了不下70座城市。与之相反的是，狄奥多西曾试图通过重金和贡品来笼络阿提拉，拉拢不成后，甚至派刺客刺杀阿提拉，但均未成功。公元451年，阿提拉的进攻目标瞄准了高卢地区——罗马帝国中沿用着拉丁语的地区，因此，北高卢几乎每一个城镇都遭到了铁蹄的践踏。而为了反抗阿提拉，法兰克、西哥特人和罗马帝国的军队组成联军共同反击，通过一次大规模的激战，最终在法国的特鲁瓦打败了他。在这场激战中，估计死亡人数在15万至30万。不过，尽管入侵高卢的计划由于特鲁瓦战役受阻，但阿提拉庞大军队的元气根本没有被挫伤。就在第二年，他借道威尼斯，挥兵意大利，烧毁阿奎利亚和帕多瓦城，而后成功抢劫了米兰。

因此，大批难民从意大利北部城市涌出，尤其是帕多瓦城地的居民逃往亚得里亚海北端海湾中的岛屿上避难，并在那里建立了最初的威尼斯城邦国家。到了中世纪，威尼斯成为世界上最大的贸易中心之一。

公元453年，阿提拉娶了一个年轻的女人为妻。可是他却猝死在盛大的庆祝宴会后。他一死，他掠夺性的联盟迅速解体，然后，独立的匈奴人便从历史上消失，融汇于周围众多的雅利安语系各民族之中。但是这场大规模的匈奴入侵，真正意义上导致了西罗马的覆灭。在阿提拉死后的20年，罗马由汪达尔人和其他雇佣军所推立的10个皇帝分别统治。公元455年，来自迦太基的汪达尔人攻陷并抢劫了罗马。公元476年，雇佣军首领奥多亚克废黜了罗慕路斯·奥古斯都这个著名的潘诺尼亚人皇帝，然后向君士坦丁宫廷报告，西罗马帝国从此再也没有皇帝了。就这样，西罗马帝国的历史到此结束。公元493年，哥特人狄奥多里克登上了罗马王位。

此时，在整个西欧和中欧地区，野蛮部族的首领们纷纷以或王或侯的称号统治着自己的领域。虽然他们仍向皇帝表示某种似是而非的效忠，但实际上他们大部分已独立。而这种实际上分方割据的匪盗式的王侯数量众多。而在语言体系上，拉丁语在高卢、西班牙、意大利和达契亚等地区还是通用的语言，尽管不时夹杂了一些地方土语。而日耳曼语（或波希米亚的属于斯拉夫语系的捷克语）在不列颠和莱茵河东岸地区是通用语言，而这些地区仍然使用拉丁语读和写的只有高级神职人员或极少一部分有教养的人。而且在当时的局势下，人们的生活极不安定，只有用武器才能保卫生命和财产；城堡虽然在不断地增加，可是道路却不断遭到破坏。而到了6世纪初期，整个西方世界更是呈现出一种分裂的局面，在文化知识领域中完全是一片黑暗，倘若没有修道士和基督徒，恐怕以往的文化都要消失殆尽了。

那么，罗马帝国为什么会崛起？它又是因为什么遭到了最后的灭亡？罗马帝国之所以能崛起，主要是依仗着早期民权的意识团结了人民。在整个共和国扩张的时代，甚至在帝国最初的年代里，大多数罗马人十分珍视罗马的民权，视其为罗马市民的权利和义务。他们充分信任这种受法律保护的权利，也下定决心要维护罗马法律，哪怕是牺牲。而罗马，犹如一位正义、伟大的法律捍卫者，它的威望传遍海内外。但是到了布匿战争以后，由于受到财产和奴隶激增的冲击，市民民权的意识日渐淡漠。而之后，尽管得到民权的人数和范围都有所增加，但民权这一概念，却越来越背离了原来的意义。

总之，罗马帝国就是一种极为原始的国家组织。它没有向不断增多的市民解释自己的国策，也没有推广教育，更没有邀请市民共同商讨国家大事。换句话说，罗马帝国既没有学校一类的机构去保证某种共同的认识，又没有新闻发布类的组织去支持各项积极的活动。而且自马略和苏拉时代以来，野心家们争权夺势，却从来没有产生过在帝国事务上让公民们发表意见的念头，民权精神早已被扼杀，然而谁也没注意到它的死亡。在人类社会中，一切帝国、国家，一切人类社会组织从根本上讲都是认识和意志的产物。罗马帝国之所以灭亡，就在于它失去了意志。

虽然使用拉丁语的罗马帝国在公元5世纪时就遭到了灭亡，但是，依赖它的权威与传统，另一种新的东西从中产生，这就是使用拉丁语的天主教会。帝国灭亡后，教会仍然存在。而且凭借着书籍、教师、传教士这样一个庞大的体系，教会维持了自身的团结。这个体系甚至比任何法律和军队都更有力。而在帝国开始衰亡后的第4世纪和第5世纪，基督教传遍了欧洲各个角落，它甚至征服了欧洲的征服者——野蛮部族。当时，阿提拉正打算出兵罗马之际，就是罗马总主教制止了他，用纯粹道德的力量使他退兵，完成了一项任何军队都难以胜任的使命。

罗马的总主教，即教皇，成为全体基督教会的首脑。既然罗马不再有皇帝，那么教皇也就一并拥有了皇帝的称号和权力。于是，他为自己加上了这样的头衔：最高大祭司，这是罗马皇帝所采用过的称号中最古老的一个。也就是说，教皇成为罗马疆界内主持祭祀的最高祭司。

第三十六章　拜占庭帝国和萨珊王朝

　　比起罗马帝国西半部来，使用希腊语的东半部要具有更大的政治坚韧性。公元5世纪，帝国源起的拉丁语西部遭遇危机后彻底崩溃，然而东部却安然度过了这场灾难。尽管阿提拉肆意欺压狄奥多西二世，甚至一度攻到君士坦丁堡的城墙之下，然而城内却始终安然无事。尽管有努比亚人沿尼罗河而下，洗劫北部埃及，但南部埃及和亚历山大城却依然保持繁荣。尽管有萨珊部族的波斯人入侵，但是小亚细亚的大部分地区也都有效地保卫了自己。

　　公元6世纪，虽然罗马西部处于水深火热之中，但是希腊势力却在此时复活。查士丁尼一世（527年—565年）拥有雄才大略，他娶了一位十分能干的女演员为妻，即狄奥多拉皇后。之后，查士丁尼从汪达尔人手中夺回了北非，从哥特人手中夺回了意大利大部分领土，他甚至重新拿回了南部西班牙。但他的目光并不仅仅放在海上和陆地的军事活动中，他还创建了大学。他在君士坦丁堡建起了圣·索菲亚大教堂，并组织编纂了罗马法典。不过，为了让自己创建的大学避免与别人竞争，他竟关闭了雅典哲学院——一个自柏拉图时代创建以来经历了1000余年的学术机构。

　　公元3世纪以来，波斯帝国与东罗马帝国一直势均力敌。两个大帝国的对立，使得小亚细亚、叙利亚和埃及等小国家长期处于不安宁的状态中，消耗了大量的国力。公元1世纪时，这些地区本来拥有较高水平的文明、富足的生活和众多的人口，但是由于战乱杀戮、抢劫和战争课税，这片土地不断败落、凋零，最后只剩下城市的废墟和散居乡间的农民。而纵观整个地区，除了南部埃及的情况稍好一些，其他都是一派贫穷、混乱和忧伤的景象。但是与之相反的是，亚历山大城却依然维持着东西方的贸易往来。

而在这两个战乱与衰败的帝国之中，科学和政治哲学均告消失。雅典那些最后的哲学家们，始终以强烈的求知精神和无限的崇敬，保存着那些古代伟大文献的文本，直到他们遭受镇压。而后由于社会和政治上的混乱，导致不论哪个阶层都难以再找到任何一个敢于进行独立思考的自由人，也很难再找到任何一个敢于继续坦率议论文献内容与探讨传统文化的人。而另一方面，在这个时代，人类的理性濒于枯竭，狂热却日益增长，而之所以如此，原因在于这个时期波斯和东罗马帝国这两个帝国都信仰着一种极力压制人类精神自由活动的宗教，所以他们都疯狂地迫害着"异端"，从而导致了这种狂热。

当然，凡世界上古老的帝国都是宗教国家，他们生活的中心都是敬奉神或有着神一样地位的帝王。亚历山大就曾经被当作神，而罗马的皇帝，从他被供奉在神庙中、人们在他圣坛前供奉祭品、为了表达忠诚从而对皇帝宣誓等做法来讲，他也是神。但从本质上看，这些古老的宗教，都是行为与事实的宗教，它们不会侵蚀人们的心灵。因为一个人只要能供上牺牲，对神顶礼膜拜，那么他实际的想法与做法便都无关紧要了。但是后来出世的这类宗教，尤其是基督教，都是以内在精神为主。它们不仅要求表面的形式，而且要求人们理解信仰，因此，人们自然地就会产生对信仰本质意义的争论。更明确地说，这些新的宗教是信念上的宗教，于是就出现了一个新的词：正教。正教有一套严格的规定，它不仅把人们的行为，而且把人们的言论和个人的思想都限制在一系列教义之中。这样一来，倘若抱有不同的观点，就被视为错误见解，更甚者，如果把它们传达给别人，就不只是什么知识上的过失了，而是使灵魂永远堕落的道德上的罪过。

由于宗教的作用，公元3世纪创立萨珊王朝的阿尔达西尔一世以及4世纪重建罗马帝国的君士坦丁大帝，都曾求助于宗教组织的帮助，因为他们都在宗教组织中发现了利用和控制人们意志的新手段。因此，早在4世纪结束之前，这两个帝国就针对言论自由和宗教改革进行过残酷的迫害。在波斯，阿尔达西尔发现了古波斯宗教拜火教，它有着祭司和圣坛与点燃圣火的仪式，于是他马上按照自己的意图把它定为国教。而公元3世纪末，拜火教开始迫害基督教。公元277年，一个新的宗教——摩尼教的创始人摩尼被钉在十字架上，并被剥了皮。而在君士坦丁堡，人们则在围捕非基督教的异教徒。由于摩尼教的观念干扰了基督教，因此基督教必须采取残忍的方式与其进行斗争；反过来，基督教的一些观念也影响了拜火教教义的纯洁性。这样，所有的观念都引起了人们怀疑。可是科学要想发展，首先就要求精神能在不受干扰的条件下自由活动，可是在这样一个异教徒横遭迫害的日子里，科学怎能不失去光辉！

战争、黑暗的神学、人类不断的罪恶，这就是当时拜占庭生活的主要部分，这生活如同图画一样充满了浪漫，却没有美妙和光明。而拜占庭和波斯只要不遇到北方蛮族的入侵，就总要互相倾轧，然后在残酷的破坏性战争中消耗着小亚细亚和叙利亚，使其变得荒芜。事实上，这两个帝国就是结成紧密的联盟，也未必能轻易抵御蛮族的入侵，恢复自己往昔的繁荣。而土耳其人和鞑靼人，首先是以波斯盟国后来则以拜占庭盟国的身份，最早出现在历史上。然而公元6世纪时，查士丁尼和科斯洛埃斯一世成为主要对手；而到了7世纪初期，则是赫拉克利乌斯和科斯洛埃斯二世的对抗局面。

在赫拉克利乌斯继位（公元610年）以前，科斯洛埃斯二世是最具优势的一方。他先后占领了安提阿、大马士革和耶路撒冷，而后挥军直下位于小亚细亚、与君士坦丁堡遥遥相对的加尔西顿。公元619年，他攻克了埃及。但是，不久，赫拉克利乌斯的军队发动了猛烈的反扑，虽然波斯军队驻在了加尔西顿，但他们还是歼灭了尼尼微驻军（公元627年）。公元628年，科斯洛埃斯遭到儿子卡瓦特的废黜和杀害。于是，这两个筋疲力尽的帝国之间终于出现了不稳定的和平。

拜占庭和波斯之间已开始了这场最后决定命运的战争。但是人们做梦也没想到，使这场毫无目的长期战争永远结束的一场风暴，已逐渐在沙漠中酿成。

第三十七章　中国的隋唐盛世

公元5世纪到公元8世纪的400年间，蒙古各部族不断地向西扩张，阿提拉率领的匈奴部落不过是这一冒险行动的先驱罢了。最后，蒙古各部落终于先后在今天的芬兰、爱沙尼亚和匈牙利等地找到了自己的定居之地。他们就在这些地方生活下来，说着类似土耳其语的语言，一代一代地繁衍，直到今天。住在保加利亚地区的也是土耳其民族，不过他们说的却是雅利安语。对于欧洲、波斯和印度的雅利安文明来说，蒙古人在其中扮演的角色，一如当年雅利安人在爱琴海文明、闪米特文明中所扮演的角色。

在亚洲中部，土耳其人已经在今天的西土耳其地区站稳了脚跟。在波斯，也有许多的土耳其人在政府中担任要职，或者干脆作为雇佣兵。安息人作为一个种族概念，已经从历史上彻底消失了，完完全全地融合到广大的波斯人当中。中亚的历史已不再是雅利安游牧民族的历史，而变成了蒙古民族的历史。土耳其人则成为从中国到里海这片亚洲广大地区的主人。

公元2世纪末的那场大瘟疫在西方毁灭了罗马帝国。同样，在东方，它也给中国的汉朝带来了灭顶之灾。紧接着，中国便陷入了漫长的分裂，匈奴人再度崛起，并进军中国内地。但是，我们要注意到，中国的复兴远比欧洲的复兴来得更快也更全面。到了公元6世纪末，隋朝便再度统一了中国。大约到了赫拉克利乌斯时代，唐朝又取代了隋朝。唐朝是中国乃至人类历史上的一个极为繁荣的时期。

可以说，在公元7、8、9这3个世纪中，中国是世界上最安乐最文明的国家。如果说汉朝成功地把中国的国界推向北方，那么隋朝和唐朝则成功地把中华文明推广到了广大的南方地区。中国的国土早在那时便已经有了和今日中国差不多大的面积。在中亚地区，中国的影响力甚至已经超越了土耳其人，一直抵达波斯和里海。

新崛起的唐朝和之前的汉朝有着很大的差别。一种全新的更具活力和生命力的新文学流派出现了，这就是唐诗。与此同时，佛教也给中国人的哲学和宗教思想带来了革命性的变革。唐朝时期的中国，在艺术创作、工艺技巧、社交生活等多个方面都取得了长足的进步。人们学会了饮茶、造纸，并开始使用木版印刷。在这300年间，欧洲和西亚的人口不断减少，那里的人们不是住在茅草屋，就是住在城墙高筑的小城镇，或者蛰伏在强盗的山寨当中。而与此同时的中国，数以千万计的中国人却过着秩序井然、清雅和美的生活。当西方人的精神由于神学的纠缠而日渐失去光华之时，中国人的精神却充盈着开朗、宽容和探索的元素。

中国历史上著名的明君唐太宗于公元627年即位。这一年正是赫拉克利乌斯在尼尼微大获全胜的一年。据史料记载，唐太宗曾经亲自接见了赫拉克利乌斯的使臣。不过，赫拉克利乌斯派遣使臣到中国的目的，似乎是为了在波斯背后寻找一个同盟者。与此同时，一群基督教的传教士也不远万里，从波斯来到了中国。他们获得中国官方的许可，得以向唐太宗宣讲基督教的教义。唐太宗似乎还审查过《圣经》的中译本。此后，他下旨允许基督教在中国传播，允许传教士在中国建立教堂和修道院。

唐太宗还在公元628年接见了穆罕默德的使者。这些来自阿拉伯世界的使者从遥远的阿拉伯沿印度海岸搭乘贸易船只来到了中国广州。与赫拉克利乌斯和卡特瓦不同，唐太宗十分认真地听取了这些使者的介绍，并对他们的神学思想表现出了极大的兴趣。他甚至还帮助他们在广州建立了清真寺。据说，这些世界最古老的伊斯兰教清真寺现在依然存在。

第三十八章　十字军和教皇统治的时代

据史记载，查理曼大帝与伊斯兰教的哈里发哈隆·拉西德（即《一千零一夜》中的某位统治者）曾有过往来，他们之间还发生过这样一件趣事：哈隆·阿尔·拉西德曾派出使节从巴格达（当时的新首都）前往罗马请求保护，他们还携带着华丽的帐篷、滴漏、大象和精心挑选出来的圣墓的钥匙作为礼物。而此举的真正目的就在于引起拜占庭帝国和新的神圣罗马帝国之间的冲突，使他们为了争做耶路撒冷基督徒的真正保护者而爆发战争。

这些礼物也告诉了我们这样一个事实，当公元9世纪的欧洲还在混乱地激战拼斗、相互抢劫滋扰时，埃及和美索不达米亚已经繁荣发展，成为一个强大的阿拉伯帝国，而它文明的脚步，也早已把欧洲远远地抛在了身后。在那里，文学和科学生机勃发，艺术繁荣发展，人们思想活跃，精神饱满，摆脱了恐怖和迷信的污染。而即使之后在西班牙和北部非洲，撒拉逊人政权遭遇危机时，理性生活仍然充满着活力。因此，在欧洲的科学与哲学陷入黑暗的几个世纪中，犹太人和阿拉伯人却守护着科学与哲学的种子，他们阅读着先德们的著作，推动着科学与哲理的发展。

哈里发领地的东北地区居住着众多的土耳其人部族，当时他们都已改宗伊斯兰教。相比起来，他们的信仰却比南方那些头脑灵活的阿拉伯人和波斯人更加单纯和强烈。到了10世纪，土耳其逐渐强大，而阿拉伯人却由于分裂，势力不断被削弱。当时，土耳其与哈里发帝国就类似于1400年以前米提亚人与最后阶段的巴比伦帝国。而在11世纪，突厥语系的塞尔柱土耳其人大举入侵了美索不达米亚，而后他们虽然仍拥立哈里发作为领袖，但其只是名义上的，实际上哈里发不过是俘虏和傀儡。接着，他们又征服了亚美尼亚，然后进攻小亚细亚的拜占庭帝国，消灭其残余势力。最终于1071年的梅拉斯吉特战役中，他们彻底摧毁了拜占庭帝国在亚洲的统治。而后，他们占据了与之相对的战略要塞尼西亚，为进攻君士坦丁堡做着最后的准备。

这种形势下，拜占庭皇帝迈克尔七世万分惊惶，因为他刚刚经历了两场激战，一场是在都拉佐对抗诺曼冒险家们的进攻，另一场是在多瑙河抵御大举来侵的土耳其贝奇尼格人。不得已，他只好四处寻求援助。然而令人惊讶的是，他没有向西方的皇帝求助，反而是去寻求罗马教皇、拉丁基督教会领袖的支援。他写信给教皇格列高里七世，陈明他目前面临的危机。而他的继承人阿列克修斯·科穆宁向教皇乌尔班二世的求援信就更为急切了。

这件事刚好发生在拉丁教会与希腊教会决裂后，此时，人们对25年前的那些争执还记忆犹新，因此，对于教皇来说，这次拜占庭的危机，显然是他们的绝好机会，可以通过压制提倡异说的希腊人进而加强拉丁教会的领导权。同时，这也给教会提供机会解决另外两个困扰西方基督教各国许久的问题。第一个问题就是"私斗"风气盛行，它严重地破坏了社会生活秩序。第二个问题，则是必须要为低地日耳曼人以及基督教化的诺曼人，尤其是法兰克人和诺曼人的过剩战斗力找到一条出路。于是，一场针对土耳其人占领耶路撒冷的宗教战争——十字军远征就开始了。同时，他们号召要结束基督教徒之间的一切敌对行为。于是战争发动者们公开宣称，此次战争的目的主要是从异教徒手里收复圣城耶路撒冷。据说，当时有一位隐士名叫彼得，他赤脚蓬头，骑着毛驴，扛着一个巨大的十字架，走遍法兰西和德意志，通过民主游说的方式，在街头、市井、教堂等地进行广泛的启蒙性宣传。他还陈诉了圣墓遭受异教徒玷污的情况以及土耳其人对基督教圣人的欺辱。于是，在基督教数世纪的教化下，西方世界产生了一种强烈的反应，一股强大的狂热浪潮席卷而来，整个基督世界都为之撼动。

第一次十字军远征算是欧洲历史上民众的第一次反抗。不过如果把它作为近代民主的诞生标志，未免有些太过，虽然事实上，近代的民主确实是从那个时候开始浮现。而此后不久，我们可以看到历史上的民主再次崛起，这一次，它严重地冲击着整个社会和宗教。

显然，第一次民主动员发起的运动最终失败了，且是以极为可悲可叹的结局谢幕。究其原因，民众队伍虽然庞大，却尚未做好准备，他们毕竟还只是普通民众而非军队，也没有统帅，十足就是一支"民众十字军"，为了拯救圣墓，他们匆忙地从法兰西莱茵兰和中欧等地涌向东方。于是，他们涌进匈牙利，把不久前改革基督教的马札尔人错误地当作异教徒杀害，最终自己也遭到屠杀。而另一批人，也糊里糊涂地在莱茵兰屠杀了大批犹太人，之后向东进军，结果在匈牙利被驱散。而由彼得隐士亲自率领的另外两大批群众，经过匈牙利抵达君士坦丁堡，然后渡过博斯普鲁斯海峡，最后，这批人却遭到了塞尔柱土耳其人的屠杀。作为欧洲第一次人民运动的十字军远征，就这样匆忙地开始，凄凉地结束了。

第二年（1097年），真正的战斗部队渡过了博斯普鲁斯海峡。这支诺曼人队伍，不论是从领导权还是精神气质来看，都是真正意义上的军队。之后，他们攻占了尼西亚，沿着1400多年前亚历山大前进的路线，进军安提阿，并在围攻了一年时间后攻克此城。1099年6月，他们又包围了耶路撒冷，并在一个月以后发动强攻，据说当时屠杀场面惨不忍睹，血流成河，即使是骑马而过，也会被溅满鲜血。7月15日黄昏，十字军又攻入圣墓大教堂，在彻底消灭了所有的抵抗力量之后，这一群满手鲜血、疲惫至极的人，"喜极悲生"地跪下来虔诚地祈祷。

没过多久，拉丁人与希腊人之间再一次爆发斗争。十字军原本是拉丁教会的仆从，但是，在接触了耶路撒冷的希腊大主教后，他们认为骄狂的拉丁人的统治情况要比土耳其人坏得多。于是，十字军则处在拜占庭和土耳其之间，同时抵抗两方面的势力。结果，小亚细亚的大部分地区被拜占庭帝国夺回，只留下了叙利亚的一些地区，同时他们让一些拉丁人王侯管理耶路撒冷，以此来缓冲土耳其人和拉丁人之间的矛盾。而这些地区中最主要的城市是埃德萨。不过，即使是这些为数不多的领土，十字军们也仍然无法进行统治管理。于是，到了1144年，埃德萨便又落入了他人手中。为此，1147年，他们还发动了第二次十字军东征，可惜最终并没有收复埃德萨，不过值得庆幸的是，最后保住了安提阿。

公元1169年，库尔德人冒险家萨拉丁统治了埃及。他重新集合了兵力，宣布要展开一场反对基督教徒的圣战，然后，他带领军队于公元1187年再度占领耶路撒冷，这直接导致了第三次十字军远征的发生。不过，这次远征却未能收复耶路撒冷。后来，在第四次十字军征讨（1202年—1204年）时，拉丁教会直接放弃了找任何借口向土耳其人宣战，而是转向希腊帝国提出公开挑战。于是，十字军从威尼斯出发，于1204年攻克了君士坦丁堡。而由于威尼斯这个新兴的大商业城市是这次冒险活动的倡导者，因此拜占庭的大部分海岸和岛屿都被并入威尼斯的版图。之后，在君士坦丁堡，一位"拉丁"皇帝——弗朗德勒的鲍德温被拥立，同时拉丁教会与希腊教会也宣告再行统一。

就这样，从1204年开始，拉丁诸皇帝统治着君士坦丁堡，一直到希腊人世界振作起来，于1261年又一次从罗马人的手中夺回自由为止。

12世纪到13世纪初期，教皇的权力已然登峰造极，如11世纪塞尔柱土耳其人的霸权以及10世纪诺曼人称霸的情况一样。而在教皇的统治下统一基督教会，比以往任何时候都更容易实现。

数个世纪间，一种朴素的基督教信仰，一步一个脚印地在这片开阔地区广泛传播，甚至到达了每一个角落。然而罗马本身却经历了一些黑暗与耻辱的阶段。而导致10世纪这些黑暗发生的教皇约翰十一世和约翰十二世，则没有一个作家会宽容其所作所为，因为他们都是该诅咒的人。

不过拉丁基督教徒的心灵仍是忠诚的，肉体还是简朴的，一般的教士和修女都过着信仰虔诚的生活。而也正是对于这样一种生活的无限信心迸发了力量，支持着教会经久不衰。历史上称得上伟大的教皇，有格列高里大教皇，即格列高里一世（590年—604年）；有利奥三世（795年—816年），即邀请查理曼做罗马皇帝并出其不意为其加冕的那一位。到了11世纪末，则有伟大的圣职者、政治家希尔德布兰德，即教皇格列高里七世（1073年—1085年），隔一任，则是第一次十字军东征时代的乌尔班二世（1087年—1099年）。正是这两个人开创了教皇控制皇帝的教权极盛期。从保加利亚到爱尔兰，从挪威到西西里岛，再到耶路撒冷，教皇在各地都有着至高无上的权力，格列高里七世就曾经迫使亨利四世皇帝来到卡诺萨堡，并让他赤着脚、身着麻衣站在城堡庭院的雪地中恭候三天三夜，以此请罪并乞得教皇的宽恕。另外，1176年，亚历山大三世在位时，弗里德里希皇帝也曾到威尼斯，跪在他面前，宣誓将永远效忠。11世纪初，教会的伟大力量主要来源于人们的意志与良心，但它却未能维持作为力量基础的道德威信。到了14世纪初叶，教皇的势力便开始明显地减弱。在基督教国家，人民失去了对教会的朴素信任，不再向它提出要求，也不再为其目的服务，这一切究竟是出于什么原因呢？

第一个原因即教会贪敛财富。由于教会永远存在，一些没有子嗣的人就把自己的遗产如土地等作为捐赠送给教会，而另一些有罪之人，为了忏悔祈求原谅甚至倾家荡产，结果，在欧洲的许多国家里，教会得到了本国四分之一的土地。而贪敛财富的欲望是无止境的，到了13世纪，就有这样一种说法在各地流传："牧师神父没好人，不是为了赚钱，就是为了遗产。"

而且各国国王和王侯们也是极不情愿要把权力转让给教皇，他们发现自己的领土没有用来支持那些封建领主发展军事力量，而是养肥了教会中的神父和修女，甚至，这些领土实际上还被外国人掌握。其实，早在教皇格列高里七世统治之前，国王与教皇之间就发生过关于"圣职任命权"的争执，即谁具有任命主教权力。如果教皇掌握了任命权，那么国王就失去了对国民良心的控制，还失去了相当大一部分的领土支配权。而且另一方面，牧师们称为了向罗马交税，他们应当免税，不仅如此，教会还一直要求获得额外的征税权利，以便其能向世俗财产征纳十分之一的税收，而这些财产是民众向王侯缴税之外的部分。

因此在11世纪，几乎所有拉丁语基督教国家的历史都有这样一种相同情况的记录：国王与教皇为圣职任命权发生争执，但最终都是教皇取得胜利。教皇宣称自己有权开除王室成员的教籍，有权解除属民对王室的义务，有权承认王位继承人。甚至，教皇还有权利开除国家的教籍，而国家一旦被开除教籍，除去洗礼、按手礼、补赎仪式之外，几乎所有的宗教职能都将停止，牧师也不许执行日常的各种礼拜、婚礼和葬礼。因此，依靠这两件武器，12世纪的教皇们才能控制一些心怀不满的王公贵族，威慑那些难以驾驭的民众。然而这些并不寻常的权力原本只能够在特定的场合才可以使用，可是教皇们却滥用这些权力，最后致使这些权力失去了它们的效力。据记载，在12世纪的最后30年里，教皇们陆续开除了苏格兰、法兰西、英格兰等国家的教籍，然后又因为他们无法忍受王室对自己的冒犯，从而进行了十字军征讨，最终使得十字军精神遭到破灭。

倘若罗马教会仅仅只与王公贵族们作对而能注意笼络普通公民的心，那么它或许还能继续永久统治所有的基督教徒。但是，由于教皇的种种最高权力，主教们在行动上就显得十分傲慢和狂妄。公元11世纪以前，罗马的主教是允许结婚的，因此，他与周围的人民能够密切联系，成为民众的一部分。但到了格列高里七世时代，为了使世俗百姓更接近罗马，教皇割断了神职人员与世俗百姓的密切联系，他禁止通婚，要求主教们独身，结果，这导致了教会与公众之间产生了隔阂。而且那时，教会还有了自己的法庭，它插手了各类案件的审断，无论是神职人员，还是一般民众的案件，就连有关遗嘱、结婚、誓约等文件，以及巫术和各种异教渎神的事件等，它都要进行审理。而且如果世俗人与神职发生了冲突，他也必须听任宗教法庭的处置。因此，不论平时还是战时，神职人员都被庇护在特权下，而各种义务则都落在了世俗百姓的头上。这样，在基督教的世界中，人们逐渐产生了对神父牧师的猜疑和仇恨。

但是，罗马教会似乎从来没有意识到一点，它的力量恰恰来自公民们的良心。可是它竟然与它的同盟者——人们的宗教热情进行斗争。而与此同时，当人们诚实地提出疑问或者迷惑的观点时，它强行灌输了正统派的教义。当教会干涉道德事物的时候，公众和它站在一边；但当它干涉教义时，公众就与它离心离德了。在法兰西南部，由于沃尔多主张人们应当在生活中恢复基督的朴素信仰，而这直接导致了因诺肯特三世对沃尔多及其门徒进行十字军征讨，他们企图用火、剑、凌辱和最残暴的刑罚使之屈服。而当阿西西的圣方济各（1181年—1226年）教导人们以基督为榜样，过一种清贫和为别人服务的生活时，他的追随者团体——方济各会也直接受到了教会的迫害，他们被迫解散，甚至有人还遭到了鞭笞，被关进了牢房。公元1318年，教会甚至在罗马烧死了4名方济各会的成员。另一方面，因诺肯特三世大力支持了由圣多米尼克（1170年—1221年）创办的正统教派多明我会，也就是在多明我会的帮助下，因诺肯特三世创立了机构宗教法庭，专门迫害异教徒和具有自由思想的人。

就这样，教会膨胀的欲望要求，不正当的特权，以及对民众毫无道理的迫害，彻底摧毁了民众的自由信仰。而教会却没有意识到这种自由信仰恰恰是它一切力量的根源所在。所以，之后教会势力的江河日下，并非来自外部有影响的敌人，而是由于自身内部日益加剧的腐朽。

第三十九章　封建诸侯们的反抗与教会的内部分裂

　　罗马教会在确保其领导权，与所有基督教国家进行斗争的过程中，暴露了一个极大的弱点，这就是选举教皇的方式。假如教皇一职是为了达到控制所有基督教国家的目的，首先，他就必须握有强大、稳定且持久的权力。要拥有这样的权力，至少要满足三个条件：首先，在位的教皇应该年富力强，这一点十分关键；第二，每个教皇都应有自己的继承人，教皇可以同他商讨教会的各项政策；第三，选举的形式和程序应该固定，且清楚明确，避免争议。遗憾的是，在这些方面，实际情况都没有达到要求。教皇选举中谁有选举权，并没有明确的规定，甚至在这个问题上，拜占庭帝国的皇帝与神圣罗马帝国的皇帝为了选举权的问题还发生过激烈的争吵。而伟大的教皇兼政治家希尔德布兰德（即教皇格列高里七世）曾为了建立选举的秩序颇费了一番心血。他规定只有红衣主教才有选举权，然后又限制了皇帝的权力，导致皇帝只能对教会所提交的公文决议做出例行公事的批准。然而在继承人的选举问题上，他却没做任何规定。这样，教皇的位置就不会因为红衣主教们之间的争议而空缺。但事实上，这种空缺状态时常出现，甚至有时长达一年有余。

　　16世纪以前，在关于选举教皇的整个历史中，我们时常可以看到由于没有明确规定导致教会问题频发的情况。其实很早之前就有选举出现了问题，有两个乃至更多的人都自称教皇。而一遇到这样的情况，教会就只能屈尊求援，请求皇帝或外部调停者来解决这一争端。之后，几乎每一个伟大的教皇死去时都会留下一大堆疑问；教皇一死，教会就群龙无首，乱了阵脚。而有的时候，继任者恰恰是前任教皇的死对头，于是他上任后专门诋毁前任，破坏其功绩。有的时候，继任者是个衰弱的垂暮之人，即使他成为教皇，也不过是在坟墓旁边多盘桓几日罢了。

而教皇组织中的这些弱点给了王侯们可乘之机。于是德意志的王侯、法兰西国王和统治着英格兰的诺曼系以及法兰西系的国王们等一些人都尽力操纵选举，争相使对自己有利的人登上罗马拉特兰宫的教皇宝座，而如果教皇在欧洲事务中的影响越是有力，地位越是重要，这一类干涉和争夺也就越为激烈。因此，在这种环境下，许多教皇软弱无能似乎也就不奇怪了，不过相反的是竟然还出现了不少才略过人的教皇，这就令人费解了。

在这个时期，就出现了这样一位教皇，他生机勃勃，饶有趣味，在未满38岁的时候，就荣幸地登上教皇的宝座，这就是英诺森三世（1198年—1216年）。他和他的继承者们与一位更有趣的皇帝弗里德里希二世不断展开激烈的角逐。而这位被封为"世界奇才"的皇帝曾与罗马展开激烈的斗争，可惜最后被罗马打败。这成了历史上的一个转折点，他的王朝因此开始崩塌，而教会和教皇的威信也被严重地破坏了。而之后，教会和教皇的势力便不断走向衰落。

弗里德里希二世是亨利六世的儿子，他的母亲是西西里诺曼王罗杰一世的女儿。1198年，他年仅4岁就承袭了西西里王国，而他的监护人是教皇英诺森三世。当时，诺曼人征服了西西里，宫廷里染上了大量的东方色彩，在他周围的又多是受过高深教育的阿拉伯人，这种情况下，这位年轻的国王的成长受到了来自这些因素的共同影响。显然，这些人都尽力用自己的观点去影响他，结果，他既接受了伊斯兰教徒眼中的基督教义，又接受了基督教徒眼中的伊斯兰观念。而这双重教导的不幸后果就是，在这个信仰至上的时代里，他有着自己独特的想法，并坦率地谈出自己的各种见解，甚至产生了"所有的宗教都是欺骗"这样一种观点，关于他的渎神和悖教言论都有记载。

随着年龄的逐渐增长，这个年轻人与其监护人产生了冲突。英诺森三世对他的要求越来越高。当弗里德里希继承王位的时候，教皇就以各种条件横加干涉，要求弗里德里希必须答应镇压在德意志的异教徒；要求其必须放弃自己在西西里和意大利南部的王位。而教皇之所以这样做，原因只有一个，就是这个年轻国王的力量过于强大。除此之外，德意志的主教们还要求免除各种赋税。对于这些附加条件，弗里德里希都接受了，但他根本就不准备履行这些诺言。为了达到自己的目的，教皇曾经残酷血腥地镇压华尔多教派，迫使法兰西王在法兰西挑起了一场战争，而同时他也要求弗里德里希在德国照此办理。但是，与那些因为朴实、虔诚招来教皇敌意的华尔多教派相比，弗里德里希恐怕是个更激进的异教徒，他完全不打算进行镇压。因此当英诺森三世强迫他组成十字军征讨伊斯兰教，收复耶路撒冷的时候，他嘴上虽一口答应，行动上却一拖再拖，迟迟不愿动手。弗里德里希在登上皇位以后，就留在了西西里，相比德意志，他更喜欢西西里作为居住地。而答应教皇的种种条件，他一项也没履行。公元1216年，教皇英诺森三世愤懑而死。

继任教皇霍诺里乌斯三世对弗里德里希依旧束手无策。再之后，格列高里九世接继教皇职位（1227年），他下定决心要制服这个年轻的皇帝，不论要付出什么代价。首先，他开除了弗里德里希的教籍，试图剥夺他在宗教上的心灵安慰。不过在西西里这个充满阿拉伯情调的宫廷中，这些做法似乎根本没有起到任何作用。于是教皇又以公开信的方式宣布了皇帝的恶德、背教和各种罪行。对此，弗里德里希的回击更为有力，也沉重地打击了教皇的势力。他给欧洲所有的王侯写了一封信，信中第一次明确地陈述了教皇与王侯之间的争执，并指出了教皇意图成为全欧洲绝对统治者的野心。因此，他建议各王侯组成同盟以对抗教皇，同时他还提醒王侯们要特别注意教会的财富。

在有力地打击了教皇以后，弗里德里希决定履行12年前许下的诺言，进行十字军东征。这是历史上第六次十字军远征（1228年），也可以说是一次滑稽的十字军远征。弗里德里希来到埃及后，与哈里发（卡米尔）进行了会晤。由于对基督教的怀疑态度，两人会谈甚欢，气氛融洽，而最后也达成了双赢的协议，哈里发同意将耶路撒冷交给弗里德里希。因此看来，这次十字军远征完全是一种新型的远征，一种通过私人交涉便完成目标的远征，征服者不必进行血腥的屠杀，也就不会导致最后的"乐极生悲"。不过由于这次令人惊叹的十字军远征是由一位被开除教籍的人物统领，所以在耶路撒冷王加冕仪式上全然没有宗教气氛，所有的主教都不得不回避，而他自己从圣坛上取下皇冠戴在头上。回到意大利以后，他将侵入领土的教皇军队全部赶了出去，并迫使教皇恢复他的教籍。而这样的做法，在13世纪已不会再招致民众的反抗，因为教皇专权的时代毕竟早已过去。

公元1239年，格列高里九世再次挑起了斗争，他又一次开除了弗里德里希的教籍，再一次将教皇权威推到了公开骂战中，结果使其严重受损。这种论战，封建诸侯们的反抗与教会的内部分裂在格列高里去世，英诺森四世继任后的年代中，仍在继续。而弗里德里希则又一次反击，他写了一封令人难以忘怀的进攻信件，在信中，他斥责了主教们的傲慢以及对宗教的漠视，并指出一切堕落均源自主教们的傲慢与财产。他还向各王侯们建议，为了保住教会的声誉，应当没收教会全部的财产。而这一建议，从此一直存在欧洲的君主们的头脑中。

我们就不再往下叙述弗里德里希的晚年了，那些特殊事件远不如他的平常生活有意义。如果把他在西西里宫廷生活中的某些片断拼在一起就可以窥见一斑了。他在生活上极为讲究，尤其喜爱美丽的东西，因此他曾被认为是放荡不羁的人。不过很显然，他又是一个十分好奇爱探究的人。在宫廷里，他不仅召集了基督教哲学家，还招来了犹太教和伊斯兰教的哲学家。同时他也不断用撒拉逊的文化影响去浇灌意大利人的心田。也是通过他，基督徒的研究者们才接触到了阿拉伯数字和代数。此外，他宫廷里的一位哲学家迈克尔·斯科特，还翻译了亚里士多德的一部分著作和阿拉伯大哲学家阿韦芳埃斯（科尔多瓦人）的相关评注。公元1224年，弗里德里希创建了那不勒斯大学，并扩大充实了萨勒诺大学的大医学院。他还创建了一个动物园，并且创作了一部关于放鹰的书，而从这一点上可以看出他是一个精于观察的人，如观察鸟类的习惯。此外，他第一次尝试用意大利文写诗，于是他的宫廷里诞生了第一批意大利的诗歌。后来，一位有才气的作家称他为"第一个现代人"，这恰恰说明了他没有偏见，超然与平等地对待知识。

教皇权力衰落更明显的征兆，表现在教皇不断与权力增长的法国国王发生冲突上。弗里德里希在世期间，德意志就已经陷入分裂。而继霍亨施陶芬王朝诸帝之后，法兰西国王开始扮演了教皇的护卫者、支持者和竞争者的角色。一连几代教皇的政策都是支持法兰西君主。因此在罗马的支持和赞助下，法国的亲王们建立了西西里和那不勒斯王国，而法兰西诸国王也由此看到了恢复和统治查理曼帝国的可能。不过，当德意志的霍亨施陶芬王朝最末一个皇帝弗里德里希二世死亡以后，由于无人继承王位而出现了虚君时代，直到哈布斯堡家族的鲁道夫被选为第一个哈布斯堡王朝的皇帝（1273年），才结束了虚君时代。于是，罗马的政策开始摇摆于法兰西与德意志之间，以相继任职的各位教皇的好恶为转移。而在东方，希腊人于公元1261年从拉丁系皇帝的手中夺回了君士坦丁堡。新的希腊王朝的缔造者迈克尔·巴列奥略（Michael Ⅷ Palaiologos，1223年—1282年），即迈克尔八世，经过了几次假意试图同教皇和解之后，终于与罗马教会完全割断了联系，再加之亚洲拉丁诸王国的陷落，教皇们东向扩展的优势遂告结束。

公元1294年，博尼法斯八世继任教皇。他充满了罗马伟大传统的意识和使命感，且是一位敌视法国的意大利人，有一时期，他完全专断独行。1300年，他主持大庆典，广大朝圣群众聚集在罗马。"流入教皇财库的金钱如此之多，以致两个助手不得不用耙子来收集圣彼得墓上堆集的献奉物。"然而这次庆典不过是个虚有其表的胜利。1302年，博尼法斯和法国国王发生了冲突。1303年，正值他要颁布开除法王教籍的决定时，他在自己的故宫阿纳尼中意外遭到了纪克姆·德·诺加雷的逮捕，当时教皇正手捧十字架躺在床上对他进行大肆的威胁和辱骂，法王的部下闯进了教皇的卧室将其逮捕。两天以后，教皇被镇上居民释放，回到罗马。没想到又被阿西尼家族的某些人拘捕，于是教皇又一次成了阶下囚。几个星期以后，这个受了惊吓、心中幻想又破灭的老人，最终像个囚犯一样死在了他们手中。

不过阿纳尼人民对这种前所未有的侮辱教皇的暴行却是十分愤怒，他们奋起反抗诺加雷，并抢出了博尼法斯。不过这次反抗的缘由只不过在于阿纳尼是教皇的老家。其实对于法兰西国王的这次粗暴对待基督教世界首脑的行为，法兰西民众是完全赞成的。法王在采取行动之前，就曾经召集了法国的三级会议（贵族、教会和平民）并获得了所有人的同意。而且，不论是意大利、德意志还是英格兰，民众对这次行动都没有表示不赞成，如此看来，基督教世界的观念已经衰落到了完全失去人心的地步。

整个14世纪，罗马教廷始终没能恢复其在道义上的权威。而下一任教皇克勒芒五世是法国人，由法兰西国王菲利普钦定。不过他一直没去罗马，而是把教廷设在了阿维尼翁镇。该镇尽管地处法国境内，此时却不属法兰西，而是罗马教皇的辖区。继任的几世教皇都住在这里，直到1377年教皇格列高里十一世将教廷迁回到罗马梵蒂冈宫为止。但格列高里却并没能把整个教会的共同精神带回罗马，因为许多红衣主教都是法兰西人，他们的习惯和社会联系都在阿维尼翁深深地扎下了根。公元1378年，格列高里十一世去世，意大利人乌尔班六世当选教皇，不过却有不少红衣主教们持不同意见，他们宣布选举无效，并且另选了克勒芒七世当教皇，与罗马教皇分庭抗礼。历史上称这次分裂为"教皇分立"。因此，罗马教皇们仍住在罗马，凡反对法国的势力的，如德意志皇帝、英格兰王、匈牙利、波兰和欧洲北部诸国，都忠于罗马教皇；而对立的教皇们则住在阿维尼翁（法国东南部城市，1309年至1377年这近70年共有7位教皇在此居住。），他们得到了法王及其同盟者苏格兰王、西班牙、葡萄牙以及德意志诸君王的支持。每个教皇都把对方的信徒开除出教，并对他们施以诅咒。

显然，此种形势下，为了自己的未来，全欧洲的民众都开始思考宗教事务如何发展。

在前面一章，我们曾经提到过方济各会和多明我会。在基督世界中，这两个教派只是在众多兴起的新教派中的个别代表。这些新教派根据自己的观点，对于教会或支持或反对。而对于方济各会和多明我会，教会是进行同化和利用的，尽管对前者曾进行过暴力镇压。但对其他教派，教会是明确批判以及无法容忍的。一个半世纪以后，有个牛津大学的博士，名叫威克利夫（1320年—1384年），他学识渊博，不过直到晚年，他才开始坦率地批评主教的腐败和教会的愚昧。他组织了一个威克利夫教派，召集了许多贫苦的牧师，然后在英格兰各地传播他的思想。而且为了便于人们区分教会和他，判断谁是谁非，他甚至把《圣经》译成了英文。比起圣方济各和圣多明我，他更博识，也更能干。因此，在上流社会中，他获得了许多人的支持，而在人民大众中，他又得到了大批信徒的追随。尽管罗马教会痛恨他，下令逮捕他，但直到去世，他始终是一个自由的人。然而，邪恶和腐朽的势力，却不甘心让他的尸骨安葬。1415年，康斯坦茨宗教会议发布了一项教令，要把他的遗骸掘出并焚毁。1428年，教皇马丁五世下令，弗莱明主教执行了此项行动。而这种亵渎神灵的举动，并非某一狂妄者的冲动，竟然是教会的正式活动。

第四十章　蒙古人对世界的征服

　　13世纪，正当欧洲在教皇的统治下，企图通过战争统一所有基督教国家之时，广大的亚洲舞台上却正发生影响更为深远的历史事件。发源于中国北部的鞑靼人，逐渐显露出他们的卓绝才能，登上了世界舞台，他们之后进行的一连串征服行动在历史上无可比拟，这些鞑靼人就是蒙古各族。13世纪初，蒙古人是骑马游牧的部落，他们的生活方式与其先驱匈奴人十分相似，以羊肉和马奶作为主食，住在毛毡的帐篷内。此时，他们已经脱离了中国的统治，纠集了许多别的土耳其部落，形成一个军事同盟，并将自己的大本营设在了西伯利亚的鄂嫩河畔。

　　而此时的中国早已分裂。大唐帝国从10世纪开始逐渐衰落，在一系列分裂与战争之后，形成了3个主要的帝国，北方是设都北京的金国，南方是设都南京的宋朝，此外是中部的西夏帝国。1214年，蒙古各族同盟的领袖成吉思汗向金国宣战，并于当年攻占北京。接着，他挥军西进，相继征服了土耳其、波斯、亚美尼亚、印度，一直远抵拉合尔。此外，他还征服了俄罗斯南部、匈牙利和亚里西亚。当他去世的时候，他已经建立了一个幅员辽阔的大帝国，成为从太平洋到第聂伯河大片领土的统治者。

　　他的继承人窝阔台汗在蒙古的哈拉和林建立了永久性首都，继续着令人惊叹的征服生涯。他把军队训练得极具战斗力，当时，他们已经拥有了中国人所发明的火药，并用火药制成了火炮。之后，他终于完全征服了金国。而后，他又挥军跨越欧洲，直指俄罗斯（1235年），进展之神速，令人叹为观止。1240

年，基辅也陷落了，至此，几乎整个俄罗斯都成了蒙古人属下的纳贡国。而后，波兰也惨遭蹂躏。1241年，在西里西亚的利埃格尼兹战役中，波兰人与德意志人的联军全军覆没，而皇帝弗里德里希二世似乎也根本没有决心抵挡这潮水般涌来的军队。

关于这次战争，伯里在注释吉本的《罗马帝国兴衰史》的时候说："直到最近，读欧洲的历史才开始理解，1241年春天那支蒙古军队，它蹂躏了波兰、占领了匈牙利，之所以能赢得胜利，绝非仅仅是由于在数量上占压倒优势，而是因为其制订了一个完美无缺的战略。但是这一事实却还没有得到普遍的承认。那种把鞑靼人说成是靠人多势众才处处得手的野蛮游牧部落，认为他们毫无战略计划，之所以驰越东欧全凭着压倒之势才冲破所有的障碍等这样一些庸俗的见解，迄今仍广为流行……""从维斯瓦河下游到特兰瓦西尼亚的军事部署中，令人惊异的是，指挥官的意图得到了十分准确而又有效的执行。这样一场战役完全超出当时欧洲任何一个军队的作战能力，超出了任何一位指挥官的预见力。在欧洲，上自弗里德里希二世，下至一般将军，在战略上与速不台比较，则都显得十分幼稚与浅薄。此外，我们还要注意到，蒙古人用了优秀的暗探组织系统获取了情报，然后在充分了解了匈牙利的政治形势和波兰的状况后才发动这场战争。而相反，匈牙利人和基督教诸国，却像一群幼稚的野蛮人，对自己的敌人一无所知。"

尽管蒙古人在利埃格尼兹大获全胜，不过他们却没有乘胜继续西进，原因在于他们的战术并不适用于森林和丘陵地带，因而继续西进无益。于是，他们转而向南，准备到匈牙利定居，屠杀或同化与他们有血缘关系的马札尔人，如同当年马札尔人屠杀和同化之前的斯基泰人、阿瓦尔人和匈奴人的混血后裔一样。之后，他们也许会从匈牙利平原向西方和南方侵袭，就如同9世纪的匈牙利人、7—8世纪的阿瓦尔人以及5世纪的匈奴人那样。不过，由于窝阔台的突然去世，加上1242年继承问题的纠纷，这支攻无不克的蒙古军队才奉召回师，经匈牙利和罗马尼亚返回东方。

这以后，蒙古人的主要力量集中在征服亚洲。13世纪中叶，他们征服了中国宋朝。1251年，蒙哥继承窝阔台成为大汗，并任命其弟忽必烈统理中国。1280年，忽必烈正式登基成为中国的皇帝，国号元。而元朝统治一直持续到公元1368

年。当蒙古人正在消灭宋朝的残余力量时，蒙哥的另一个弟弟旭烈兀进攻了波斯和叙利亚。蒙古人极为仇视伊斯兰教，因而在占领了巴格达以后便进行了残酷的屠城，他们甚至彻底破坏了苏美尔人从远古以来就兴建起来的灌溉系统，而之前正是依赖于这一灌溉系统，美索不达米亚地区的种族才得以繁衍生息。从此美索不达米亚彻底荒芜，只有很少的人居住在那里。不过，蒙古人始终没有实现进攻埃及的计划，而公元1260年，埃及苏丹在巴勒斯坦彻底击溃旭烈兀的军队。

这次战败以后，蒙古人的胜利便逐渐减少。而大汗的领土也分裂成若干个国家。在东方，蒙古人同化成了佛教徒。到了公元1368年，明朝终于推翻了元朝的统治，这个朝代一直持续到公元1644年。

而俄罗斯人此时则仍然需要向东南草原地区游牧的鞑靼人进贡，直到1480年莫斯科大公拒绝了这一臣属义务，奠定了近代俄国的基础为止。

14世纪，成吉思汗后裔帖木儿从土耳其斯坦兴起，于1369年获得大汗称号，他带领着蒙古人又一次恢复了短时期的活力。他先后征服了从叙利亚到德里的大片土地，不过他的帝国随着他的去世而告终。到了1505年，帖木儿的后裔、冒险家巴贝尔，纠合了一支军队，通过使用枪炮等装备进攻印度平原。而后他的孙子阿克巴（1556年—1605年）则彻底征服了印度，建立了一个蒙古人的王朝（阿拉伯人称其为莫卧儿王朝），他建都德里，统治着印度的很大一部分地区，一直延续到18世纪。

13世纪蒙古人第一次所掀起的征服风暴所造成的结果之一，就是把土耳其部落（后来人们称之为奥斯曼土耳其），从土耳其斯坦驱赶到小亚细亚。而后，他们在小亚细亚扩张自己的势力，并跨过达达尼尔海峡入侵马其顿、塞尔维亚和保加利亚等地。最后，他们占据了君士坦丁堡周围的领土，将此城变成了一座"孤岛"。1453年，奥斯曼苏丹穆罕默德二世从欧洲发起进攻，以猛烈的火炮攻克了君士坦丁堡。而这一消息震惊了整个欧洲，一时间，组织十字军的浪潮甚嚣尘上，不过，毕竟十字军的时代已经过去了。

16世纪，奥斯曼的苏丹们相继征服了巴格达、匈牙利、埃及和北部非洲的大部分土地，他们的舰队称霸于地中海之上。罗马帝国都要向他们纳贡，甚至就连维也纳也险些被攻陷。由此看来，15世纪似乎只有两件事可以冲淡欧洲基督教国家普遍衰败的印象，一件是莫斯科公国的复兴与独立（1480年），另一件则是基督教徒逐渐夺回了西班牙。公元1492年，西班牙半岛最后一个伊斯兰国家格拉纳达也终于落入阿拉贡国王费迪南和王后卡斯提尔的伊莎贝拉手中。但是直到公元1571年，基督教徒才在勒潘多海战中打掉了奥斯曼人的傲气，夺回了地中海的制海权。

第四十一章　欧洲人理性的回归

纵观整个12世纪，有大量迹象表明，欧洲的科学开始复兴了。这也说明欧洲人恢复了理智，重视起科学与思想，他们效仿早期的希腊人以及意大利人卢克莱修，开始进行科学研究与理性探索。而使得科学复活的原因有很多方面。在查禁私斗、十字军征战等混乱局面之后，人们迎来了舒适安宁的环境，加上远征对人们的刺激没了，这些给科学的复活提供了前提条件。而后贸易开始活跃，城市也恢复了自由和平安，且教会还提高了教育标准，并不断向世俗人社会扩展。13、14两个世纪，那些独立的或半独立的城市开始飞速发展，例如威尼斯、佛罗伦萨、热那亚、里斯本、巴黎、布鲁日、伦敦、安特卫普、汉堡、纽伦堡、诺夫哥罗德、威士比和贝亨等。这些城市发展成了商业中心，有大量商旅来来往往，经商的人来这里洽谈事务，旅行的人在这里停留思考。而教皇挑起与王室的论战，以及迫害异教徒的野蛮行径，都激起了民愤，人们因此不再相信教会的权威，也对教会的一些根本性的结论产生了疑问和争执。

前面已经谈到了，阿拉伯人是如何促使亚里士多德精神在欧洲复活的，如弗里德里希二世这样的君王，又是如何推进欧洲人开始接触阿拉伯哲学和科学的。

前文还提到了，犹太人是如何通过理念激起了人们的运动，其实他们本身的存在就是对教会各种规定的推翻。最后，炼金术士那些神秘又极具诱惑力的研究广泛地传播开来，于是人们开始重新开展那些过程微妙但效果明显的实验科学研究。

人类精神逐渐觉醒，不仅仅是那些教养好、思想独立的人，连普通百姓也开始进行了思考，而这种情况在人类历史上前所未见。尽管教士强行压制和迫害自由的思想，但有基督教教义的地方，就有自由的思想产生，每个人也都与上帝建立了良知与正义的直接联系。这样，哪怕是面对君王、主教和信条等权威，只要有必要，人们就有勇气做出自己的判断。

　　早在11世纪，欧洲就再一次进行了关于哲学的讨论。在巴黎、牛津、波洛尼亚和其他中心城市，大学发展迅速，规模逐渐扩大。在那里，中世纪的"经院学派"挑出一系列概念，对其价值和意义提出疑问，并反复地进行讨论。而这些概念在即将到来的科学时代中帮助人们澄清了思想，起到了巨大的作用。此时，牛津方济各会的修士罗吉尔·培根，天资卓越，傲然于世，他被称为近代实验科学之父，是历史上仅次于亚里士多德的杰出人物。

　　他有一篇著名的演说，嘲笑世人，措辞激烈，而令人难以置信的是他还大胆道破了那个时代的无知。在今天，也许人们可以随意批判这个世界的严肃与愚蠢，批判一切幼稚、拙劣的方法，甚至批评各种教条只是哄骗孩子的玩意儿，都不用担心会招来杀身之祸。然而中世纪的人们却极为虔诚地相信着名言，他们认为是这些信条保护他们躲避虐杀，免受饥饿和传染病的折磨，所以他们认为自己的信条完满无缺，从而激烈地反抗着一切对这些信条的批判。而罗吉尔·培根的演说则犹如长夜中划破黑暗的一道闪电，它不仅抨击了当时的愚昧，还提供了丰富的启示促进人类知识的增加。他热情主张人们必须要进行实验和积累知识，这项主张则又一次继承了亚里士多德的精神。"实验，实验，再实验！"这就是罗吉尔·培根的核心主张。

　　但是，罗吉尔·培根同样也顶撞了亚里士多德本人。他之所以顶撞这位伟人，原因在于，人们只是一味地坐在屋里，通过阅读拙劣的拉丁文译本来学习这位伟大人物的著作，却逃避现实。他用激越的笔调写道："要是让我放手去干，我就把亚里士多德的书统统烧掉。因为学习它们只是浪费时间，制造谬误和增加无知。"倘若亚里士多德死后有知，当他看到人们不是阅读学习而只是崇拜他的著作，而且如培根所说，还是通过那些最不可靠的译文，恐怕也会大力赞同这种说法。

为了避免牢狱之灾或其他灾祸，他也不得不假意在表面上附和正统派的观点，但是在他的著作中，培根自始至终都在向人们大声疾呼："不要再受教条和权威的统治了，看看这个世界吧！"他揭示和谴责了无知的4个主要来源：过分尊崇权威、习惯势力、无知群众的感受和人类自以为是不肯受教的天性。只要能克服这些毛病，展现在人们面前的将是一个更有力量的世界。"没有桨手的大船可能出现，它只需要由一个人来驾驶，适合在江河湖海上航行，而且比装满了桨手的大船航行得更快。同样，人们也可以造出不用畜力拖动，而由难以设想的动力来牵引的车子，犹如古人作战用的上面装有钩刀的战车。飞翔的机器也可能出现，一个人坐在里面操纵某个机关，人工的翅膀就会像飞鸟的翅膀一样振动高飞。"

不过，尽管罗吉尔·培根是这么写的，但是这种他清楚地意识到的人类强大力量在人类纷繁事务的遮蔽下，直到3个世纪之后才被探索出来，然后人们才开始真正进行系统的尝试。

但是，撒拉逊人世界提供给基督教国家的，绝非只是哲学家的思想和炼金术士们的研究，他们还给世界带来了纸。在某种程度上来说，正是纸给欧洲理性的复活提供了可能。纸起源于中国，使用历史大概可以追溯到公元前2世纪。公元751年，中国人曾袭击撒马尔罕的阿拉伯人，然后被击败。被俘获的中国人中有一批熟练的造纸行家，于是造纸的技术就这样传了过来。9世纪以来，一些阿拉伯纸质的文件依然完好地保存到了现在。造纸术传入欧洲，或者是经由希腊，又或者由于收复西班牙的时候，基督教世界俘获了莫尔人的造纸作坊。不幸的是，在基督教西班牙人的统治下，纸的质量下降了，直到13世纪末，欧洲基督教才造出质量上乘的纸张。而后意大利造纸业迅速发展，领先于世界。到了14世纪，造纸技术传到了德意志。这个世纪的末叶，纸张开始量产，且价格便宜，随着印刷业的蓬勃发展，书籍印刷出版开始盈利。在这种情况下，印刷术就自然而然地被发明出来，并成为当时最为显著的一项创造。从此，世人的理性生活又进入了一个更具活力的崭新阶段。它不再是一股涓涓细流、从一个人到另一个人的思想传输，而是汇成了滔滔的洪水，无数人的思想在这里碰撞汇聚。

印刷术这一成就的直接后果之一，就是大量圣经的出现。然后另一结果就是教科书便宜了，因此，知识迅速传播开来。于是，不仅世界上的书籍数量增加，而且书的印刷更为清楚，更有利于阅读与理解。读者无须再绞尽脑汁去推敲印记模糊的字的含义，便可以通畅地进行阅读与思考。读书更加容易，因而越来越多的人开始读书，书籍也不再是作为用来装饰的玩物或为学者们珍藏，学者们开始写适合普通人阅读的书籍，而且他们也改用通俗的语言，不再使用拉丁文。到了14世纪，欧洲的文学史便开始真正地展开了自己的画卷。

　　以上所说，都是撒拉逊人对欧洲人理性复活的促进作用。现在，让我们再来看一看蒙古人的征服活动对欧洲的影响，它极大地刺激了欧洲人的地理想象力。在大汗统治的某一时期里，整个亚洲和西欧开始进行公开交往。所有的道路都暂时得到开放，各国的代表也都出现在了哈拉和林的宫廷中。而基督教和伊斯兰教宗教之间的宿怨在欧洲树起的壁障此时也降低了。于是，罗马教廷滋生了这样一种愿望，让只信奉一种原始萨满教的蒙古人皈依基督教。此时，蒙古人的宫廷里汇聚了教皇的使节、来自印度的佛教僧侣，巴黎、意大利和中国的工匠，拜占庭和亚美尼亚的商人，阿拉伯的官员，波斯和印度的天文学家与数学家。历史上，蒙古人一直展现给我们的是他们征讨与屠杀的一面，然而他们对学问的好奇与追求，我们却关注得太少。也许他们这样一个民族并不那么富有创造力，但是在知识和方法的传播方面，他们却起了巨大的作用，影响了世界历史的发展。从成吉思汗和忽必烈那模糊而充满传奇色彩的人格上我们不难看出，如同浮华而自负的亚历山大大帝，或政治幽灵的招魂者、精力过人却目不识丁的神学家查理曼大帝一样，他们也是颖悟且有创新性的君主。

　　在这些访问蒙古人宫廷的人当中，有一位非常有趣的人物，他就是威尼斯人马可·波罗，13世纪意大利世界著名的旅行家和商人。17岁时跟随父亲和叔叔，历时四年多经中东到达蒙古帝国。曾在中国游历17年，去过当时中国的许多古城。返回欧洲后，因事被捕入狱，在狱中口述了大量有关中国的故事，由其狱友鲁斯蒂谦记下，这就是著名的《马可·波罗游记》。它记述了马可·波罗在东方最富有的国家——中国的所见所闻，从而激起欧洲人对东方的热烈向往。他后来把自己的经历写成了书。大约在公元1272年，他随同父亲和叔父第一次来到了中国，并谒见了大汗。而这是长辈的第二次拜见，在此之前，两位长辈曾经来过中国一次，因为当时是大汗第一次见到"拉丁人"，他们给大汗留下了深刻的印象。而且，大汗对于欧洲物品十分好奇，故委托他们携带他的信件返回欧洲，聘请能说明基督教原委的教师和学者。

这一次中国之行，他们不再取道克里米亚，而是途经巴勒斯坦。由于他们随身带着大汗的金牌和其他证物，故旅途便利了很多。又由于大汗曾提出要得到圣墓中燃灯的灯油，故他们先去了耶路撒冷，然后取道西利西亚进入亚美尼亚。不过由于埃及苏丹此时正进犯伊儿汗国领土，所以他们向北绕了远道。从亚美尼亚出发后，他们原本打算走海路，经由美索不达米亚抵达波斯湾上的霍尔木兹，他们在霍尔木兹遇上了一些印度商人，最后由于某种原因，他们放弃乘船，改为陆路向北通过波斯沙漠来到巴尔克，再翻过帕米尔进入喀什噶尔，然后经由和田、罗布泊来到黄河流域，最终抵达北京。而此时大汗正在北京，便极为隆重地款待了他们。而马可由于年少聪慧，精通鞑靼语，特别受忽必烈的喜爱。于是，忽必烈授予他官职，并屡次派他出使中国西南部。他在书中不由自主地描绘了这片领土的辽阔和繁荣："一路上到处是为旅客设置的豪华舒适的旅馆"，"幽雅的葡萄园、田野和花园"，还有佛教和尚们住的"众多寺庙"，大批生产的"织锦与各种精美的绢纱"，以及"连绵不断的城市和乡镇"，等等。这些描写起初遭到了人们的怀疑，但接着则勾起了整个欧洲的想象力。他还谈到了蒙古与缅甸的战争，谈到缅甸军队虽然是由数百只大象组成，但是蒙古人是如何利用弓箭完全将这些大象击溃的，还有关于蒙古人对勃固的征服。他还谈到了日本，并且大大夸张了这个国家的黄金数量。马可曾被任命为宣慰使，治理扬州城8年，而在中国人的眼中，他完全不像是一个外国人。他还可能曾被派遣出使过印度。中国的记载中曾提到，在1277年，中书省的官有个名叫波罗的人，而这很好地佐证了马可·波罗的故事是真实的。

《马可·波罗游记》的出版在欧洲引起了强烈的反响，它激起了人们的无限想象。欧洲的文学，尤其是15世纪的欧洲传奇小说，就经常引用马可·波罗故事中的名称，比如契丹（中国北方）、汗八里（北京）等。

两个世纪以后，《马可·波罗游记》又多了一个热心读者，他是一名热那亚水手，名叫克里斯托弗尔·哥伦布。之后，他产生了一个异想天开的念头，就是向西航行绕到中国去。后来在塞维利亚，就留存有一本哥伦布加了批注的《马可·波罗游记》。这位热那亚人之所以会产生这样的念头，其实有着多方面的原因。

首先，君士坦丁堡原是地处东西两个世界中间的一个贸易中心，热那亚人一直在这里进行自由的贸易，直到1453年被土耳其人攻占。而当时，热那亚人的主要竞争者拉丁系的威尼斯人，后来却成了土耳其的同盟者和支持者，共同对抗希腊人。因此，当君士坦丁堡落入土耳其人手中后，他们就疏远冷淡了热那亚。

其次，人们遗忘许久的"世界圆形"说，此时在人们心中逐渐复活，而且越来越占优势。人们相信，"向西航行，最终必可抵达中国"。而这一想法，又得到了另外两件事情的进一步支持：一件是指南针的发明，使人们从此确定自己的航行方位时不必再依靠夜里的星辰；另一件是诺曼人、泰罗尼亚人、热那亚人和葡萄牙人此时已经出航大西洋，远抵加那利群岛、马德拉群岛和亚速尔群岛。但是，哥伦布获得出海的船只并不容易，他克服了重重困难，才最终可以起航自己的理想。他游说了欧洲一个又一个宫廷，好不容易才获得了格拉纳达（此时刚刚从莫尔人手中夺回来）的斐迪南和伊萨伯拉的资助，然后，他就驾驶着3艘船只，开始了他横渡未知海洋的伟大壮举。在航行了两个月零9天之后，他们终于来到了一片陆地上，他们原以为这里便是印度，后来证明这是一片新大陆。而在此之前，它的存在却不为人知。于是，哥伦布带着黄金、棉花、珍奇的鸟兽以及准备受洗礼的两名目光灼人、身刺花纹的印第安人回到了西班牙。之所以称其为印第安人，是因为哥伦布至死都以为自己找到的大陆是印度。直到几年以后，人们才知道，这块陆地是美洲大陆，是世界的另一部分。

哥伦布的成功，刺激了渡海冒险事业的迅速发展。1497年，葡萄牙人绕非洲抵达印度；1515年，葡萄牙船只航抵爪哇；1519年，麦哲伦，一位受雇于西班牙的葡萄牙水手，率领5条船只，从塞维利亚出发向西航行。而其中一条名为维多利亚号的船只第一次环绕地球一周，直到1522年返回塞维利亚河口。它出发时有280人，最后只有31人得以生还。而麦哲伦本人也在菲律宾群岛被土著人杀死。

纸质印刷书籍的出现，世界是球形的新现实，奇异的动植物，奇特的风俗习惯，以及在海外、天空、远航的路途中发现的各种生命物质，突然打开了欧洲人的心扉。那些久被埋没和遗忘的古希腊经典，也再次被印行，被研究，并给人们的思想附着了柏拉图梦想和共和国时代自由与尊严的色彩。罗马的统治曾给西欧第一次带来了法律与秩序，拉丁教会又将它恢复。但是不管是异教还是天主教，好奇心和革新精神都在他们的统治下被宗教组织压抑和窒息了。拉丁精神的时代正走向最后的崩溃。13世纪至16世纪，由于闪米特人和蒙古人对欧洲的刺激与影响，以及古希腊经典的重新发现，欧洲雅利安人才得以摆脱了拉丁传统，再次占据人类理智和物质的领导地位。

第四十二章　查理五世皇帝

　　就某种意义而言，神圣罗马帝国在查理五世统治时期达到了最辉煌的顶点。查理五世是有史以来欧洲少数几个最为杰出的君王之一。有那么一段时间，他甚至赢得了查理曼大帝以后最伟大的皇帝的赞誉。其实，他的伟大之处并非在于他的所作所为，而应归功于他的祖父马克西米利安一世皇帝（1459年—1519年）。各个家族为了获得霸权，无所不用其极。有的家族借助于阴谋，有的家族诉诸战争，而哈布斯堡家族却以联姻的方式获取霸权。马克西米利安一世就是靠着哈布斯堡家族的遗产来逐步实现自己的目标的。哈布斯堡家族的遗产包括奥地利、施蒂里亚、阿尔萨斯的一部分和其他一些地区。此外，马克西米利安一世又通过婚姻——他妻子的名字对我们来说无关紧要——获得了尼德兰和勃艮第的统治权。在他的第一位妻子过世后，马克西米利安一世虽然失去了对勃艮第的绝大部分地区的统治权，但是他依然保住了尼德兰。后来，他又打算通过联姻的方式取得布列塔尼，可惜并未能如愿。公元1493年，他接替父亲弗里德里希三世登上了皇帝宝座，并通过联姻取得了米兰公国。最后，他让自己的儿子与支持哥伦布探险活动的斐迪南和伊莎贝拉的弱智女儿结了婚。此时，斐迪南和伊莎贝拉不仅统治着刚刚实现了国家和民族统一的西班牙，而且还统治着撒丁岛、两个西西里王国和巴西以西的整个美洲。他的孙子查理五世青出于蓝而胜于蓝，继承了美洲大陆的大部分地区和除土耳其之外的欧洲的三分之一乃至二分之一的广袤土地。1506年，他继承了尼德兰。10年后，他的外祖父斐迪南去世。由于他的母亲是个弱智，所以查理五世变成了实际上的西班牙国王。1519年，他的爷爷马克西米利安也去世了。第二年，年仅二十多岁的他便登上了皇帝的宝座。

新皇帝查理长着厚厚的嘴唇和宽宽的下巴，头发金黄，脸色白皙，怎么看都是一个不太机灵的人。查理很快就发现，他生活在一个属于年轻人的充满活力的世界当中。查理生活的时代是欧洲史上年轻有为的君主们辈出的光辉时代。1509年，年仅18岁的亨利八世登上了英国的国王宝座。1515年，年仅21岁的弗朗索瓦一世继承了法国王位。此时的印度正处在巴贝尔时代（1526年—1530年），土耳其则处在苏里曼时代（1520年）。巴贝尔和苏里曼都是十分杰出的年轻君主。此外，此时的教皇利奥十世（1513年）也是一位非常杰出的教皇。教皇利奥十世和法王弗朗索瓦一世都曾试图阻止查理当选为皇帝。因为，他们对如此庞大的权力集中在一个人的手中感到十分不安。他们两人都将自己提名为皇帝的候选人。但是，由于自1273年以来哈布斯堡家族便皇帝辈出，加之查理为了当上皇帝利用了很多不光彩的手段，所以皇帝宝座最终还是落到了查理的手中。

起初，查理不过是权臣们眼中的一个傀儡而已。但是，他开始渐渐地主张自己的权力，并逐步地掌握了实际的统治权。同时，他也逐渐意识到，自己的地位固然是高贵的，但其中也隐隐包含着某种复杂的甚至具有强烈危险性的因素。

从登上皇帝宝座之初，他就面临着马丁·路德在德国发起的宗教改革所带来的冲击。考虑到教皇利奥十世强烈反对他当选皇帝，查理五世理应支持马丁·路德的宗教改革。但事实上，查理自幼生活在宗教观念极为保守的西班牙，天主教的教义在他的脑海中根深蒂固，所以他竟然与教皇站到了一起，强烈反对马丁·路德发动的宗教改革。他与那些赞成新教的诸侯王，特别是萨克森的选帝侯们，发生了激烈的分歧。查理五世逐渐发现，基督教世界极有可能因此而分裂成两个互相敌对的阵营。他试图来修补这道裂痕，可惜未能成功。此时，德国境内爆发了波及全国的农民大起义。这次大起义的突出特点是政治问题和宗教问题掺和在了一起。这场骚乱以及东西两大帝国对神圣罗马帝国的进攻，使得查理五世面临着极为复杂的形势。在西边，雄心勃勃的法王弗朗索瓦一世虎视眈眈；在东边，贪得无厌的土耳其人得寸进尺，已推进至匈牙利。更为糟糕的是，土耳其人与法王弗朗索瓦一世结成了攻守同盟，严重威胁着查理五世的统治。查理五世固然掌握着西班牙的财政大权和军队，但是他如果想从德国获得经济上的援助则是一件极为困难的事情。紧迫的财政问题使他进一步处于艰难的处境，查理五世面临着毁灭性的借贷。

查理想到了一个解决办法，那就是联合英王亨利八世来对付法王弗朗索瓦一世和土耳其人。事实证明，这个办法取得了成功。当时，双方交战的主战场是在今天意大利的北部。不过，双方的这场战斗打得一点儿都不精彩。哪方能取胜，主要看哪方的援军能否抢先赶到。德军虽然成功地攻入了法国境内，却未能拿下马赛，只得退回意大利，紧接着又丢了米兰，反被法军围困在了帕维亚。不过，弗朗索瓦一世始终未能拿下帕维亚，反而遭到了德国援军的痛击，连他本人都做了俘虏。查理虽然成功地扭转了局面，但紧接着便陷入了更加危险的境地。一直对他心存芥蒂的教皇居然怂恿英王亨利八世反水，掉过头来一起对付查理。这时，驻扎米兰的德军，由于长期领不到军饷，竟然挟持着统率攻入了罗马城，并对罗马城进行了大肆洗劫。教皇仓皇出逃，跑到圣安极乐城堡避难。经过讨价还价，教皇最终以40万杜卡特的金币作为代价，使德军撤出了罗马城。这场历时10年的大混战，使欧洲本就窘迫的处境越发艰难。最后，查理五世取得了最终的胜利。1530年，他在波伦亚受到了教皇的加冕。不过，查理五世是最后一位由教皇加冕的德国皇帝。

与此同时，土耳其人则在向匈牙利大举进犯。1526年，他们打败并杀死了匈牙利国王，占领了匈牙利首都布达佩斯。3年后，土耳其苏丽曼大帝甚至差点儿拿下维也纳。查理五世对此深感忧虑，他当然想把土耳其人赶走，可他发现他所面临的最大问题是如何将德国的诸侯王们团结起来。正在这时，不甘失败的法王弗朗索瓦一世再度挑起了战争。查理五世积极对法国用兵，最终在1538年迫使法王弗朗索瓦一世屈服。随后，法王弗朗索瓦一世与查理五世缔结了同盟，共同对付土耳其人。但是此时的德国诸侯王们，已经决意与罗马教廷、与查理五世决裂，改宗到新教的旗帜下。他们组建了一个施马尔卡尔登同盟。后院起火的查理五世只得腾出大部分精力来消弭内部的斗争，已无暇开展为基督教世界收复匈牙利的大战役。这场内部战争一直持续到19世纪，将本就不堪的中欧地区搞得越发疲惫与苍凉。

不过，查理五世始终未能找到造成问题的主要矛盾。就他所处的时代和他所居的位置而言，他是一个当之无愧的杰出人物。但是，他把造成欧洲战火纷飞的原因仅仅归结为神学上的分歧。他多次召开帝国议会以及各种会议，试图对神学上的分歧进行调节，但未能取得任何进展。不过，与欧洲其他的国王和诸侯们比起来，查理起码算得上是一个想要认真解决问题的人。那些世俗的国王和诸侯们根本不在乎神学上的分歧，他们只关心自己的利益。各种堂而皇之的口号不过是他们耍弄的政治伎俩而已。就拿英王亨利八世来说，为了获得教皇的青睐，他写了一本反对马丁·路德异端思想的书。教皇果然上当了，还赐予他"信仰保卫者"的称号。后来，他爱上了一个名叫安娜·博林的已婚少妇。色急的亨利原形毕露，不仅与自己的妻子离婚，而且还妄图夺取教会在英国的巨额财产。1530年，他果然倒向了新教。不仅是英国，瑞典、丹麦和挪威等早先支持天主教的国家，此时也投入了新教的怀抱。

　　1546年，在马丁·路德去世几个月后，德国的宗教战争爆发了。我们没有必要去探究这一战争的详细经过，只说结果：新教的萨克森军队在洛肖遭到了惨败。胜利的天平开始向查理五世倾斜。查理在德国残余的对手——黑森的菲利普——遭到逮捕和监禁。土耳其人已成强弩之末，只得以每年进贡为代价而撤兵。1547年，法王弗朗索瓦一世也死了。这样，查理五世就又少了一个心腹大患。不过，查理也未能高兴多久。1552年，德国再度爆发宗教战争。这一次，查理五世失败了，他本人也差点儿被俘。紧接着，新旧宗教双方签订了《帕绍条约》，暂时形成了一个不稳定的平衡局面。

　　我们以上所讲述的，基本上概括了查理五世32年统治期间的大概情形。弄清整个欧洲的注意力如何完全集中在对欧洲霸权的争夺战之中，是一件非常有趣的事情。此时，土耳其人、法兰西人、英吉利人和德意志人还都没有对美洲大陆产生任何政治上的兴趣，也未曾对通往亚洲的新航线产生特别的关注，然而在美洲大陆上，却发生了一系列对后来历史产生了重大影响的事件。科尔特斯率领部下，成功征服了尚处在新石器时代的墨西哥帝国。而皮萨罗则于1530年率兵越过巴拿马海峡，征服了美洲另一个神秘的国度——秘鲁。然而，这些人类历史上的重大事件在当时除了为西班牙的国库增加了大量的白银外，并未对欧洲的政治进程产生什么重大的影响。

《帕绍条约》签订之后，查理五世滋生了一种新的奇特见解，他对自己一手缔造的神圣罗马帝国的光荣感到了厌倦。每每想到欧洲这些动荡和纷争，他便感到一种几乎无法忍受的烦躁。查理五世生性懒散，身体本来就不太好，加上又患有严重的风湿病，所以他决心退位，把德国的统治权交给自己的弟弟费迪南，把西班牙和尼德兰传给儿子菲利普。随后，查理五世以一种无权一身轻的姿态隐居于塔古斯河谷北面小山上的斯特修道院。那里绿树成荫，风景优美。1558年，查理五世在那里死去。

查理五世给人的印象，是一个带着强烈疲惫感的庄严伟人模样。世上流传下了许多关于他悲伤色彩的著述。这些著述说他对纷纭的人世感到了深深的厌倦，为了能够与上帝离得更近，而选择了放逐自己，回归于简朴和孤独。这与实情不符。事实上，查理五世的隐居生活既不简朴也不孤单。大约有150名仆从跟着他来到了修道院，查理在修道院里过着不亚于皇宫的奢华生活。只不过与皇宫比起来，修道院里少了处理政务的操劳而已。

当然，我们并不能因此就说查理丧失了对一切事务的兴趣，他只是丧失了干预欧洲事务的兴趣而已，世上还有另外一些让他感兴趣的事物。普雷斯科特普曾经这样说："在奎克沙达或加茨特卢与利阿多里德的国务大臣之间的每日通信中，几乎没有一封信不提到皇帝的饮食和病痛。就像时事评论一样，这个话题自然也跟着另一个话题，国务大臣们在研究这些把政治和烹调术奇怪地掺和在一起的急件时，肯定很难保持严肃。从瓦利阿多里德到里斯本的急差奉命绕道，以便经过亚兰迪拉采办御膳食品。每逢星期四，他必须带回鱼类，以备下一天的斋日之用。查理嫌附近的鳟鱼过小，所以必须从瓦利阿多里德送去另一种较大的鱼。每一种鱼他都爱吃，确切地说，任何一种性质或习惯上像鱼的东西他都爱吃。鳝鱼、田鸡、牡蛎总是出现在他的菜单上。罐装的鱼，尤其是鳀鱼他更为喜爱。他常常懊悔没从尼德兰低地国多带一些这种鱼。他尤其爱吃鳝鱼饼……"1544年，查理从教皇尤利乌斯三世那里得到训谕。教皇特别免除了他的斋戒义务，甚至允许他在领圣餐的那天清晨提前进食。

不过，这位杰出的皇帝却始终没能养成读书的习惯。当然，他也仿照查理曼大帝的样子，在吃饭的时候让侍从高声朗读，并做出一些"优美而绝妙的评论"。他喜欢捣鼓机械，喜欢听音乐，喜欢听讲道。他与皇后的感情一直很好。皇后逝世后，他的心神完全转向了宗教。不过，查理的宗教生活十分呆板，过分流于形式。每逢四旬斋的礼拜五，他总要和修道士们一起鞭笞自己。这种苦行以及风湿病，使他以前由于考虑政策而压抑了的宗教执迷得到了彻底的宣泄。有一段时间，瓦利阿多里德附近地区有人经常宣讲新教的教义，这让查理十分生气："告诉宗教法庭的庭长和他的议会，我要他们忠于职守，在邪恶尚未蔓延之时，就用斧头把它彻底斩断。"他固执地认为，"宽恕了，犯人就会有机会重新犯罪。"他把自己在尼德兰的做法当作典范："凡顽固不化者，烧死；凡悔悟者，处斩。"

查理对葬礼极为关切。他认为，对于那些死去的伟大的事物，必须举行悲哀的葬礼，必须给它一个盖棺定论的评价。在于斯特举行的每一次葬礼，他都没有错过。

在妻子的周年忌日，他专门给亡妻举办了一次丧礼仪式。不仅如此，他最后甚至发展到了给自己举办丧礼的地步："小礼拜堂里围上了黑幔，几百支烛光尚不能驱退四周的黑暗。教会的信徒们个个身着丧服，家属们也都戴着重孝，大家聚集在教堂中央一个蒙着黑布的灵柩周围，葬礼开始了。在修道士们的哀悼声中，人们为离去的灵魂祈祷，祝愿亡灵被接引到天上的宅第中。当主人死去的形象呈现在心头时，悲伤的人们个个痛哭失声，也许他们是对这种懦弱的行为感到怜悯。查理裹着一件深色的斗篷，手持一支点燃的蜡烛，加在家属中间，作为自己丧礼的参加者。当悲哀的丧礼结束时，他把手中的小蜡烛交给神父，表示他已把灵魂交给了全能的上帝。"

这次"活人葬礼"两个月后，查理竟真的去世了。令人颇为感慨的是，神圣罗马帝国那短暂的伟大也随着他的逝去而烟消云散了。这以后的神圣罗马帝国虽然一直维持到拿破仑时代，但已经是一个奄奄一息的病巨人了。不过，它那些未被彻底埋葬的陈腐传统，至今仍然在毒害着我们的政治空气。

第四十三章　欧洲的君主制、议会制和民主制

自拉丁教会解体后，神圣罗马帝国便陷入了极度的衰落之中。16世纪初叶以来的欧洲历史，实际上是欧洲各个民族为了适应历史形势的变化，而在黑暗中不断探索新的统治方法的探索史。在古代世界那漫长的岁月长河中，虽然出现过许多次的王朝更迭，统治民族和语言的频繁交替，但其统治模式则是相对稳定的，即通过君王或寺庙对人民实施控制。总体而言，随着历史的嬗变，人们的生活日益趋于稳定。但是，当欧洲步入16世纪以后，历史的兴趣已经从王朝的更迭转移到了政治和社会组织实验的广泛性与多样性上。我们在上文中已经说过，16世纪以后的世界政治史究其本质，可以概括为一种努力，一种力求使人类的政治和社会方法适应不断变化的社会历史形势的努力。这种努力由于形势的接连不断且日益加速的变化而呈现出一种极为复杂的状态。因为人们普遍讨厌自发的变化，所以这种适应是被动的，带着不情愿的情绪，因而也就会落后于形势的变化。16世纪以后的人类历史，是一部政治与社会制度越发不平衡、越发不安适、越发烦琐的历史；是一部面临着在以往生活经历中从未遇到过的新的需要和可能性，人们被迫缓慢而犹豫地实现人类社会整体模式的改造的历史。这一改造是有意识的、深思熟虑的。

通过蛮族的征服而达到的周期性更新的动态平衡，使人类在旧世界维持某种特定的节奏长达一万年以上。是人类社会的什么条件发生了改变，导致打破了现有的帝国、圣职、农民和商人之间达成的平衡呢？这些变化是复杂的、多变的，

因为人类事务本身就是极其复杂多变的。但主要的变化似乎又可以归结为一个原因，即那些有关事物本质的知识的传播与发展。这些知识最初都产生于小部分知识分子当中，然后才慢慢地传播开来。到了最近的500年，这些知识以极快的速度，迅速地传播到广大的人民群众当中。

在人类生活条件的一系列变化中，有很大一部分是由人类生活的精神变化所引起的。这变化往往伴随着知识的增加和拓展而发生，与知识十分微妙地联系在了一起。人类生活中还出现了这样一种倾向：人们对于日常生活和基本愿望的实现并不满足，他们想要在更为广阔的生活领域中参与并做出贡献。这一点是过去2000年间遍布全世界的各大宗教如佛教、基督教、伊斯兰教等的共同特征。这些宗教使用以往宗教从未使用过的方式作用于人类的精神。旧式宗教以祭司和神庙为中心，其祭祀仪式往往十分血腥。与这些旧式宗教比起来，新式宗教无论在本质上还是在效果上都更加高明。这些新式宗教使早期文明中人们未曾有过的个人尊严和对人类共同事业的事业心、责任感得到了释放。

人类在政治和社会生活中取得的第一个重大的进步，就是对古代文明的书写文字进行简化和普及。这就使得更多帝国和更广泛的政治协定得以签订和实施。第二个进步则是新的运输工具的发现和养成：先是马，而后是骆驼的传入，再后来是车辆的使用，道路的不断修筑。冶铁技术的进步则使军事斗争的效率大幅提高。紧接着，由于货币的铸造使用，引发了深刻的经济动乱。为了顺应变化的形势，各大帝国的疆域都在不断扩张，人们的思想也在一天天地向前发展。接着，地方神消失了，人类进入了诸神混合、世界性大宗教的教义主宰民众的时代。这时，对历史和地理的记录也正式出现了。人类开始了对自己认知状态以及系统知识的研究。

最初，在希腊和亚历山大城开展的科学研究十分辉煌夺目，但是，这种辉煌一度发生了中断。北欧蛮族的入侵、蒙古诸民族的西迁、宗教改革引起的动乱和瘟疫的大流行等重大历史事件，都给政治和社会秩序造成了极大的困难。当文明又一次从战争与混乱中艰难地站立起来的时候，奴隶制已经不再是社会政治经济生活的基础了。在各个地方，对知识的探索、对科学的系统研究再度出现在人类发展的进程当中。

16世纪以来，作为人类系统思考的必然产物，一系列影响人们相互往来和相互关系的发明和设计陆续问世。这些发明与设计进一步扩大了人类相互作用的范围，加深了人们之间的利害关系，增强了人与人之间的相互合作。与此同时，发明与设计的速度也越来越快。但是，很显然，人类的精神准备并不充分，一直到20世纪初期那个巨大的灾难刺激了人们的心灵为止。在此之前，历史学家不能告诉人们任何绝妙的对策，去应付那种由不断增长的发明浪潮所造成的新局面。最近4个世纪的人类历史，与其说是看到了危险与希望的历史，还不如把它比喻成一个睡着了的囚犯，当囚禁他的监狱失火的时候他没能苏醒过来，反而把周围噼啪作响的声音和火焰的炽热当作过去的支离破碎的梦而不安地翻转着身子。

历史不是关于个人的故事，而是关乎整个社会的故事。所以，历史记录中最引人注目的那些发明便是影响着人们交流的发明。这一点不足为怪。在16世纪，我们所知道的最主要的新生事物，是纸质印刷品和使用航海罗盘这一最新测向方法的远洋航船的出现。前者使得教育活动、新闻报道、政治活动的开展变得更加便宜和普及，直至出现了革命性的变革；后者则使我们这个球形的世界变成了一个整体。需要特别提到的是，在13世纪，蒙古人第一次把枪炮和火药带到了西方。这种新的技术很快便在西方得到广泛的使用和有效的改进。枪炮和火药打破了住在城堡中的贵族和有城墙防护的城市的安全感，也彻彻底底地埋葬了封建制度。著名的君士坦丁堡城就是因为受到枪炮和火药的攻击而沦陷的。美洲的文明古国墨西哥和秘鲁也是因为害怕西班牙殖民者的枪炮和火药才投降的。

在那些伟大的时代先驱者当中，有一个人的光芒尤为夺目，他就是后来受到封爵并荣任英国首席大法官的弗朗西斯·培根（1561年—1626年）。培根是英国著名实验哲学家吉尔伯特（1540年—1603年）的学生。培根提倡运用观察与实验的方法来进行科学研究。此外，他还运用富有鼓动性和趣味性的乌托邦故事形式，写就了《新大西洋》一书，抒发了他为科学研究做贡献的伟大理想。

随后，伦敦皇家学会和佛罗伦萨学会相继成立。其他各国也跟着成立了奖励研究和发表或交换知识的国家学术团体。这些学术团体不仅成为无数重大发明的发轫之所，而且也成了对世界神学史进行摧毁性批判的中心。

在17世纪至18世纪，尽管没有出现像印刷术和航海船那样能直接推动人类状况变革的重大发明，但人类的知识和科学能力却在有条不紊地积累着，这就不难理解为什么19世纪科技发明结出丰硕的成果了。此时，对世界的探索和地图的绘制都在继续进行着，塔斯马尼亚、澳大利亚和新西兰相继出现在地图上。18世纪，英国已经首先在冶铁业使用了煤炭，使铁的价格比用木炭冶炼时便宜许多，也为铸造和使用更大的铁块提供了技术准备。现代机器制造业终于迎来了自己的曙光。

科学在不断地萌芽、开花和结果。当人类昂首阔步地迈入19世纪时，科学开始结出了真正的果实。蒸汽机、钢、铁路、巨轮、高大的桥梁和建筑，以及有着巨大力量的机器不断涌现。人类对各种物质的需求似乎都能得到满足。最令人吃惊的是，电学这个深藏的知识宝库终于向人类打开了大门。

在上文中，我曾经把16世纪以来人类的政治和社会生活比作监狱失火时一个正在做梦的囚犯。16世纪的欧洲人依然醉心于拉丁帝国的美梦，那个统一在天主教旗帜下的神圣罗马帝国的美梦。但是，当英王亨利八世与马丁·路德将天主教的统一大业砸个七零八落之后，人们恍然觉得，皇帝查理五世昏睡的脸庞和咕咕作响的胃竟荒诞地闯到了这个梦境当中。这就好像人人都希望做美梦，可是总有一些无法言知的、难以驾驭的因素会闯入到我们的梦中，使梦的走向变得扑朔迷离起来。

到了17、18世纪，这种梦就转变成个人君主制。这个时期的欧洲历史不论怎样变化，其核心始终只有一个，即努力巩固君主制，并将其发展为彻头彻尾的专制政体，并使这种政体向更虚弱的临近地区扩展。这个行为首先遭到了地主的反对，随后，随着贸易不断增长和工业不断发展，新兴的商人和富人阶层业开始反抗来自王权的勒索与干涉。斗争的双方都没有取得彻底的胜利。在这里是国王占据了优势；在那里又是有产阶级打败了国王。有时，国王在他的国家中是当仁不让的太阳和中心，但在一界之隔的邻国，却是商人们说了算。变化的剧烈与广泛恰恰反映出这个时期的各种政体具有何等的实验性质和何等的地方色彩。

在这些国家的舞台上，最常见的人物是国王的大臣们。如果是天主教国家，大臣几乎是由主教们来担任。他们站在国王的背后，为国王出谋划策。

今天的我们当然没法详细描述在这些国家的舞台上上演的那些剧目。荷兰的商人们加入了新教，并成为共和主义者。他们脱离了皇帝查理五世的儿子、西班牙王菲利普二世的统治。在英格兰，亨利八世与他的大臣沃尔西，伊丽莎白女皇和他的大臣伯利，奠定了专制主义的基础，却又被詹姆斯一世和查理一世的愚蠢断送掉。查理一世还于1649年以背叛国民的罪名被送上断头台。这是欧洲政治思想的一个新转折。从这一年到1660年的12年间，英国是一个共和国。国王的地位极不稳定，不断受到议会的压制，直到乔治三世（1760年－1820年）为恢复君主权力殊死奋争并获得部分成功为止。与此相反，法国国王在欧洲所有的君主中是最成功地完成君主制的一个。两位伟大的大臣黎塞留（1585年－1642年）和马萨林（1602年－1661年）在这个国家树立了国王的权威。当然，其间"大君主"路易十四（1643年－1715年）的长期统治和非凡才能，也是一个不可忽视的重要因素。

路易十四是一位典型的欧洲君主。就其权力范围度而言，他是一位罕见的有能力的国王，他的野心要远远超过他粗鄙的激情。他以一种至今仍使我们十分钦佩的、精心树立的尊严和生机勃勃的外交政策，把他的国家引向破产。他的短期目标是巩固法国，并把领土扩张到莱茵河和比利牛斯山，并吞并西班牙的尼德兰。而他的长远目标是使法国成为一个重建的神圣罗马帝国，而法国国王则成为查理大帝的可能继任者。他甚至把贿赂看作比战争更重要的国策，英国的查理二世就曾被他收买，波兰贵族也大多如此。而占据他心中最重要位置的，要堂皇显赫。他的凡尔赛大宫殿，连同里面的沙龙、走廊、挂镜、花坛、花园和景致，受到了全世界的羡慕与赞赏。

路易十四带动了一股潮流，成为被模仿的对象。欧洲各国的国王和小王侯都以大大超过臣民和借贷所允许的财力来建造自己的凡尔赛宫，贵族们也按照新的样式重修或扩建自己的行宫。制造精美织品和家具的大工业发展起来了，奢侈的工艺品到处风行：雪花石膏雕塑、彩色陶器、镀金木器、金属制品、印花皮革、动听的音乐、壮丽的绘画、精美的印刷品和装帧，美味的烹调、上等的葡萄酒处处可见。在大挂镜和精致的家具中间，走动着一些奇怪的人物——绅士。他们头上戴着扑了粉的巨大假发，身上穿着镶有花边的绸袍，足下蹬着红色高跟鞋，手持令人吃惊的用来保持平衡的大拐杖。更多的是奇妙的贵妇们，她们梳着高耸的发髻，穿着用金属支架撑起的绸缎衣裙。在这群人中间是装模作样的伟大的路易十四——他自诩为世界的太阳。可他一点儿都没有觉察到，在他的阳光照射不到的低矮阴暗处，那一张张注视着他的消瘦、阴沉和愤懑的脸。

在君主制和各种政体试行的时代里，日耳曼民族始终维持着政治上分裂的局面。不过，也有相当一部分的王公贵族，在不同的程度上模仿着凡尔赛宫的豪华。30年战争（1618年—1648年），即日耳曼人与瑞典人、波希米亚人之间争夺政治霸权的战争，使德意志大伤元气，在100年间几乎没有什么像样的作为。当战争结束后，我们可以从《威斯特伐利亚和约》（1648年）以后的欧洲地图中清楚地看到德国的支离破碎。在德意志的版图范围内，王国、公国、自由政权国家犬牙交错，有的甚至一部分在帝国内、一部分在帝国外。我们会惊奇地发现，瑞典的势力已经深入到德意志；除了个别岛还在帝国境内外，法国还远在莱茵河彼岸。这些邦国就像一块块补丁一样。其中，于1701年成立的普鲁士王国开始逐步崛起，并取得了一系列战争的胜利。普鲁士国王弗里德里希大帝（1740年—1786年）在波茨坦修建了他自己的凡尔赛宫。在他的宫廷里，人们说法语，阅读法国文学作品。弗里德里希摆出一副要与法王在文化教养上一较高下的姿态。

查理五世的后裔中，在奥地利的那一支始终保持着皇帝的称号，在西班牙的那一支也始终统治着西班牙。但此时，东方又出现了一位雄心勃勃的皇帝。1453年，君士坦丁堡失陷后，莫斯科大公伊凡三世（1462年—1505年）自称拜占庭帝国的皇帝继承人，将拜占庭的双头鹰作为自己武器的徽章。他的孙子伊凡四世（1533年—1584年）采用了"沙皇"的称号。但是，一直到17世纪中叶以后，俄国在欧洲人的心目中，才不再是一个偏远的亚洲国家。沙皇彼得大帝（1672年—1725年）成功地把俄国带入了欧洲的激烈竞争当中。他在第聂伯河畔建立了帝国的新首都——圣彼得堡，这是连接俄国与欧洲之间的一个窗口。之后，他又在距圣彼得堡18英里的彼得霍夫修建了他的凡尔赛宫，并特意聘请了法国的建筑师在这里建造露台、喷泉、瀑布、画廊、庭园以及各种与他的身份相契合的设施。和发生在普鲁士王国的情形一样，法语也成了俄国王宫中的宫廷用语。

波兰王国处在奥地利、普鲁士和俄国的三方包围之间，这是一个凝聚力极差的由大地主们统治的国家。大地主们在国家中掌握大部分实权，而波兰国王只拥有名义上的权力。尽管法国曾经试图维持盟国波兰的独立地位，但波兰最终还是遭到了奥地利、普鲁士和俄国三国的瓜分。在当时，瑞士是一个由共和制各州组成的联邦国家；威尼斯是一个共和国；意大利的情形和德意志差不多，也分裂成若干个大大小小的邦国。此时的教皇国声势已大不如前，尽管教皇仍然对教皇国保有统治权，但是他担心插手天主教各国的内政会招来逆反，所以已不再干涉天主教各国的内政了。此时的欧洲已经没有什么共同的政治主张了，完全陷入了分裂与混乱。

不论是君主国还是共和国的掌权者，都在盘算着如何扩张自己的版图，都奉行着侵略邻国和建立侵略性同盟的"外交政策"。即便到了今天，我们的欧洲依然处于这种五花八门的君主国时代的最后阶段，也仍然为那个时代所引起的仇恨、敌意和猜忌而感到苦恼。就现代理性而言，那个时代的历史在我们眼中只是一种"闲谈"，变得越来越乏味和无聊。你不断地被告知这场战争如何因为某个王妃而引起、那场战争如何因为某宰相嫉妒另一位宰相而爆发等。一些有头脑有见地的研究者往往对这些关于收买和对立的闲聊厌烦至极。但是，这其中也包含着一个具有更久远意义的事实，那就是：尽管那时的欧洲被20多条国界所阻隔，但学识和思想仍然在传播和发展着，各种发明也在不断地涌现着。到了18世纪，社会上又出现了对当时宫廷和政治提出深刻的怀疑和批判的著作。在伏尔泰的《老实人》一书中，我们就能充分体会到作者表现出来的那种对欧洲世界无法把握的混乱的极度厌倦。

第四十四章　欧洲人在亚洲和海外的新帝国

当中欧地区陷入了分裂和混乱之际，西欧人，尤其是荷兰人、斯堪的那维亚人、西班牙人、葡萄牙人、法国人、英国人等则漂洋过海，立足全世界，摆开了自己的新战场。印刷机这个看似不起眼的东西已经把欧洲这个整体的政治概念融入一个全新的、更大的、不停变更的新概念当中。除了印刷机，另外一项重大发明——远洋航船——则把欧洲的疆界推到了更为遥远的大洋彼岸。

最初，荷兰人和北大西洋人移居海外的目的并不是贸易和采矿。西班牙人最早出现在海外，他们宣称自己对整个美洲新大陆拥有不容置喙的统治权。紧接着，葡萄牙人提出了分享这一权利的要求。教皇从中调和，把这块新大陆分给了这两个捷足先登的国家。需要指出的是，这是罗马教廷作为世界最高主宰最后一次行使权力。西班牙与葡萄牙在美洲的分界线设在今天的佛得角群岛以西370里处，东边归葡萄牙，西边则属于西班牙。与此同时，葡萄牙人继续向南向东挺进。1497年，达·伽马从里斯本起航，绕过非洲最南端的好望角，经桑给巴尔，最后抵达了印度的卡利卡特。1515年，葡萄牙船队到达爪哇和摩鹿加群岛。他们在印度洋沿岸地区建立了许多贸易区，并驻兵加以保护。

虽然教皇的决定剥夺了其他欧洲国家在美洲的权益，但这些国家并没有将教廷的决定和西班牙、葡萄牙两国的属权放在眼里。英国人、丹麦人、瑞典人，而后是荷兰人，很快就开始在北美和西印度群岛抢占自己的疆土。就连最忠实于教廷的法国国王也将信仰丢在了一边，和新教徒们一样，不再理睬教皇的决定。这样，欧洲各国因为对海外新领土的争夺而日益卷入了战争之中。

在这场为期较长的海外领土争夺战中，最后占了大便宜的是英国。丹麦和瑞典也有心拓展海外领土，但是他们深陷于发生在德意志的动乱当中，难以组建起一支具有强大战斗力的海外舰队。尤其是瑞典那位标新立异的国王古斯达夫·阿道夫，也就是新教徒们口中的"北方之狮"，过度地沉湎在德意志的战场上，结果却消耗了过多的国力。荷兰人趁机夺取了瑞典人在美洲本就不大的土地。不过，由于他们离法国人太近了，受到了法国人的干扰和威胁，所以未能与英国人决一雌雄。在远东，英国、荷兰和法国卷入了冲突；在北美，英国、法国和西班牙斗个不停。英国之所以占优势，是因为他们有一道天堑，即有"银带"之称的英吉利海峡。

法国人有着不输于英国人的实力，但是他们对本国在欧洲的利益考虑得太多。在整个18世纪的100年当中，法国的重心始终放在欧洲，结果却丧失了向东、向西扩张的最好机会。17世纪，英国在宗教和政治上发生了纷争，结果，一大批新教徒遭到放逐，他们乘船漂洋过海，不得不到美洲去寻找自己永久的栖身之地。这些人历经艰辛，终于在美洲扎下了根。他们不断地生殖繁衍，人口逐渐增加。正是因为有这些人的存在，所以英国在欧洲各国对美洲的争夺中占据了最大的优势。1756年和1760年，英国人曾先后两次从法国人手中夺去加拿大和美洲的殖民地。几年以后，英国贸易公司又在印度半岛上取得了对法国、荷兰和葡萄牙的优势。巴伯尔、阿克巴和他们的继任者统治的大蒙古帝国此时已经走向了衰落，实际上由伦敦一家贸易公司——英国东印度公司控制。这段故事实在是世界征服史上最令人称奇的一章。

东印度公司成立于伊丽莎白女王统治的时代。起初，这家公司不过是由几个海上冒险家创办的小公司，名不见经传。但是后来，他们不再满足于经营香料、染料、茶叶和宝石的贸易，而是一步步地组织军队，武装船只，开始插手印度王公们的税收和领土经营，甚至开始干预印度的命运。这家公司最初仅仅是来做生意的，此时却干起了可以获得巨大利益的海盗的勾当。更为奇怪的是，竟然没有任何人站出来干涉他们卑鄙的行为。公司的船长、指挥官、官员，甚至一般职员和普通士兵，都携带了大量掠夺来的财富返回英国。起初，英伦三岛的人们对这种现象尚且啧啧称奇，但后来他们就司空见惯了。

　　在一片辽阔丰饶的土地上随心所欲、为所欲为，此时的人们已经很难分辨什么是该做的、什么是不该做的了。在他们眼中，这里的阳光是怪异的，这里的土地也是怪异的，在这片怪异土地上生活的棕色皮肤的人，不过是一群丝毫不值得同情的异类。可是，当将军和官员们回到英国以后，他们却用恶毒的语言互相指责，揭发对方如何通过敲诈和残杀聚敛财富。国内的民众出于义愤，提出了质问，议会因此而通过了克莱夫的谴责案。1774年，克莱夫自杀。1778年，第二任印度行政长官沃伦·黑斯廷斯也遭到了弹劾，然而判决的结果却是无罪。这是世界历史上从来没有过的怪事。英国议会统治着这家公司，而这家公司在另一片土地上统治着一个领土远比英国本土辽阔、人口远比英国本土众多的庞大帝国。对于广大的英国人民来说，印度是一个遥远、奇异和难以到达的国家。那些具有强烈冒险精神的年轻人争相前往印度，许多年过去了，当他们回到故乡的时候，个个都成了腰缠万贯、爱发脾气的老绅士。对于英国人来说，在遥远的东方，阳光普照下的几千万棕色人的生活状况根本就是无法想象的。

　　正当西欧各国在世界各大海洋上为了争夺这梦境般的海外帝国而争斗不休的时候，亚洲也同样进行着对两大片土地的征服之战。1360年，中国人推翻了蒙古人的统治，建立起了汉族统治的明王朝。中国的繁荣发展一直持续到1644年。随后，另一个少数民族满族再次征服了中国，并将其统治维持到1911年底。在此期间，俄国不断向东推进，逐渐成为国际社会中一支任谁都无法忽视的力量。这支既不完全属于欧洲也不完全属于亚洲的处在新旧世界交界地带的力量的崛起，对于世界的走向和人类的命运产生了极为深远的影响。俄国之所以能取得这么快的发展，在很大程度上得益于一个信奉基督教的草原民族——哥萨克人的帮助。哥萨克人是隔在西方的波兰、匈牙利等封建农业国家与东方鞑靼人之间的一个屏障。哥萨克人最早出现在辽阔的东欧草原上。那些在俄国待不下去的人，如受迫害遭诬陷的无辜者、反抗的农奴、异教徒、盗贼、流浪汉、杀人犯等，都来到南部的草原地带寻求藏身之地，并在这里重新开始创立基业。为了能够自由地生存下去，他们与波兰人、俄罗斯人、鞑靼人展开了长期的残酷战斗。后来，这些骁勇善战的民族被俄罗斯人招募为爪牙。俄罗斯把在亚洲新夺取的土地赐给他们，他们则被编入俄罗斯人军团。哥萨克人的势力范围起初在土耳其，但是他们很快便穿越了西伯利亚，直抵阿穆尔（黑龙江）。

在17到18世纪，蒙古人的活力锐减，这其中的原因十分复杂。成吉思汗和帖木儿以来的两三百年，中亚已经从主宰世界的辉煌时代衰退到政治上无所作为和贡献的低迷时代。这到底是什么原因造成的呢？有人说是因为气候的变化，有人说是因为那些未曾留下记录的传染病。权威人士们则认为，从中国传入的佛教教义对中亚的衰落也产生过影响。不管怎么说，到了16世纪，蒙古系鞑靼人和土耳其人不仅无力向外扩张，反而沦落到被侵略、遭征服的境地。在西方，他们被信奉东正教的俄国所击退。在东方，他们则被中国人驱逐。

整个17世纪，哥萨克人从欧洲不断地向东方扩张。哪里能找到适合庄稼生长的地方，他们就在哪里安家。哥萨克人的碉堡和军营成了俄罗斯帝国活动的边界。但是，在南方，他们遇到了十分强大和活跃的土库曼人。于是，哥萨克人调转方向，向没有强敌的东北方向挺进。就这样，俄罗斯的疆界越过西伯利亚，一直延伸到了北太平洋。

第四十五章　美国独立战争

18世纪50年代到70年代，欧洲陷入了极不稳定的分裂局面，不再有统一的政治和宗教观念。不过，由于印刷书籍、地图以及新的远洋航船极大地刺激了人们的想象力，因此即使是在这样一种混乱、竞争的情况下，人们仍能控制全世界所有的海岸。这是一个毫无计划、互不相干以及相互竞争的时代。其根源完全在于欧洲人独具的暂时与偶然的优势。靠着这种优势，西欧将全新的、大部分地区还很荒芜的美洲大陆变成了他们的殖民地，而后，欧洲也依次占领了南非、澳洲、新西兰等地作为未来的家园。

驱使哥伦布到美洲以及达·伽马到印度的动机，实际上仍然是所有水手长久以来始终未变的动机——做交易。因此，欧洲人到人口稠密、生产力较为发达的东方的主要目的就是去做买卖。欧洲人在那里建立殖民地的主要目的是进行贸易，而生活在那里的欧洲居民实际上所期待的依然是回到本土去挥霍他们赚来的钱。然而对于美洲，情况就完全不同了。此时的美洲还是一个生产力低下的社会。之后在这里，欧洲人发现了一种新的持久性的诱惑——寻找金银。当时西班牙在美洲就拥有盛产金银的矿山。因此，不光是武装的商人，还有大量的淘金采矿者、自然物资的勘探者以及农民从欧洲来到这里。到北方的人，则多是为了征收皮毛。由于开矿和种植必须定居，人们在当局的迫使下不得不在太平洋彼岸永久定居。后来，由于种种因素的影响，部分欧洲人就索性渡过海洋到美洲去建立新的永久家园。他们的情况颇似17世纪初为逃避宗教迫害的英国清教徒移居新英格兰，18世纪欠债坐牢的人被慈善家奥格尔索普解救出来后送往佐治亚，18世纪末一批荷兰孤儿被送往好望角的情况。到了19世纪，尤其是轮船出现以后，欧洲人便大量涌入空旷的美洲、澳洲大陆，开始了长达数十年的移民潮。

就这样，欧洲人的海外永久性殖民地建立了，而欧洲的文化也传播到了一片更加广阔的土地上，这片新陆地也借助于这些现成的文明建立了一个新社会。欧洲的政治家和大臣们一直以来都是把这里当作自己的领土和属地、他们的收入来源、远征的殖民地。不过，这种情况是欧洲各国未曾预料到的，所以他们也没有做任何精神上的准备。直到很久以后他们才恍然大悟，此时殖民地的居民已经建立了一种崭新的社会生活。直到殖民人口逐渐向内陆扩展，任何来自大洋彼岸的惩罚都奈何不了他们的时候，他们才突然觉悟到，殖民地人民已经不是无足轻重的属民了，占有国已经无法再随意地左右他们。

还有一点需要说明的是，进入19世纪以后，所有海外帝国始终依靠着远洋航船进行联系。而陆地上，马仍然是最快的交通工具，所以政治组织的集会的统一和凝聚力依然受到这种以牲畜为动力的交通工具的限制。

18世纪70年代初，英国控制了北美洲三分之二的土地，而法国已放弃了美洲。除了巴西属于葡萄牙，很少一些小岛和地区属于法国、英国、丹麦、荷兰外，佛罗里达州、路易斯安那州、加利福尼亚州和美洲南部所有土地几乎都被西班牙占据。而缅因和安大略湖以南的英属殖民地则首先证明了，占有国已经无法再靠帆船将海外移民维持在自己的政治制度下。

这些英属殖民地不论在来源还是在性质上都存在着较大的差异。英国人、法国人、瑞典人和荷兰人都混居在一个地方。在马里兰州的英国人信奉天主教，但新英格兰地区的英国人思想则更为激进。而就在新英格兰的移民强烈谴责奴隶制度，依靠自己的力量进行耕作时，弗吉尼亚州的英国移民却对从非洲运来的黑奴进行变本加厉的奴役。州与州之间没有现成的道路可通达，从一个州到另一个州需要乘坐沿海的航船，可路途中却十分枯燥，一点儿也不亚于横渡大西洋。人口多样化的来源和自然条件的限制，导致各地移民无法联合，可是在伦敦英国政府的自私和愚昧的压迫下，他们终于联合起来，因为他们需要共同反抗强加在他们身上的无条件征税以及牺牲自己的贸易满足英国利益的不公平。而弗吉尼亚州的移民们虽然希望拥有更多的奴隶以便役使，但害怕黑奴人数增加后进行反抗，可是英国政府为了维持高利润的奴隶贸易，仍然源源不断地把黑奴卖到那里。

而这时，英国正逐渐形成更为专制的君主制政体。由乔治三世（1760年—1820年）本人推行的一套顽固的政策，加剧了英国政府与殖民地政府之间的摩擦。

英国政府为了偏袒伦敦东印度公司，颁布了一项牺牲美洲轮船主利益的法案，导致了一场冲突的提前爆发。1773年，一伙移民乔装成印度人，在波士顿港口将依照新法案运进的3船茶叶全部倒进了海里，这就是著名的"波士顿倾茶事件"。1775年，英国政府企图在距波士顿1英里的莱克星顿逮捕两名美洲领袖，使战争真正打了起来。英国人在莱克星顿打响了第一枪；第一场激战却在康科德发生了。

就这样，美国独立战争爆发了。虽然持续了一年多的时间，殖民地的移民却一直不愿与英国脱离关系，但到了1776年夏天，参战的各州代表召开了大会，联合发表"独立宣言"。而与其他领袖一样，乔治·华盛顿手握一支有战斗经验的军队，又曾与法国人交战过，因此他被推选为全国的总司令。1777年，英国将军伯戈因企图穿过加拿大进军纽约，途经法里曼斯农场时遭到袭击，后来在萨拉托加又被打败，最后，全军被迫投降。同年，法国和西班牙人相继对英宣战，严重威胁了英国的海上交通。1781年，康沃利斯将军率领的第二支英国舰队又在弗吉尼亚的约克敦半岛被击溃，被迫投降。1783年，停战协议在巴黎签署，从缅因州到佐治亚的13个州组成了一个独立的、拥有主权的州联盟，美利坚合众国自此宣告成立。此时加拿大仍然向英国国旗宣誓效忠。

4年时间里，13个州仅仅依靠某些联邦章程来维持着微弱的中央政府，它们随时都有可能分裂成独立的国家。但考虑到英国人的虎视眈眈和法国人的威胁，最终没有分开。1788年，13个州通过了统一的宪法，成立了一个更稳固的联邦政府，也推选出了一位更有能力的总统。而在第二次对英战争中，原本十分淡薄的国家统一意识也得到了加强。尽管如此，当时的联邦领土仍过于广阔，各州的兴趣又不尽相同，通信手段又是那样落后，联邦早晚会分裂成诸如欧洲各国那样的国家。尤其对边远各州的议员来说，前往华盛顿的旅行烦闷无聊，还危险重重，简直就是一项苦差。此外，由于机构重叠等情况，开展公共教育和普及文化知识也是困难重重。不过，一种对抗力量出现了，它避免了联邦的分裂，并在世界各地发挥着重要作用。这就是蒸汽轮船的发明，以及铁路和电报的相继出现。它们拯救了美国，把分散的居民结合起来，使美国成为第一个现代化的国家。

22年以后，西班牙属下的各殖民地纷纷效法十三州，与欧洲脱离了关系。不过，由于它们散布在各地，中间又隔着大山、沙漠、森林和葡属巴西帝国，不能相互联合，所以就形成了一个又一个独立的共和制国家。而在初期，各国国内经常爆发起义，国家之间也经常发生战争。

巴西则是通过另外一种方式，最终无法避免地走向独立的。1807年，拿破仑率领的法国军队占领了巴西的宗主国葡萄牙，葡萄牙国王逃亡到了巴西，直到巴西独立。因此，与其说巴西隶属葡萄牙，不如说葡萄牙隶属巴西。到了1822年，巴西在佩德罗一世，即葡萄牙国王的儿子的领导下宣告成为独立的国家，但其君主制政体从一开始就遭到了新社会的反对。于是在1889年，巴西皇帝只好悄悄地乘船返回欧洲。巴西合众国终于像其他美洲国家一样，加入了共和国的行列。

第四十六章　法国大革命和君主制在法国的复辟

英国失去了美洲的十三州殖民地以后，法兰西王国的中心又发生了严重的社会和政治动乱。而这种动乱让欧洲人更清楚地意识到：从本质上来说，世界上任何政治协议都是暂时性的。

我们说过，在欧洲专制君主政体中，法国的君主政体最为成功，它还曾受到各小宫廷的羡慕和竞相效仿。但是，也正是由于它把繁荣建立在某种不正义之上，所以导致了它最终戏剧性的必然崩溃。它固然灿烂夺目、富于进取，但却无端挥霍和浪费了大量人民的生命和财产。它特定的税收制度使圣职者和贵族享受了免税的优待，却让中、下等阶级承担了整个国家的重担，而农民被赋税压弯了腰，中等阶级也不断受到贵族阶级的压制和侮辱。

1787年，法兰西国王路易发现自己债台高筑。为了解决因收入不足和过度花费造成的亏空，他召集了法国各阶级代表大会进行商议。1789年，三级会议在凡尔赛正式开幕，贵族、教士和平民分别派代表参加。这种政治实体与英国议会性质基本相同，自从1610年以来，由于法国一直实行着专制君主制，这种会议也始终没有召开过。于是，法国人民终于找到了一个场所来控诉自己长期的不满，而一场十分激烈的论战也在3个等级之间爆发了。由第三等级，即平民等级要求控制三级会议而引起的这场论战，最后以平民等级获得胜利告终，而三级会议随后更名为国民议会。国民议会明确提出限制国王权力的要求，这点与英国议会限制英国王权的做法类似。于是，法王路易十六从各省召来了军队，准备全力反抗，而后，法国大革命在巴黎爆发。

法国专制君主的政治制度迅速崩溃，在巴黎人民的革命风暴摧毁了阴森可怕的巴士底狱后，起义浪潮迅速蔓延到整个法国。在东部和西部诸省，农民焚毁了贵族的宅第，他们将地契仔细地销毁，还将所有的地主杀掉或驱逐。仅仅一个月，贵族阶级古老腐朽的政治制度就彻底崩溃了，许多贵族党羽都亡命国外。人民在巴黎和其他重要的城市都成立了临时市政府，还建立了新的武装力量，称之为国民军。且明确，国民军最重要的目的就是抵抗国王的军队。之后，为适应新时代，人民要求国民议会建立一个新的政治社会制度。

这项任务十分艰巨，它最大程度地考验了国民议会。国民议会荡涤了专制政治的不正义，废除了免税权、农奴制，取消了贵族的称号和特权，并企图在巴黎建立君主立宪的政治体制。而国王也被迫放弃了浮华的凡尔赛宫生活，隐居在巴黎的杜伊勒里宫。

为了建立一个现代化的有效政府，国民议会整整斗争了两年。尽管它做了许多毫无意义的尝试，有些还是实验性质的，如今已被废弃，但更多的工作还是健全的，一直保留了下来。刑法得到了一次清理：严刑逼供、任意监禁和迫害异端都遭到了废止，一些古老的法国州市如诺曼底、勃艮第等也都被改划为80个郡，而军队的每一成员也都有机会被提升到最高的官阶。法院还建立了一套完美而简单的制度，不过由于民众选出的法官任期太短，从而大大损害了这一制度的价值。这种制度使得民众实际上成为最高法庭的决断者，而法官则如同国民会议的议员，必须设法迎合旁听人。教会的全部巨大财产都被没收，交由国家管理；凡不从事教育或慈善工作的宗教机构也都被解散；圣职人员的薪金也一律由国家支付。这些举措大大有利于下等的教士，因为比起那些富有的上层教会显贵，他们的薪俸实在少得可怜。此外国民议会还规定通过选举产生神甫和主教，而这也从根本上动摇了罗马教会的一贯主张：教会中一切权威都集中于教皇，这是一种自上而下的权力。事实上，国民议会企图一举把法国教会变成新教的教会，即使无法马上改变教义，起码要完成组织上的变化。这一举措导致了国民议会所设置的官方神甫与忠于罗马反对新设施的（不肯宣誓的）神甫之间发生了争论和冲突。

1791年，法国宣告君主立宪政体的实验结束，原因是国王、王后以及逃亡国外的贵族和君主主义者采取了行动，他们联合了外国的军队压至东部国境。在6月的某个夜晚，法国国王、王后以及他们的孩子，从杜伊勒里悄悄溜出，准备逃到外国人和亡命贵族的军队那里，不过在瓦雷内被抓获并解回了巴黎。于是，爱国的共和主义激情在整个法国燃烧起来。爱国者们发表了共和国宣言，接着便对奥地利和普鲁士开战。而就像英国曾发生过的那样，法国国王受到了审判，并以背叛人民的罪名被送上了断头台（1793年1月）。

接下来，法国进入了一个奇特的历史时期。此时，举国上下燃起了保卫法兰西、保卫共和国的热情火焰，国内外都拒绝妥协。在国内，保皇党和一切反共和主义的势力都遭到摧毁；在国外，法国保卫和支持了所有革命。他们要将整个欧洲、整个世界都变成共和国。于是，法国青年踊跃地加入共和国军队，他们还创造了一支有魔力的新歌，它就像酒一样沸腾了人们的鲜血，响彻了整个国家的天空，这就是《马赛曲》。而在猛烈的枪炮的掩护下，法国的步兵纵队唱着这支神圣的歌曲奋勇进击，将外国军队打得落花流水。到了1792年年底前，法国军队攻占的土地，已远远超过路易十四拥有过的最大的地盘。在各处，他们踏着外国的土地前进，占领了布鲁塞尔，蹂躏了萨瓦，袭击了美因兹，还从荷兰手中夺取了斯凯尔特河。然而就在这个时候，法国政府却做了个极不明智的决策。由于法国处死了路易，于是英国就驱逐了法国的代表，法国一怒之下马上对英宣战。这种做法极不明智，革命虽然削弱贵族军官的权力，解除了很多束缚性的传统，使法国拥有一支充满热情的新步兵和声名卓著的炮兵，却严重地破坏了海军的纪律。而英国在海上始终占据着优势，法国的宣战还使整个英国团结了起来。而在此之前，英国原本有很大一部分自由主义运动是同情法国革命的。

关于之后的几年中法国对欧洲大陆的征战情况，我们在这里就无暇详细说明了。总之，它把奥地利人永远地赶出了比利时，把荷兰变成了一个共和国。当时冻结在特塞尔岛的荷兰舰队不战而屈，直接就向法国的一支骑兵小部队投降。不过，法国向意大利的推进计划却没能实现，直到1796年，新将领拿破仑·波拿巴才率领着衣衫褴褛、饥肠辘辘的共和国军队，胜利地跨过皮埃蒙特，进入了曼图亚和维罗纳。C.F.阿特金森曾这样叙述："最使盟军吃惊的是共和国军的数量和速度。事实上，什么也挡不住这支临时聚集起来的军队。因为没有钱而弄不到帐篷；因为没有足够的车马，运输既不可能也不必要；这些本会引起职业军队成批开小差的困苦，对于1793年—1794年的士兵来说却能欣然地忍受过去。为这样一支前所未闻的军队运送足够的军需给养是根本不可能的，于是法国军队很快地习惯了'就地补充'。就这样，到了1793年，近代战争的方式得以诞生。这种方式行动迅速，充分调动国民力量，野营露宿，征用军需和打硬仗，它与那种慎重地行动、小规模职业军队、营帐、充足的军粮和诈骗全然不同。前者代表了果敢的决战精神，后者则代表了少冒风险牟取小利益的精神……"

当这支衣衫褴褛的狂热大军，高唱着《马赛曲》，宣称为法国而战的时候，其实他们自己的内心也无法清楚分辨：他们蜂拥而至，但他们究竟是在掠夺还是在解放这些国家。因此，巴黎正以一种很不光彩的方式消耗着它的共和热情。而革命此时却掌握在狂热的领导人罗伯斯庇尔的手中，这位人物，我们很难进行评价。他身体孱弱，天生怯懦，却又十分自负，而且他充满自信，这正是他取得权力最必要的天赋。他决定要按自己的设想拯救共和国，而且他认为除了自己之外，再没有其他人能肩负如此重任，因此，要拯救共和国就是获得权力。而共和国的精神活力，似乎正是从屠杀王党分子和处死国王中奔涌出来的。当时也发生了几处叛乱：一处是在西部的旺代郡，在贵族和主教的指挥下，那里的人民反抗征兵和剥夺正统主教的财产；另一处发生在南部，里昂和马赛出现了暴动，而土伦的王党分子则允许英国和西班牙军队进入法国，因此，似乎除了继续屠杀王党分子，也找不到更为有效的镇压叛乱的方法了。

于是，革命法庭开始进行持续的屠杀。此时恰好发明了断头机，于是王后被斩首，反对罗伯斯庇尔的大多数人也被斩首，连无神论者都被斩首。一天又一天，一周又一周，这魔鬼般的新机器砍了一个又一个的人头，越砍越多。而罗伯斯庇尔的统治似乎就是靠人们的流血来维持的，血越流越多，如同抽鸦片，越抽越凶。

到了1794年夏天，罗伯斯庇尔终于把自己也送上了断头台。有5位成员组成的督政府接替了他的统治。他们非常擅长随机应变，得过且过，他们对外继续抵抗外敌攻击，对内则维持团结，而他们持续了5年这样的局面。在这样激烈动荡的历史中，他们的统治似乎成了一段奇特的插曲。之后，革命宣传者的热情又把法国军队带到了荷兰、比利时、瑞士、德国南部和意大利北部。到处都有国王被赶走，到处也都有新的共和国建立。

然而，政府一边进行狂热地宣传，另一边却也没有停下对被解放人民财富的掠夺，然后用其来缓解法国政府财政上的危机。战争性质也逐渐发生了变化，不再是为解放自由的神圣战争，反而越来越像旧制度下的侵略。而且，法国还打算放弃它传统的对外政策，这是君主制政体的最后一个特征。于是，人们发现督政府的对外政策就像革命之前一样活跃。

接着，这样一个人出现了，他把法国民族的"自我中心"的精神以最强烈的方式体现出来，给法国和世界造成了不幸。他带给法国10年的繁荣，却也带给它最终的失败和耻辱。同样也是他——拿破仑·波拿巴，率领了政府军在意大利大获全胜。

在整个5年督政府的统治时期，拿破仑都在做打算，努力地升迁。慢慢地，他爬上了最高的职位。他虽然理解力极为有限，却有着过人的精力和某种近乎冷酷的直率。作为罗伯斯庇尔派的激进分子，他开始了自己的政治生涯，也因此得到了第一次荣升。然而，他却没能真正抓住那时起着重要作用的欧洲新生力量。他最大的政治想象力即恢复西罗马帝国，不过这也是一个华而不实的过时企图。他试图建立一个以巴黎为中心的新帝国，摆脱旧神圣罗马帝国的影响，让维也纳的皇帝仅仅只是奥地利的皇帝，而不再属于神圣罗马帝国。因此，他为了与一位奥地利的公主结婚，还与原来的法国妻子离了婚。

1797年，拿破仑执政，当上了法国国王。1804年，他效法查理曼，成为法兰西皇帝，并在巴黎让教皇为他举行加冕典礼，而实际上，虽是教皇为他加冕，他却如当年的查理曼一样，自己从教皇的手中取过皇冠戴在了头上。后来，他的儿子被加冕成罗马国王。

仅仅数年，拿破仑就取得了一系列的成功。他占领了意大利和西班牙的大部分领土，打败普鲁士和奥地利，统治了俄国以西的整个欧洲。然而，他却始终未能夺取英国人手中的海上优势。1805年，在特拉法尔加战役中，他的舰队被英国海军将领纳尔逊摧毁。之后，西班牙人奋起反抗法国人，英国军队在惠灵顿的统率下，迫使法军从西班牙半岛向北撤退。1811年拿破仑与沙皇亚历山大一世发生冲突，于是在1812年，他率领60万大军进攻俄国。结果他的大军却输给了俄国的严寒，被俄国军队击败后几乎全军覆没。接着，他遭到德国的背叛，瑞典也把矛头指向了他。法国军队腹背受敌，处处失利，迫不得已，拿破仑只好在枫丹白露退位（1814年），而后被流放到厄尔巴岛。1815年，他重返巴黎做出再次的努力，可惜滑铁卢一役失利，又一次被英国、比利时和普鲁士联军击败。1821年，他作为英国囚徒，客死在了圣赫勒拿岛。

就这样，由法国革命所释放出来的各种能量被消耗殆尽。获得胜利的各个盟国在维也纳召开了大会，希望能尽快将欧洲的政治局面从这场大风暴造成的支离破碎的状态中恢复过来。从此以后，欧洲迎来了一场筋疲力尽的和平，维持了近40年。

第四十七章　拿破仑失败后欧洲不稳定的和平局面

　　1854年—1871年这段时间中，使欧洲无法保持社会完整和国际和平，反而将再度迎来一系列战争的原因有两个：其一，某些王党的宫廷企图恢复不正当的特权，并无耻地干涉人们思想、写作和教育上的自由；其二，各国外交官在维也纳会议上定下的国界根本不可能付诸实现。

　　在西班牙，把君主制政体退回到过去的趋向表现得尤为明显，甚至连宗教法庭也得到了恢复。1810年，当拿破仑把他哥哥约瑟夫立为西班牙国王时，大西洋彼岸的西属殖民地就效仿美国，起来反抗欧洲的大国体系，当时玻利瓦尔将军统治着华盛顿。西班牙无力镇压这次起义，于是这次起义像美国独立战争一样持续了很久。后来，奥地利提出建议：依照神圣同盟的精神，欧洲各国的君主理应支援西班牙解决这场战争。不过，这一提案遭到了英国的拒绝。然后，是美国总统门罗对这场拟议中的君主制复辟提出了决定性警告。1823年，门罗采取了行动，他公开宣称：对于美国来说，欧洲方面向西半球的任何扩张都是一种敌对行为，这就是所谓的门罗主义，它在长达100年里有效地阻止了欧洲列强对美洲事务的干预，也使得西属美洲的新国家能够通过自己的发展道路来安排命运。

　　尽管西班牙君主丧失了它的殖民地，但在欧洲协约的保护下，它仍然可以在欧洲为所欲为。1823年，西班牙爆发人民起义，法国受欧洲会议的委托前往镇压。与此同时，奥地利也出兵镇压了那不勒斯的一次革命。

　　1824年，法王路易十八去世，查理十世继位。他着手破坏了出版和大学的自由，复辟专制政府，然后，他竟然还打算以10亿法郎的巨款来赔偿贵族们1789年被烧毁的宅邸和没收的财产。1830年，巴黎人民奋起反抗这个旧制度的体现者，他们拥立路易·菲利普，恐怖时期被处决的奥尔良公爵菲利普的儿子，取代了查理。而对于这次革命，由于英国公开支持它，而德国和奥地利也都忙着平复自由主义的骚动，于是大陆上的其他君主都睁一只眼闭一只眼。而法国毕竟是1848年—1871年间的欧洲的一个君主制国家，于是，年轻的路易·菲利普做了法国立宪君主，在位长达18年。

君主们的种种反动行径导致了动荡不宁的局势，而由维也纳会议达成的和平就处在这种动荡不宁的状态中。外交官们参加维也纳会议时制定了不合理的国界，造成了局势的紧张，而这种紧张逐渐凝聚成力量，给人类的和平投下了越来越浓重的阴影。然后，本来把各民族事务放在一起管理就是一件麻烦的事，因为语言不同，文字不同，甚至连观念也不同。当这些分歧在宗教的纷争中得到了进一步加剧时，事情就越发难办了。事实上，只有存在某种明显的共同利害关系时，比如瑞士山区居民共同防御入侵的需要，不同语言和信仰的民族才有必要联系起来。而且当时瑞士还实施着最大限度的地方自治。另外，由于居民的村落和居住区小块小块地混杂，马其顿也不得不推行郡县自治制度。如果读者看一下由维也纳会议绘制的欧洲地图就会发现，这次会议似乎就是为了激起当地人民的最大愤怒而召开的。

而且，维也纳会议还破坏了荷兰共和国，这本来完全没有必要，然后把信仰新教的荷兰人与以前属西班牙（后属奥地利）的尼德兰法语天主教徒归并在一起，成立了尼德兰王国。维也纳会议还把原来的威尼斯共和国以及远至米兰的北意大利全部交给了讲德语的奥地利人，然后把讲法语的萨瓦和意大利的若干部分结合在一起，恢复了撒丁王国。而奥地利和匈牙利本来就已经包括日耳曼人、匈牙利人、捷克斯洛伐克人、南斯拉夫人和罗马尼亚人，这些民族彼此不和，使其成为易爆混合物，此时却又加上了意大利人。到了1772年和1793年，奥地利夺取波兰还得到了欧洲联盟的承认，使得战争更加一触即发了。波兰人民原本信奉天主教，具有共和精神，却被划归在信奉希腊正教的沙皇的不文明的统治下；而波兰的一些重要地区却割给了信奉新教的普鲁士。沙皇统治了完全为异族的芬兰人，也得到了人们的承认。挪威人和瑞典人彼此差异巨大，却被共同置于一个国王的统治之下。因此，读者将会看到这样的情形：德国已陷于一种极端危险的混乱之中，普鲁士和奥地利却还骑跨在包含着诸多小邦的德意志疆界之上；丹麦国王则由于在荷尔斯泰因拥有一些讲德语的地区，也加入了德意志联邦；而尽管尼德兰国王实际统治了卢森堡，尽管国民主要讲的是法语，它却依然属于德意志联邦之内。

对于讲德语并把自己的思想建立在德国文学的基础上的人民，讲意语并把思想建立在意大利文学基础上的人民以及讲波语并把思想建立在波兰文学基础上的人民来说，倘若运用自己的语言，在各自的语言范围内处理自己的事务情况恐怕要好得多，而这恐怕也是对其他的人们最有帮助最少麻烦的方式。然而联盟却完全忽视了这个事实。难怪当时在德国流行这样一支歌曲：凡是说着德语的地方，就是德国人的故乡。

1830年，受到风靡一时的法国革命的鼓舞，讲法语的比利时人起来反抗尼德兰王国与荷兰人的联合。而各列强害怕共和国再次建立，担心被法国吞并，急忙出面干预，他们拥立萨克斯·科堡·哥达的列奥波特一世为比利时国王。这一年，意大利和德国曾发生过起义，但均告失败。而俄属波兰也爆发了一次更大规模的起义。人们成立了共和政府反抗尼古拉一世（于1825年接任亚历山大），并坚持了一年之久，最后被极端的暴行和残忍扑灭了。从此，波兰语被禁用，希腊正教取代了罗马天主教成为波兰国教。

1821年，希腊人民起义反抗土耳其人。他们拼死战斗了6年，而欧洲各国竟然袖手旁观。于是自由派对此提出了强烈的抗议，而来自欧洲各国的志愿者也纷纷加入，与起义者并肩作战，最后在舆论压力下，英、法、俄采取了联合行动。英法舰队在纳瓦里诺战役中（1827年）摧毁了土耳其舰队，沙皇俄国则直接攻入了土耳其。根据阿德里安堡条约（1839年），希腊获得了自由，不过不允许它恢复之前的共和传统。于是，他们找到了一位日耳曼国王，即巴伐利亚的奥托亲王，来统治希腊。与此同时，他们在多瑙河各省（今天的罗马尼亚）和塞尔维亚地区（前南斯拉夫的一部分）设立了信奉基督教的总督。不过，要想彻底驱赶这片土地上的所有土耳其人，还有很长的路要走。

第四十八章　物质知识的发展

　　从17世纪一直到19世纪初，欧洲始终是一片各国纷争的局面，各君王相互冲突和倾轧。一方面，先是在1648年签订了威斯特伐利亚条约，而后又做了许多补充以及增加了修正条款；于1815年签订了维也纳条约，之后又增加了各种补充条款。另一方面则是欧洲人跨海远航，逐渐影响了全世界。与此同时，人类的知识也在逐步发展，尤其是对于世界的认识，处在欧洲和欧化国家与地区的人们是越来越清晰了。

　　这一时期，政治领域没有什么进展。整个17世纪到18世纪的发展并没有直接影响到政治方面，也没有对大众的思想层面造成深远的影响。而这一时期主要的发展所造成的影响直到后来，尤其是在19世纪后半叶时，才在那些繁荣发展、独立自主的小范围世界中充分显露出来。可以这样说，如果没有英国所谓的绅士，那么科学方法就不会在希腊首先出现，并在欧洲得到复兴。这个时代，人们又重新开始对科学思想和哲学积极探索，其中大学虽然起到了一定的作用，但不起主要作用，原因在于大学各项研究的经费主要来源于资助，可得到资助的研究往往较为局限与保守，除非得到某种独立的精神的鼓舞，否则无法推动和支持发明的发展。

　　前文已述，皇家学会于1662年成立，并对培根实现其新大西洋梦想起到了一定的作用。在18世纪，物质和运动概念得到了澄清，数学也取得了很大的进展，自然史更新了分类，解剖学也复活了。而由亚里士多德设想、达·芬奇（1452

年—1519年）阐释的地质学也开始了一项伟大的工作：对岩石记录进行解释。

物理学的进步也推动了冶金术的发展，使之得到了改进，因此人们可以用铁和其他原料进行更大胆的大规模制造，从而推动了某些实际的发明。而更多新种类的机器不断被创造出来，终于，声势浩大的产业革命开始了。

1804年，特里维西克在运输业上运用了瓦特发明的蒸汽机，从而制成了世界上第一台火车头。1825年，第一条铁路建成于斯托克顿和达林顿之间，并成功通车。而由斯蒂芬森制造的"火箭号"货车的车头，拖着13吨重的货物在铁路上行驶，速度达到每小时44英里。1830年以后，铁路迅速发展，到了19世纪中期，铁路网已遍布全欧洲。

一直以来，陆路运输是人们生活中的最常用运输方式，到了这个时期，它的速度较以往提高了许多。拿破仑在俄罗斯遭遇惨败之后，从维尔纳附近回到巴黎，花了共312个小时才走完约1400英里的行程。他利用了一切便利的条件提高速度，可也不过是平均每小时走了5英里，同样是这段路程，倘若换一个平常的旅客，恐怕花两倍的时间也走不完。而这也已经是公元1世纪时往返罗马与高卢之间的最高速度了。突然间，速度提高了许多倍，铁路可以让任何一位普通旅客在48小时以内完成这段旅程。也就是说，铁路能够把欧洲各主要路程的旅行时间缩短到之前的十分之一，把政府的辖区扩大10倍。当然，这种可能性还有待于欧洲人去实现。在欧洲，国界网仍然是在跑马和公路时代划定的；而在美洲，铁路的功效立即显现。因此，对于正在向西扩张的美利坚合众国来说，铁路的出现意味着这样一个事实：无论处于多远的边疆属地，人们都可以穿越大陆直抵华盛顿。而铁路也意味着统一，否则，政府无法维持如此辽阔地域的统一。

蒸汽轮船要早于蒸汽机车出现。1802年，一艘"夏洛特·丹达斯号"轮船已在克莱德运河上航行。1807年，美国人富尔顿造出了"克莱蒙"号轮船，这是一艘装有英国瓦特蒸汽机的轮船，在纽约以北的哈得森河上往返。之后，美国制造了海上航行的第一艘轮船，命名为"菲尼克斯号"，它的首航航线是从纽约（霍博肯）航抵费城。美国还制造了"萨凡纳号"轮船（1819年），它是首先利用蒸汽力量（也有帆）横渡大西洋的轮船。以上所提及的都是一些明轮轮船，由于其轮桨极易破损，而一旦破损便无法行驶，所以它们并不适于在风浪强劲的海洋上航行。

螺旋桨轮船出现得比较晚，因为要克服许多的困难才能使它适合于在实际生活中应用。直到19世纪的中期，轮船的吨位才赶上了帆船。此后，海运迅速发展，人们终于可以大概预测出轮船抵达海港的时间。过去，横渡大西洋是一种冒险的航行，因为它需要花费数周甚至可能数月来完成，而现在所需的时间就大大缩短了。到了1910年，最快的船只仅需要5天，而且还可以提前估算到达目的地的时间。

在蒸汽机普遍用于海上和陆上交通运输的同时，伏特、伽瓦尼和法拉第等人对电力现象的研究也取得了重要成果，他们的研究给人类的交往带来了无穷的便利。1835年电报机问世，1851年，法兰西和英格兰之间成功铺设世界上第一条海底电缆。没过几年，电报系统迅速发展，遍布世界。以前，消息是在地方之间次第传送，如今，几乎在同一时间就可以把消息传到世界的各个角落。

在19世纪中期，人们普遍认为火车和电报这类东西已经是最惊人和最具革命性的发明了。其实，它们不过是人类在整个发明过程中最早出现的一批粗陋、简单的成果而已。这一时期的工艺知识和技术取得了飞速的发展，而且达到了非凡的程度。这种情况起初并不明显，不过后来在人类掌握了越来越多的结构材料时，其作用就越来越重要了。18世纪中叶以前，工匠一直是用木炭把铁从矿石中冶炼出来，然后制成小块，再锤锻成一定的形状。作为原料，铁的质量与锻造方式主要取决于铁匠的经验和才智。16世纪时，能锻造出来的铁块最大也不过两三吨（所以大炮的体积也会受到限制）。到18世纪，鼓风炉出现，并随着焦炭的使用而日益改进。18世纪以后，首次出现了碾压的铁板（1728年）、铁棍和铁条（1783年）。奈斯密斯的蒸汽锤直到1838年才被发明出来。

在古代，低劣的冶金技术使得人们无法利用蒸汽的力量。铁板出现之前，别说蒸汽机，连最原始的抽水机都难以制造。以现代的标准看来，早期的发动机不过是一堆粗铜烂铁，可它已经是当时的冶金技术能达到的最高成就了。到了1856年，贝西默尔冶炼法出现了。8年后（1864年），平炉冶炼法出现。于是，人们可以用前所未有的方法和规模对各种钢铁进行熔化、精炼和铸造。发展至今天，人们可以看到钢水犹如沸腾的牛奶在电炉中上下翻腾。就其结果而言，人类以往的各种进步都无法与随心所欲操控钢铁的成功相媲美。新冶金技术的初步运用，使铁路和早期的各种引擎相继出现。紧接着，各种钢铁的船舶、巨大的桥梁、新型的钢筋大建筑也相继出现。不过当时的设计者们把火车铁轨的间距设计得过于窄小，不然旅行就可以更稳当更舒服，可惜等人们发觉这一失策时为时已晚。

19世纪以前，世界上还没有载重量超过2000吨的轮船，而现在，载重5万吨的巨轮已非常普遍了。有些人讥笑这不过是在"体积"上取得进步，而这正暴露了这些人的知识局限，不思进取。这些巨轮和钢筋建筑并不是人们所认为的那样，只是放大了过去那些小船或小型建筑，它们的性质完全不同。它们建造得更轻便、坚固，采用更优良、耐久的材料。与过去仅凭着经验来制造不同，它们是经过精细的计算和复杂的设计后才开始建造的。以前建造房屋或船只时受制于材料的限制，如今建造新的房屋和船舶，人是主导，物质被人征服，人们可以随意取得材料并进行改造。想想看，矿山和矿井中的煤、铁和沙被开采出来，经过了绞、锻、熔、铸等工序制成钢铁和玻璃，最后被建成无比壮丽辉煌的细长塔尖，居然能以600英尺的高度巍峨地耸立在繁荣的都市之中。

以上我们详细地叙述了人类钢铁冶炼知识方面的进步，以及所创造的成果，而这仅仅是其中的一个例子。人们同样更加了解铜和锡，以及许多其他的金属，比如19世纪以前尚未被人们认识的镍和铝。机器革命取得的主要成就就在于人类对种种物质，如各种玻璃、各种岩石和石膏、各种染料与纺织品的控制能力不断加强。但是目前，我们还只是处在取得成果的初级阶段。我们有了这种能力，但还需要学习如何才能更好地使用这种能力。而对于如何使用科学成果，人们还没有一个清晰的认识，不少人只是看到其表面的作用，甚至把科学成果愚蠢地用在了错误的地方甚至是可怕的领域，即使是各方面的专家们，也没有真正运用到科学的强大功能。

随着机器制造的功能越来越强大，电学也迅速发展起来。不过这个领域的研究直到19世纪80年代才开始产生效果，进入人们的视野。之后，电灯和电力牵引问世。再之后，人们发现了力的转化原理和输送能量的方式，他们可以用铜丝把能量输送出去，就如同用水管送水一样简单，而他们也意识到通过力的转化，人类可以随心所欲地把能量转变成机械运动、光或热。

在这个伟大的知识增殖时代，英国人和法国人是最初的领导者，后来，在拿破仑统治下学会谦恭的德国人在科学研究方面表现出来的巨大热情和坚忍不拔甚至超过了英法两国。英国科学的创造者，通常是一些学术研究中心之外的英格兰人和苏格兰人。

在当时，英国的各大学都热衷于研究迂腐的拉丁和希腊古典，导致教育水平不断下降。而法国的教育同样也被禁锢在耶稣会学者的古典传统中。相比起来，德国人要组织一个研究者团体容易许多，虽然规模不大，但比起英国和法国有限的研究者与实验者，数量就相当可观了。而且虽然科学研究和实验工作使得英法两国成为世界上最富有强大的国家，然而科学家们却没有因此获利。通常热爱、忠诚科学的人都超凡脱俗，他们在自己的研究上倾注了全部心血，因而根本无暇去策划考虑通过科学研究赚钱。于是，科学家们各种发现所带来的经济效益，就被贪婪之徒轻而易举地收入囊中。于是，英国的每一个科技新进步，都会产生大量的富人。虽然这些富人还不至于去侮辱和杀害这些为国家产下金蛋的鸡，如同经院派学者和牧师一样，但也对这些为他们取得利润的人的窘境安之若素，视若无睹。在他们看来，发明家和发现者生来就是为更聪明的人赚钱的。

不过在这一点上，德国人更聪明。德国的"学者"们并不那么强烈地憎恨新的学问，他们允许研究者不断发展新知识。而德国的商人和制造厂主也并不轻视科学家，不像他们的英国竞争者那样，他们相信，知识犹如农作物，肥料施得越足，长势就越好。所以他们给科学研究者们创造了大量的机会，也投入了更多的经费去支持科学研究。而反过来，回报他们的是更为丰厚的报酬。到了19世纪的后半期，德国科学领域的进展已经遥遥领先，每一位科研人员，要是不想落伍，就一定得掌握德语，以便去德意志进行学习。而在某些学科上，尤其是化学方面，与西方邻国相比，德国取得了压倒性优势。而19世纪六七十年代里德国科学所做的努力，效果在80年代逐渐凸显，它的技术和工业发展逐渐追上了英国和法国。

19世纪80年代，一种新型发动机的投入使用，使得发明史开始进入一个崭新的阶段。这种内燃发动机更为轻便，它用爆发性混合物代替了蒸汽进行膨胀，更加高效，于是人们就用它来制造汽车。而后，人们不断对它进行改进，直到它在重量和效率上达到了一个新的高度，使它足以用于飞机上。这个很久以前人们设想过的梦变成了现实。早在1897年，华盛顿史密斯研究所的兰利教授就成功地制造了一架飞机，不过它还无法载人。而到了1909年，飞机已经可以载人飞行了。

随着铁路和公路的日臻完善，人类似乎已经无法再提高交通速度，然而飞机的出现又进一步缩短了地面上两地之间的有效距离。18世纪时，从伦敦到爱丁堡要花8天时间，然而到了1918年，根据英国航空运输会的报告，几年之内，用同样的8天，人们已经可以绕行地球半周，完成从伦敦到墨尔本的旅程了。这种明显缩短两地路程往来时间的进步，我们似乎无须过分地夸耀，因为这仅仅只是一个方面，人类还可能取得更深远、更重大的发展。比如19世纪，农业科学和农业化学也取得了同样的进步。人们已经懂得如何让土壤更为肥沃，在相同的面积上，农作物的产量比17世纪时多了四五倍。医学方面也有了更令人瞠目结舌的进步，人的平均寿命增长了，日常效率也提高了，而由疾病导致的死亡率则下降了。

总之，人类的生活已经发生了巨大的变化，步入一个崭新的历史阶段，而仅在100多年的时间里，机器革命就得以完成。在这一段时间里，人类在物质方面所取得的成就要远远超过从旧石器时代到农耕时代，或者从埃及的斐比时代到乔治三世时代的漫长岁月中取得的一切成就。人类似乎也形成了一个新的物质构架。而显然，我们也应在社会、经济和政治的方式上面随之做出调整，不过，因为它们至今还只是起步，所以这一调整还有待于机器革命的进一步发展。

第四十九章　工业革命

很多历史书都把我们以上所说的机器革命和产业革命混为一谈。机器革命是人类经验中全新的一种事物，它产生于有组织的科学发展，就像农业的发明或金属的发现一样，是一个新的阶段。而产业革命实际上是指社会和财政的发展，是起源不同的另一回事。它在历史上是有先例的。这两个过程同时进行，不断地相互作用，然而本质上却是两回事。即使没有煤、蒸汽以及机器，产业革命也会发生。如果是那样的情况，它大概就会追随罗马共和国末年的社会和财政的发展路线，重新上演自由农民失去其土地、人们被迫集体劳动、土地资产和金融财富掌握于个别人手中以及财政方式被彻底破坏的故事。其实在动力和机器出现之前，工厂的生产方式就存在了。例如，新书就是由抄写者们在书商的工厂里按口授笔录而成。因而工厂并非机器的产物，而是"分工"的产物。在水车的使用尚未带有工业意义之前，奥古斯都时代的罗马就已经出现了工厂，那些被剥削的工人们训练有素地制作着女帽盒、家具、彩色地图和书籍的插图。研究迪福的著作和菲尔丁的政治小册子的人一定了解，17世纪末期的英国流行着这样的看法：把成批的穷人驱赶进厂房，使他们为了自己的生计而从事集体劳动。甚至莫尔在所著的《乌托邦》一书中（1516年）也在这方面进行过论述，很明显，工厂是社会发展的产物，与机器发展无关。

到了18世纪的中叶以后，西欧社会和经济的历史其实就在走着公元前最后3个世纪罗马的老路。但是，历史却由于欧洲政治的分裂，反对君主制度引起的动乱，持续不断的人民起义，或许还加上西欧极易接受机器概念和发明的理智等因素，完全转向了一个新的方向。幸亏有基督教在欧洲大陆上将人类团结的思想进行了广泛的传播，加上政治权力的分散，那些精力充沛、一心致富的人，才把念头从奴隶的集团劳动转到了机械动力和机器上面来。

机器革命，也就是发明和发现机器的过程，这是人类历史上的一项新事物。一方面，不管对社会、政治、经济和工业等方面造成什么样的影响，它都不停地向前发展。另一方面，如同人类的大多数其他事情一样，工业革命发生着越来越深刻的变化和偏转，原因就在于机器革命导致了人类生活在持续不断地发生变化。一方面，它使得财富迅速集中，像罗马帝国后期的巨大资本垄断一样，当然伴随而来的是小农小商人的破产；另一方面，与18世纪到19世纪资本积累极为相似。两者本质的区别，就在于机器革命导致劳动性质发生了深刻变化。旧世界的动力是人力，一切事情的完成都主要依靠人的劳动力，虽然也多少利用一些兽力，如牛、马一类牲畜。但抬起重物的是人，开凿岩石的是人，而耕田种地的主要也是人，牛只发挥一定的作用。罗马时期，"轮船"需要划手们流汗划桨才能前进。在人类的早期文明中，绝大多数人被当成苦力，像机器一般被奴役着。虽然动力推动的机器出现了，但是机器刚出现的时候，它们并没有把人们从笨重的劳动中解救出来，反而为了挖掘运河、修筑铁路路基和堤坝等，大批的人被雇来做苦力。矿工人数急剧增加，但是便利的设备和商品被制造出来，产量也在大幅度地提高。随着19世纪的进程，新形势的逻辑才逐渐明确地显露出来。人类不再被当作动力资源来使用了。以往依赖于人力的机械性工作，此时也逐渐被机器代替，而且做得更快、更好，人逐渐改为从事那些机器无法完成的工作，如需要选择和动脑的工作。人类仅仅作为人而被存在。先前那些支撑着古代文明的苦力——只知道服从的人，毫无头脑的人，对于人类的社会发展来说，都成了毫无用处的人。

这种情况不仅出现在新兴的冶金业中，而且还出现在传统的产业中，如农业和采矿业。在耕田、播种和收获方面，高效率的机器完成的工作量是以前数十人的总量。罗马文明是以廉价和贬值的人为基础而建立起来的，而近代文明则是在廉价的机器劳动基础之上建立的。100年来，机器动力越来越便宜，劳动力则变得越来越昂贵。机器经过了一代人的时间才代替了人力运用到采矿业中，是由于在那段时间内人力比机器动力更加便宜。

至此，人类生活发生了根本性的变化。在旧文明中，劳役苦工的来源是最令富人和统治者费心思的问题。而到了19世纪以后，那些有头脑的人越来越清楚地意识到：比起劳役苦工，一般平民更可贵。必须要让他们受教育，因为他们起码要知道自己在干什么，这样才能确保"工作效率"。

从基督教开始传教活动以来，大众教育就在欧洲艰难、缓慢地发展着。因为它总要让教徒们了解那些能够拯救他们的信条以及阅读传递信仰的经书。而基督教为争夺信徒，实际上也在对大众教育进行耕耘。比如在英国，到了19世纪30年代到40年代，各教派的纷争不断，甚至为了争夺年轻的教徒，他们纷纷创办了一系列儿童教育机构，如国家教会学校、非国教派"英国"学校以及罗马天主教小学。19世纪下半叶，整个西方的平民教育获得迅速发展，但上层阶级的教育却几乎停滞不前，虽然有所发展，却不能与平民相提并论，似乎以前社会中存在的读书阶级和无文化大众的巨大鸿沟，如今只剩下教育水平上的微小差别。而这种变化过程发生在机器革命时期，表面上看来，它似乎与社会状况无关，但实际上，却是全世界在坚持彻底扫除所有文盲的阶段。

罗马的公民似乎从来没有真正地理解罗马共和国经济革命的含义，而罗马的普通市民也从来没有清楚而广泛地理解自己所经历的变化。在工业革命继续走向19世纪尾声时，越来越多受其影响的大众已经能够把它当作一个整体的过程来理解了。因为现代人都能够读书、讨论和交流，并且有机会四处游历、观察，领略一些以前的平民没有机会看到的东西。

第五十章　现代政治和社会思想的发展

古代文明的制度、习俗和政治思想等，在一种自然状态中，经由一个个时代缓慢地向前演变和发展着。人类对它们相互之间关系的思考是直到人类青春期的那个伟大世纪，即公元前6世纪才开始的。人们第一次开始怀疑已建立的信仰、法律和人类的管理方法，也第一次要求改革和重新整理这些东西。

前面，我们分别谈到了希腊和亚历山大城在人类早期时代中对知识掌握和传承方面所取得的光辉成就，而奴隶制文明的崩溃、宗教迫害的阴云和专制政权的黑暗又是如何使得这一辉煌开端黯然失色。直到15世纪到16世纪，无畏的思想之光才再一次穿透欧洲浓重的阴云。我们还试着说明了阿拉伯人的好奇心和蒙古人的征服风暴是如何清除了欧洲天空中的精神乌云。人类最先了解的知识是关于物质的；人类理性复苏的最早成果也是物质成就和物质力量。而与人类关系相关的科学，如个人和社会心理学、教育学、经济学，不仅本身微妙复杂，而且还时刻与情感有着千丝万缕的联系。于是，这些学科发展缓慢，而且受到了强大的阻力。人们往往能十分平静地聆听有关星辰与分子的各种说明，然而一旦谈及关于生活方式的理论却往往会有所触动。

在古希腊，柏拉图大胆的哲学早在亚里士多德努力去探讨事实之前就产生了。同样，在欧洲，最早对新局面进行的政治性研究，就是采取了"乌托邦"故事的形式，这一形式直接模仿了柏拉图的"共和国"和他的法律形式。不过，莫尔的《乌托邦》虽然是在模仿柏拉图，但在新的英国贫民法中产生了效果；而拿波里人康帕内拉所著的《太阳之城》尽管更富于幻想，却没有产生太多的社会影响。

到了17世纪末，一批政治和社会科学著作纷纷问世，对社会影响很大。约翰·洛克是这个讨论的开拓者。他是一位英国共和党人的儿子，起初在牛津大学研究化学和医药学，之后他意识到了社会改造是完全可能的，因而他开始写关于政治、信仰自由和教育等方面的论文。稍晚出现的法国人孟德斯鸠（1689年—1755年）与洛克齐名，他考察了社会、政治和宗教制度，并做了根本性的分析，撕去了法国专制君主制政体的神秘外衣。之后，他还与洛克一起对那些妨碍人们思考和尝试改造社会的错误概念进行了纠正和排除。

18世纪中期和末期，新一代探索者继往开来，他们勇敢地探索了道德和理智。这些人多数是具有反抗精神的优秀作家，他们来自耶稣会学派，即"百科全书派"。他们的目的是创造一个新的世界（1766年）。与此同时，一些经济学家也出现了，他们大胆地研究了粮食和商品的生产及分配。之后，《自然法典》的作者摩莱里斥责了私有制，他提倡要建立共产社会的组织体系。在19世纪的各种派别中，他是社会主义名称下的集体主义思想家的先驱。

如果问什么是社会主义？恐怕其定义有上百种解释，其类别有上千种分法。从本质上讲，社会主义以大众的利益为出发点，对私有财产观念进行批判。我们不妨大致回顾一下这个财产概念的历史，这个概念和国际主义概念是两个基本的思想概念，大部分政治生活都以这两个概念为中心而展开。

私有财产这一概念源自物种竞争的好战本能。在很久之前，人类还未进化时，我们的祖先类人猿占有着财产。动物们争抢的东西就是最原始的财产，比如狗抢的骨头、母狮争占的巢穴、咆哮的公兽统领的兽群。这些东西的归属权也显而易见。而在社会学领域里，可能再也没有比"原始共产主义"这一概念更荒唐的了。因为，在旧时器时代初期，家族长者是所有财产的占有者，包括妻子们、儿女们、用具等任何看得见的东西都归他所有。如果任何人试图抢夺他的东西，他就要与之战斗，并尽其所能地杀死对方。正如阿特金森在《原始法》一书中所说：随着时间的流逝，部族的长者逐渐承认了年轻人的存在，承认了他们从外面抢回的妻子、他们制作的装饰品、他们所猎获的野兽为他们所有。而人类社会之所以向前继续发展，也由于人们在个人财产上出现了妥协。这种妥协出于一种本能，类似于用武力驱赶别的部族离开自己势力范围的那种本能。如果山丘、森林、河流既不属于你又不属于我，那么它就是我们共同的，虽然每个人都宁愿自己独自占有，可是这却是不可能的，因为如果要独自占有，就会招来他人的攻击，可能会被消灭，因此人类开始学会了妥协。所以从一开始，社会的形成就是为了对占有权进行调和。相比今天的文明人，野兽和原始人的占有欲要强烈得多，因为它很大程度上是源于本能的驱使而非理性的决定。

对于原始人和未受过教育的现代人而言，他们的占有欲是无止境的，只要是能抢到的都要占有，不论是女人、俘虏、猎物、林中空地、采石场还是其他别的东西。而随着社会的发展，人类制定了一种法律来避免自相争斗残杀，并且发展了一套决定所有权的简便方法：凡是最先制造、获取和主张事物的人，都对这些事物具有所有权。比如，如果某人向他人借贷了某物，但又无法偿还，那么这个人的东西理所当然归他人所有。同样，某人一旦占有了某片土地，如果他人想要使用这片土地，那么他收取这些人的租税也是理所当然的。但是经过漫长的岁月，随着人们逐渐有组织地生活到一起，人们逐渐意识到无限地拥有财产是一种罪恶，人类是从一诞生在这个世界上就占有了一切吗？不，人类是先降生在这世界上，而后才开始占有和索取他物的。早期人类文明中的社会斗争现在已经很难考证，但是，从罗马共和国的历史来看，社会显然已经意识到了这样一个事实：债务已经给公众生活造成不便，应该取缔；无限占有土地也会造成诸多不便。我们发现，巴比伦在后期严格限制了占有奴隶财产的权利，后来，我们又看到了伟大的革命家耶稣前所未有地猛烈抨击了财产所有权：让一个拥有大量财富的人进天堂，比让骆驼钻过针眼还要难。而之后世界上批判财产所有权问题的声音持续了2500～3000年。耶稣诞生后的1900多年时间里，由于基督教义的广泛传播，人们才相信了人可以没有财产的说法。同时，"一个人可以按自己的意愿处理自己拥有的财产"的这一观念，相对于其他财产观念来说，产生了很大的动摇。

但是，直到18世纪末，人们还只是处在对这个问题提出疑问的阶段，仍然没有搞清它的根源所在，更没有采取行动去解决它。当时对财产所有权形成的最大冲击力，是为了保卫自己财产而反对君王们的贪婪与挥霍、贵族冒险家们的剥削所进行的斗争。法国革命最开始的目的是从苛捐杂税中把私有财产解救出来。但是提倡平均主义的革命公式，又将革命发展到了这样一种地步——批判它曾经保护过的财产。然而对于没有栖居之地、果腹之食的贫民来说，只要他们不劳动就无法获得占有者提供的食物以及住所，这样，他们又怎能得到自由和平等呢？难怪他们抱怨道：太过分了！

　　而对于上述问题，曾经有一个重要的政治团体企图通过强化、普及化财产的方式，从"分配"上着手加以解决。而与其相反的是，最早的社会主义者坚决主张"废除"一切私有财产，让财产归国家（当然是民主国家）所有，以此来解决这个问题。

　　对于自由和幸福这个共同的目标，不同的人们采取了不一样的方式，有的主张尽可能地绝对化分配财产，有的主张彻底废除财产的私有。两者显然是矛盾的，但事实就是如此。人们要想解决这个矛盾，必须要认识到这样一个前提：所有权不是一件单一的事物，而是众多不同事物的集合体。

　　直到19世纪，人们才开始懂得财产不是一种简单的东西，而是一种极为复杂的对于不同价值和结果的所有权；许多东西（诸如人的身体，艺术家的用具、衣服、牙刷）是无可争辩的个人财产；也有其他很多东西如铁路、各类机器、住宅、园地、游艇，则要经过深思熟虑后，才能确定它们在何种程度上、在何种限制下属私人所有，又在何种程度上是属于公共所有的，并遵循公共利益由国家经管或出租。在实践层面，这个问题的解决属于政治范围，属于实现并维持一个有效的国家管理的问题。另外，它还涉及许多社会心理学方面的问题和教育学上的问题。然而，目前对于财产的批判，人们仍然处在宽泛的、情绪化的躁动阶段，而没有上升到科学层面。一方面，个人主义者企图通过我们占有的财产来保证并扩大我们的自由；另一方面，社会主义者企图从许多方面瓜分我们的财产，限制我们获得财产的行为。人们将会发现，不论哪个阶层的人，事实上都处于极端个人主义者（即反对维持政府的一切税收）和极端共产主义者（即否定一切私有）之间。现在我们所说的社会主义实际上等同于一种集体主义，它允许私人占有相当数量的财产，但是教育、运输、矿山、土地所有权、重要物资的生产等则主张控制在具有高度组织性的国家手中。现在，的确有一些更理性的人逐渐趋向于认同经过科学地研究和设计的温和的社会主义。人们越来越清晰地认识到，在这样大规模的事业中，与没有受过教育的人们合作是不易成功的。当国家朝着更高级、更复杂的阶段迈进的时候，当国家从私人企业接管每一种职能时，都需要有相应的教育进步与合理的监督和控制机制。然而，从现在来看，当代国家的新闻宣传和政治手段，显然还没有成熟到能够支持大规模集体性活动的开展。

但是，有一个时期，由于雇主和被雇者之间的关系越发紧张，尤其是在苛刻的雇主与倔强的工人之间的关系危机，促使共产主义以粗糙和初级的形式公开地在全世界进行传播。而这时，马克思的思想出现在了共产主义阵营里。马克思的理论建立在这样一种信念之上：人们的意识受其经济需要的制约。在我们的现代文明中，富有的剥削阶级与被剥削大众的利益必然发生尖锐的冲突。机器革命促使教育蓬勃发展，而教育的发展又令受剥削的大众越来越有阶级意识，因此在对抗少数剥削者的斗争中，受剥削的大众越来越紧密地团结在一起。马克思预言，觉悟的工人阶级将以某种方式夺取政权，并建立一种新型的社会国家。对于马克思所预言的对抗、起义、爆发革命，人们都能理解，但是他所说的新型社会国家却使人困惑，因为革命除了破坏一个社会以外，不会产生什么新型的社会国家。不过之后，马克思主义在俄国得到检验，历史证明，马克思的预言完全正确，并不是被杜撰的。

马克思试图用阶级对立取代国家对立。马克思主义曾先后成立了第一、第二和第三国际工人协会。但是近代的个人主义思想也可能形成一种世界性的思潮。在伟大的英国经济学家亚当·斯密之后，人们逐渐认识到这样一个事实：为促进世界范围的繁荣，十分有必要在全世界进行通畅的自由贸易。个人主义者对国家的敌意，实际上就是对关税和国界设定的不满，就是对法定关税和国界限制了国际的自由行为和运动的不满。因此这两种思想，它们的精神实质完全不同，就像马克思主义者的社会主义和维多利亚女皇时代英国商人的个人主义那样差别巨大，前者主张阶级斗争，后者崇尚自由经商的哲学，不过这些主要的不同也同样暗示着人类事务将会在世界范围内起作用，超出国界和存在国的局限。不过人们也由此开始意识到：个人主义和社会主义这两个理论虽然立场完全相反，但它们共同探索着同一个问题，即为人们如何才能共同劳动这一问题找出建立在更广泛的社会和政治基础上的解决方案。随着人们对神圣罗马帝国和基督教世界的观念逐渐丧失信心，随着新事物不断被发现，人们的眼界逐渐从地中海转向了整个世界，人们越来越认识到这个探索非常必要。

若要详细地记叙迄今为止在社会、经济和政治思想方面的发展，免不了还要介绍大量争执不休的观点，这些的确不属于本书的范围和意图。但是，倘若我们能从世界历史的广阔角度去看待这些事物，我们就会认识到这样一个事实：让这些主导性的概念在人们的头脑中重建，仍然是尚未完成的任务，我们甚至很难估计出这些任务的完成程度。尽管如此，某些共同的信念在逐渐形成，它们的影响力在今天的政治事件和大众的行为中表现得非常明显。只不过，这些信念还不够清晰，也没有足够的说服力，因此还不能推动人们坚定地、有系统地去实现它。而人们的行为也在旧的传统与新的秩序之间徘徊，不过总体看来，如今更倾向于旧的传统。然而，即使比起人们不久以前的思想状态，人们的思想中也似乎已经开始形成在人类事务中建立新秩序的轮廓了。不过，这还只是一个粗略的轮廓，或者还太模糊，细节与方式也没有确定，但它毕竟一天天地清晰起来，其主要的线条也一天比一天趋于固定。

人类对自身的许多方面以及不断增加的事务的认识变得越来越清楚。人类逐渐在变成一个统一的社会，因此，越来越有必要建立一种统一的管理，来处理共同世界范围内的人类事务。比如，全球经济共同体正在逐步形成，因为要想合理开发好自然资源，需要进行全盘的考虑，而且人类现存的管理方式太过于分散，相互竞争，随着人类力量的增强和新事物的发现，这样的管理方式也越来越无法满足新世界的格局。财政金融逐渐全球化，而要成功地处理其收益问题，只有从世界范围入手才行。传染性疾病和人口的增长和转移问题也逐渐引起全世界的共同关注。而随着人类活动的能力和范围的增加，战争的破坏性越来越大，其后果也越来越严重，因此再试图以战争这样简单粗暴的拙劣手段去解决政治纠纷和民族纠纷，几乎毫无收效。所有这一切都表明了这样一个事实：人类需要更大规模、更具综合性和权威性的管理实体。

要想解决这些问题，不能只靠通过粗暴的征服或简单联合现存各政府组成一个世界性的超级政府来完成。人们最初的自然反应就是联合现成的组织，例如成立"全人类议会"、"世界代表大会"、"世界总统"或"世界皇帝"等。但是半个世纪以来的争论和经验，使人们彻底丧失了对这种组织的信心。要通过这样一条道路达到世界统一，简直困难重重。现在，人们的思想似乎趋向于这样一种解决方案：各国政府派出自己的代表，针对具体问题组成特别的委员会和组织，并赋予其世界范围的权力。之后，这些组织再来参与指导自然资源的开发、劳动条件的平等、世界和平、货币、人口、卫生等各方面的问题。

人们或许会发现，世界政府的组建完全没有作用，因为全世界的共同利益正在被作为一项事业来经营。但是在人类完全统一之前，在人类事务的国际性调节能够压倒由于爱国热情而产生的猜疑和嫉妒之前，十分有必要形成一个全人类的共同理想。"全人类是一家"的理念应该传遍全球，得到所有人的理解，并最终成为人类的共同理想。

2000多年以来，那些伟大的世界性宗教一直在进行斗争，为了维护和传播着其"四海之内皆兄弟"的理想。然而直到今天，由于民族、国家和种族的纷争，导致了很多的仇恨、愤怒和不信任的产生，而这些都在很大程度上抵消了宗教理想中那些更为豁达的见解和更为普遍的向往，也正是它们使得每一个人都成为世界的奴隶。正如公元6世纪到7世纪生活在混乱年代里的基督教徒们一样，他们不断地努力和斗争，从而使其思想渗入欧洲人的灵魂中。今天，持有"四海之内皆兄弟"的理想的人们也在为着同样的目的而艰苦斗争。这种思想传播的最后胜利都应归功于那些默默奉献的宣传者们。没有任何一个当代作家可以冒昧地预测这项事业已经进展到什么程度，以及可能获得多大的成功。

社会问题、经济问题似乎总无可避免地与国际问题交融在一起，各种不同问题的解决却都需要同一种令人振奋的奉献服务精神。但是，国家间的猜疑、固执和自私，影响着资产者和无产者面对共同利益时的态度；同时，后者的猜疑、固执与自私又反映了前者。个人占有欲的放大，就是国家与皇帝的贪婪，因为它们同样都来自本能的驱使，也同样产生于无知和传统。国际主义就是国家间的社会主义。所有研究这一问题的人都这样认为：至今尚没有一种有足够深度和力量的心理学，或者充分成熟的教育方法和教育机构，能够真正彻底地解开人类的相互交往和合作之谜。就像在1820年人们还未曾设计出电气化铁路系统一样，我们现在也还没有设计出有效的世界和平组织。但是，我们每一个人都要相信它终究会出现，而且就在不远的将来。

任何人都无法超越自己知识的枷锁，任何思想都无法超越时代的束缚，我们不可能对世界先知先觉：人类到底要经过多长时间的战争、耗费、动荡和痛苦，才能结束这种挥霍无度和漫无目的动乱之夜，到底要经过多久才能迎来伟大的和平——一个历史上都曾描述过的心灵与世界的伟大和平——的黎明。我们所设想的解决方法还是那样的模糊和粗糙，还是那样常常被激情和怀疑所包围。不过改造理智的伟大工程正在展开，尽管它至今仍不完善，然而它的概念在我们心中毕竟越来越清晰，越来越明确。当然，我们很难判定这一伟大工程的进展，它是风驰电掣还是缓缓而行，但是随着概念逐渐清晰明确，它必然会集聚起强大的力量来控制人们的心灵与想象。这种凝聚的力量至今之所以还缺乏，就是因为心中的概念不够准确和明晰，还不能保证力量的必然产生。而概念之所以模糊并受到误解，又是因为它们的表现形式是那么变幻莫测而混乱不堪。因而可以得出，概念获得精密性和确定性之后，将会促使新的世界国家产生令人深信不疑的力量，世界和心灵的伟大和平也将极为迅速地得到力量。从逻辑上看，如果对概念的理解得以明确，那么教育改革将会随之而来。

第五十一章　美国的扩张

在世界的不同地区中，受到交通工具发展最直接、最显著影响的地区非北美洲莫属了。

自国家独立以来，美国在政治上就体现着18世纪中期形成的自由主义思想，就连宪法也是在这种思想下形成的。美国为了维护自由做出了各种努力，他们反抗国家教会和王权的压迫，取消了各种贵族头衔，却极为谨慎地保护着私有财产。除此之外，还努力使每一个成年男子享有投票选举的权利（在开始的实行中，各州不尽相同）。但由于投票方法十分落后，政治生活很快就落入了高度组织化的政党机构的掌握之中。尽管如此，这些新获得独立和自由的人民依旧发挥出远远超过当代其他民族的活力、事业心和公共精神。

紧接着，速度大幅度提高的交通工具出现了。美国从这场交通大提速中获得的利益最大。美国人把铁路、江轮和电报等的出现看作国家发展过程中自然出现的东西，然而事实并非如此，正是这些东西的及时出现及时地挽救了合众国的统一。今天的美国正是首先依靠江轮，而后依靠铁路才得以造就的。我们可以试想一下，如果没有这些交通工具，那么现在这个幅员辽阔的美利坚合众国如何存在？如果没有这些交通工具，人口又要在何时、以怎样的方式才可以越过中央大平原向西迁居？回首历史，在交通落后的年代，从东海岸迁至密苏里州这样一段不到大陆宽度一半的距离，竟用了将近200年的时间。随着交通的发展，从建立在密西西比河对岸的第一个州——1821年建立的有"轮船州"之称的密苏比州到达太平洋那段余下的距离，却只用了几十年就完成了。正是交通工具的改善，造就了美国的发展。

我们做一个小实验就可以看到交通工具对美国的影响。如果我们把自1600年以后北美每一年的地图用放映机显示出来，那一定颇为有趣。我们用小黑点儿代表人口：每个黑点代表100个人，用五角星代表人口在10万以上的城市。

读者将会看到：200年来，小黑点儿沿着河岸地区和可航行的河流湖泊地区缓慢地爬行蔓延。当延及印第安纳州和肯塔基州等地时，速度就变得更加缓慢。但是到了1810年前后，情况出现了变化：沿着河流的航道出现了更为活跃的景象，黑点儿迅速增加并扩展开来。究其原因，想必是轮船的出现带来的结果。不久，开拓者的足迹从沿河的码头地区扩展到堪萨斯州和内布拉斯加州。

在1830年前后，表示铁路的黑线出现了。从此，小黑点儿不再是爬行，而是奔跑起来了。紧接着，这些小黑点儿像是用某种喷涂机喷上去的一样迅速增加。突然，代表人口数量在10万以上的大城市的几个五角星开始出现。之后，这样的五角星如雨后春笋般大量涌现，每一颗五角星都像是不断延展着的铁路网上的一个结。

美国这一阶段的发展过程在世界上是史无前例的，这是一个崭新的发展阶段。可以说，如果没有铁路，迅速庞大的美国也会四分五裂，支离破碎。正是铁路和电报的发展，使得整个美国顺利地连接在一起。不仅如此，美国人口在迅速增加的同时也一直保持其共性，甚至可以说，其共性越来越明显。今天的旧金山人和纽约人的相似程度要远远超过一个世纪以前弗吉尼亚人与新英格兰人的相似程度。同化过程顺利地进行着。这个由铁路和电报编织而成的国家，日益形成一个在语言、思想和行动上都协调一致的统一体。正是在这种环境下，航空事业也加入到这项伟大的编制之中。

美国这样一个伟大的国家是历史上一个崭新的事物。历史上即使有过人口超过一亿的伟大帝国，但那不过是多民族的联合，从来没有出现过在这样大的疆域上生活着的单一民族的国家。我们想给这样一个新事物起一个新名字。我们把美国称为国家，把法国和荷兰也称为国家，然而这两者之间的区别就像汽车和马车之间的区别一样。美国与上述两个国家是不同时代和不同条件的产物，并且将以不同的步伐沿着全然不同的道路走向自己的未来。就规模和可能性而言，美国介于欧洲国家和全球性联合国家之间。

俗话说"好事多磨"，美国人民在获得今天的强大和安宁之前，也经历了可怕、残酷的内部冲突阶段。首先出现的是南北文化的差异问题。南方风行奴隶制度，他们精心装扮的种植园主家庭，弥漫着助长大地产者和名门贵族役使黑奴的风气；北方各州的人民都是自由人，持自由和个人主义精神。而内河轮船、铁路、电报以及其他种种设备出现得稍晚了些，来不及遏止南北方各州在利益和思想方面日益深化的冲突。随着铁路和轮船的使用，南北方的分歧更为尖锐。尽管新的运输工具将整个美国联系在一起，但南北精神的冲突却日益加剧，调和的可能性也微乎其微。

伴随着人口大规模的西迁，每一个新建立的州，每一个新加入快速增长的美国体系的部分，都不可避免地出现了这两种思想之间的冲突。他们纠结于到底是成为自由公民的一员，还是让等级和奴隶制度流行在自己的土地上。从1933年开始，美国出现了反奴隶制协会并不断扩展，他们为彻底废除奴隶制在全国范围内展开了宣传和鼓动。其中是否应该接纳得克萨斯州加入美国联盟成为一场公开冲突的导火索。一个小小的州为何能引起全国的关注呢？原来是因为得克萨斯州原为墨西哥的一部分，但大部分是由美国支持奴隶制各州的移居者开辟的，1835年，它脱离墨西哥，确立了自己的独立地位，于1844年加入美国。按照墨西哥法律，在得克萨斯州是禁止使用奴隶的，然而此时南方又声称得克萨斯州有权实行奴隶制，并且它确实实行了奴隶制。这前后的矛盾使得得克萨斯州成为南北方争论的焦点。

又是交通的发展——远洋航海事业——使得欧洲人移民到美国更为方便，这造成了北方各州的人口激增。爱荷华、威斯康星、明尼苏达和俄勒冈等北方农业区都上升到了州的水平，这为北方反对奴隶制在政治上占有优势做了极大的贡献。然而种植棉花的南方各州，一方面为废奴运动的威胁日益增大而感到愤怒，另一方面害怕北方在国会中占有优势。面对这一社会现实，南方另辟蹊径，开始了脱离联邦的打算，他们梦想着吞并墨西哥和西印度群岛，从而建立一个扩展到巴拿马的独立而庞大的奴隶制国家。

1860年，注定要解决南北方矛盾的领导人应运而生——反对扩张奴隶制的亚伯拉罕·林肯当选为总统。面对这一现实，南方脱离联邦的愿望逐步变为现实。南卡罗来纳州通过一项"脱离法令"，打响了南方脱离联邦的第一枪，紧接着，密西西比、佛罗里达、亚拉巴马、佐治亚、路易斯安那州以及得克萨斯州先后响应，他们在亚拉巴马的蒙哥马利召开大会，选举杰斐逊·戴维斯为"美国南方各州1840年欧洲各国签订反奴隶制协会公约同盟"的总统，通过一部专门拥护"黑人奴隶制度"的宪法。

　　在社会矛盾如此尖锐的状况下，亚伯拉罕·林肯是如何成长为新一代领袖的呢？年轻时，他曾经是西移民潮的一分子。他出生于肯塔基州（1809年），童年时被带到印第安纳州，后来又搬到利诺斯州。那时，印第安纳还是半开垦区，生活条件恶劣。林肯小时候生活十分艰苦，住房只是旷野上的一座小圆木屋。他的学校条件很差，所受的教育时断时续。但是母亲很早就教他读书识字，他也很早就开始如饥似渴地读书。17岁的时候，林肯成了身材高大的年轻运动员，一个摔跤、赛跑的好手。有一段时间他在一家商店当雇员，以后又当过老板，与一个醉汉合伙做生意，结果欠下一笔15年都未能还清的债务。1834年，25岁的林肯被选为利诺斯州的众议院议员。而林肯所生活的利诺斯州，奴隶制问题尤其引人注目。因为国会里主张扩张奴隶制政党的主要领袖恰恰就是利诺斯州的参议员道格拉斯，由此，林肯亲身体会到了奴隶制的弊病。故此，若干年之间，林肯一直通过讲演和宣传册与道格拉斯进行斗争，逐渐成为道格拉斯最强有力的对手，并最终战胜了他。1860年的总统竞选将两个人的斗争推到顶点。1861年，林肯就任总统。此时南方各州在积极进行脱离华盛顿联邦政府的活动，并开始付诸军事行动。

　　终于，在种种原因之下，南北矛盾达到了极点，美国内战爆发了。双方都用临时招募的军队作战，兵力从最初的几万人逐渐发展到几十万人，北方的联邦军最后竟然超过了100万人。这次战斗争夺的主要目标是华盛顿和里士满，战场在墨西哥和东海岸之间展开。在此，我们无暇详述这场穿越田纳西州和弗吉尼亚州的森林山岭，并沿密西西比河而下的越打越激烈的悲壮情景。因为战争的结果只会是物资的摧毁和人员的伤亡。随着战争的进一步发展，双方有时进攻，有时反击。人们在希望和绝望中徘徊。在优秀的南方同盟军将领李将军的带领下，即使同盟军人数少、资源匮乏，也曾将华盛顿攻陷；联邦军的将领统帅能力不佳，也没有最高权力，从谢尔曼和格兰特接任指挥，情况才有了转变。1864年10月，谢尔曼率领着一支联邦军突破同盟军左翼，从田纳西州经佐治亚州直达海岸，穿过南方同盟全境，又挥师北上，转至南卡罗来纳州，直捣同盟军后方。与此同时，格兰特把李将军钳制在里士满，一直到谢尔曼将其团团围住。1865年4月9日，李将军率部队在阿波马托克斯州府所在地投降，一个月之间，全部南军的残余部队都放下了武器，南方同盟遂告解体。这次漫长的内战，终于以联邦党的胜利画上了完美的句点。

这场历时4年的战争给美国人民带来了物质和精神上的双重伤害。尽管北方为了维护国家的统一而战，但是，在许多人的眼里，州的自治原则也是极为宝贵的，并且在现实社会中，北方似乎是强制南方废除了奴隶制。在这种国家统一与各州独立的矛盾中，边境各州里，亲兄弟、堂（表）兄弟，甚至父与子都由于持不同的立场而参加到敌对的军队之中。对于北方人而言，他们认为自己是在主张正义，但是在许多人的眼中，北方的主张并非无可挑剔。面对这样的混乱，林肯始终保持着清醒的头脑。他主张统一，一心拥护美国的持久和平。他反对奴隶制，但是并没有把奴隶制问题看作最主要的问题。他认为最主要的问题是维护美国统一，防止它分裂成相互对立和相互倾轧的两部分。

在战争开始阶段，国会和联邦的将军们都主张尽快解放奴隶，以获得广大奴隶的支持，但是林肯看到了奴隶主更为壮大的力量，反对这样做，使这些人从狂热中冷静下来。他采取中庸之法，主张逐步解放奴隶，并对奴隶主给予补偿，这样便缓和了奴隶与奴隶主之间的矛盾。直到1865年1月形势成熟时，国会提出了一个宪法修正案，永久地废除了奴隶制度。此项修正案在各州通过的时候，战争已经结束了。

1862年到1863年这两年内，美国内战处于久战不下的僵持阶段。初期的兴奋和激动不断减退，无论是战场上还是社会上，美国都陷入了疲惫和厌战的情绪。失败主义者、叛徒、革职军人、居心叵测的政客围绕在总统的周围。背后是疑惑而疲惫不堪的人民，面前又是些暮气沉沉的军人和士气低下的军队。这使得总统感到孤独与寂寞。不过，他最大的慰藉或许是想到里士满的杰斐逊·戴维斯也面临同样的困境。就在这两人都陷入僵局的时候，英国政府做了一件愚蠢的事，派出3艘人员齐备的快速私掠船——其中的"阿拉巴马号"是最令人难忘的一艘——从海上追击美国的船只。而正在这个时候，驻扎在墨西哥的法国军队正肆意践踏门罗主义。在里士满微占上风的情况下，他们提出了一个微妙的停战建议：将主要矛盾从国内矛盾变为民族矛盾，要求联邦和同盟双方联合起来共同对付墨西哥的法军，而把内战问题通过逐步谈判来解决。然而，林肯指出，美国人只能作为一个整体而不是分裂的双方来对付法军，所以必须使里士满承认联邦具有最高的权力，否则便不能接受这一意见。

在充满着挫折、忙碌和疲惫的漫漫日夜里，在弥漫着分裂和绝望的气氛中，林肯并没有背弃维护国家统一大业的责任，他始终把美国团结在一起。每当他无事可做的时候，他总是安静地坐在白宫里，就像一座坚毅的雕像。他有时也谈笑风生、回忆往事以调整和舒缓心情。

苦尽甘来，他终于迎来了联邦的胜利。在南军投降的第二天，他进入里士满接受李将军的投降。回到华盛顿后，他于4月11日做了最后一次公开讲演，主题是和解以及在战败各州重建忠实政府的问题。本以为南北问题已经完全解决，可就在4月14日晚，他去华盛顿福特剧院观看演出，就在看戏时，脑后突然中了一枪，立时身亡。刺客是一个叫布恩的演员，他在政治上对林肯不满，潜入包厢行刺。年轻的林肯就这样从世界上消失了，但是对于林肯来说，他死而无憾，联邦已经得到了拯救，他毕生的事业也已经完成了。

然而战争带来的也并不都是毁害，也带来了交通运输的发展。在战争开始的时候，美国还没有通往太平洋沿岸的铁路，而战争结束后，铁路像藤蔓一样迅速地在美国大地上铺展开来。由此，铁路网把美国连接、编织成一个在精神和物质上都不可分割的统一整体。

第五十二章　德国成为欧洲强国

　　在法国大革命和拿破仑远征的动荡之后，欧洲一度获得了某种不稳定的和平状态，也使50年前的政治局势以一种现代化的面貌燃起某种复活的火苗，这些我们在前面的章节都已述及。19世纪中叶，炼钢新技术的掌握、铁路和轮船的出现都未曾在政治上激起什么涟漪。但是，由于城市工业的发达，社会局势的紧张度不断加剧，这时的法国仍然危机四伏。1830年革命后，又爆发了1848年革命。拿破仑三世，即拿破仑·波拿巴的侄子，坐上了法国第一任总统的交椅，后又于1852年荣登皇帝宝座。

　　临位后，他着手改建巴黎，使巴黎从满街绘画、满地垃圾那样一种17世纪风格的城市，摇身变成宽阔的大理石建筑遍布的拉丁风格的城市。与此同时，拿破仑三世着手改造法国，意图使之成为光芒四射的现代化帝国主义国家。他还臆想：使17世纪到18世纪欧洲列强无益攻伐的局面死灰复燃。此时，俄国沙皇尼古拉一世（1825年—1856年）正在忙于侵略和压迫其南方的土耳其帝国，并不眨双眼地紧盯着君士坦丁堡。

　　新世纪后，欧洲又创新出一种战争周期。本次战争，论其主要原因，在于"均衡势力"和争夺霸权。英国、法国和撒丁王国为保土耳其，与俄国对垒高战，演绎了克里米亚战争；普鲁士（与意大利结盟）和奥地利在德意志的统治权问题上挥戈相向；法国以萨瓦为报酬，出兵从奥地利手中解放了意大利北部。意大利遂逐渐走向统一。此后，拿破仑三世乘美国南北战争之机，在墨西哥冒了一场极不明智的险：拥立马克西米利安为墨西哥皇帝，然而，当他再度受到来自南北战争中获胜的华盛顿政府的威胁时，又抛弃了马克西米利安，使拿破仑三世的形象最终遭到墨西哥人的唾弃。

1870年，法国和普鲁士为长期悬而未决的欧洲霸权再度争战。普鲁士方面很早就料到这场战争，因此做了十分充分的准备。而法国方面，则由于财政情况恶化，力量大减。法军的溃败是迅速而富有戏剧性的。8月，德军入侵法国。9月，皇帝亲率的一支法国大军在色当战败投降。10月，另一支法军在梅斯再度上演悲剧。第二年1月，巴黎在围困和炮击的阴霾下终于陷落，双方在法兰克福签署了和平条约，割让阿尔萨斯和洛林给德国。除奥地利外，德意志完成统一，帝国雄立，普鲁士皇帝作为德国领袖列欧洲皇帝之班。

自此后43年间，德国成为欧洲大陆上最强大的国家。1877年到1878年，俄土战争爆发。自此，除了巴尔干地区有过部分的调整之外，欧洲各国艰难地维持着现状，达30年之久。

第五十三章 轮船和火车时代的海外新帝国

18世纪末是诸帝国分裂的时代，也是扩张主义者梦想破灭的时代。英国、西班牙等与其美洲殖民地间遥远的距离，阻碍了本土与属地的自由往来，其结果是：殖民地分离了出去，成为有着不同思想、不同利益、甚至不同说话方式的新的独立的社会实体。随着发展，它们之间奄奄一息的航运联系越来越紧张。那些建立在荒原之上的贸易站（如法国设在加拿大的）或贸易办事处（如英国设在印度的）为了维持生计，不得不依赖那些与之联系有据的国家的援助。因此，19世纪初的许多思想家都认为：海外统治已达上限。1820年以后，曾闪耀于18世纪中叶地图上的欧洲以外的各大"欧洲帝国"已大大萎缩。唯有俄国依旧雄踞整个亚洲。

1815年的英帝国由以下部分组成：加拿大人烟稀少的沿海地区、河流和湖泊区域以及辽阔荒芜的内陆（时至那时，哈德逊湾公司的皮货贸易站是唯一的移民点），东印度公司控制下三分之一左右的印度半岛，好望角沿海地区（居民多是黑人和富于反抗精神的荷兰人），西非沿海为数不多的贸易站、直布罗陀岩、马耳他岛、牙买加、西印度群岛上几块役使奴隶劳动的小领地和南美的英属圭亚那等。此外，在世界的另一边，还有澳大利亚的博塔尼湾和塔斯马尼亚的两块犯人流放处。

此时，西班牙仍控制着古巴和菲律宾群岛上的少许地盘，葡萄牙只保有其早年在非洲占领的部分属地，荷兰在东印度群岛与荷属圭亚那维持着几个岛屿和部分领地，丹麦只占据着一个属西印度群岛上的岛屿，法国则霸据着西印度群岛的一两个小岛和法属圭那亚。这些似乎就是欧洲列强寻求的，或者说他们仍有从世界其他部分获得土地的欲望。唯东印度公司扩张气焰不减。

当欧洲忙于与拿破仑作战之际，英国东印度公司在历任总督指挥下，在印度正扮演着以前土库曼人和其他北方侵略者的角色。维也纳和约签订之后，它一如既往地征税，发动战争，遣使至亚洲各国，俨然半个独立国家的模样。不过，它仍把财富送往西方。

在这里，我们不可能详细介绍这个英国公司时而勾结这股势力，时而倒向另一边，最后打败所有对手而夺取霸权的过程。总之，它的触角一直伸到了阿萨姆、信德和奥德，印度地图开始呈现出今天的英国小学生所熟悉的那个轮廓：一个被各大行省包围和连接的英国直接统治下的本地诸邦的拼集。

1859年，印度士兵一次大规模的暴动被强行镇压下来。之后，东印度公司这个"国家"便被并入英国王权的统治之下，成为其掠夺财富的有力武器。并且，依照《改善印度政府管理法》，总督成为代表英王的副王，所以东印度公司的位置便由被国会下属的印度事务部所取代。1877年，贝肯斯菲尔德勋爵为了完成上述改善法令，恭请维多利亚女王冠以"印度女皇"的称号。

纵观整个欧洲的发展历程，我们总能发现一些帝国之间或结盟或发起战争的非同寻常的方式。恰巧印度和英国就是以这样一种不寻常的方式结合在了一起。尽管印度仍然是名义上的莫卧儿帝国，但随着英国统治的不断深入，印度国民不断被同化。昔日的莫卧儿大帝早已被大不列颠的"君主共和国"所取代。自此，莫卧儿帝国的辉煌也只存留于史册。印度也就自然地成了一个没有专制君主的专制国家。但印度在统治方面并没有给人民带来福音。它的统治一方面结合了专制君主制的弊端，另一方面又遗留了民主官僚机构非人格性和不负责任的诟病，因而变得更加惨无人道。所以，当印度人不幸遭遇非法侵害时，他们根本找不到一个有形的国王或政府机构来为他们主持公道，就连倾诉一下自己的委屈也成为一件极其奢侈的事。事实上，当时的印度国王仅仅只是一种金色的标志，是一个毫无实权的虚壳。所以，印度人的困难与悲惨只能寄希望于英国人。他们采取的方式是：在英国散发传单诉苦或向英国下院提出质询。然而，任何一个民族终究都逃不出历史和种族隔阂的悲剧。议会是一个怎样的机构？它又为谁而工作？且不说他们在为英国的事务忙碌，无暇顾及印度人的死活。即便是它无事可做，也不会对一个统治之下的民族心怀怜悯。如此一来，印度人的问题总遭冷落，并被束之高阁。或者，即便是争取到了所谓的申诉机会，也不过是少数官员任意摆布时局的一场闹剧。而闹剧的受害者还是那些受尽无尽委屈的印度人民。英国统治下，印度人民在水深火热中苦苦挣扎，却还是未能挣脱英国的魔爪。即便是在今天，我们仍能看出这样一个泱泱大国在那段屈辱历史后的贫困阴影。或许，一个民族沦没的真正悲剧也就在于此！

从古至今，交通运输无疑是帝国发展最为重要的硬件设施。在铁路和轮船投入有效的使用之前，除了在印度，没有任何一个欧洲帝国能发起如此大规模的扩张。英国一个颇有影响力的政治思想家曾指出：海外领土是王国趋于衰弱的一个根源。澳大利亚便是活生生的例子。澳大利亚殖民地的发展十分缓慢，直到1842年发现贵重铜矿，1851年发现金矿，新的重要意义方才显露了出来。便利的交通是一个国家经济发展的助推器，澳大利亚也正是因为交通运输方式的改进走上了国际贸易的大市场。它的羊毛成为欧洲市场上越来越畅销的商品，它也因此得名"骑在羊背上的国家"，成为享誉世界的优质羊毛生产国。无独有偶，加拿大的发展与澳大利亚有着不解之缘。1849年以前，加拿大的发展也没有什么骄人的成绩。或许，这与它的历史有着密切的联系。它曾一度被法国和英国移民之间的纠纷所困扰，并发生过多起重大的暴动，但始终没有从根本上解决这些争端。直至1867年，加拿大颁布了加拿大联邦自治政府新宪法，内部的紧张局面才得到了改善。然而，真正改变加拿大前途命运的却是铁路。与美国的情况相似，铁路的兴起就像是武士获取了一把利剑，可防可攻，得心应手。可以想象，这是一场多么震撼的实力武装。铁路不仅保证了加拿大向西扩张道路的畅通，还保证了它出产的谷物和其他产品能及时顺利地销往欧洲。另外，在它迅速发展的时刻，也正是由于有了铁路，才保证了它在语言、情感和利益上的一致性。铁路、轮船和海底电缆，确实在改变着殖民地的发展，也改变着整个人类社会的发展进程。

历史，终究是发展代替陈旧，并终会以侵略者的春风得意宣告一段历史的结束。早在1840年以前，英国就已经在新西兰建立了殖民地，并且组织了新西兰土地公司，开发该岛一切可开发的资源。就这样，英国完成了又一次的资本大积累。1840年，新西兰划归为英国的殖民地，世界又一块土地在殖民者的蚕食下艰难喘息。

如前所述，在英国的领地中，加拿大是第一个采用新的运输方式展示新经济前途的地方。紧接着，南美的各个共和国，尤其是阿根廷，在牲畜贸易和咖啡种植方面开始呈现出一种与欧洲市场日渐密切的趋势。在殖民掠夺的早期，能吸收欧洲列强进入这片未开垦的野蛮之地的产品，始终是黄金和其他的贵重金属、香料、象牙和奴隶。然而，到了19世纪最后的25年，欧洲人口剧增，原有的粮食生产已经远远不能满足本国人口的需求。因此，各国政府被迫到国外去寻找粮食，于是又一场掠夺贸易战开始了。同时，科学工业制度的飞速发展刺激了对新原料，如各类油脂、橡胶和其他原来未曾受重视的物质的需求。显而易见，英国、荷兰和葡萄牙正是因为掌握了大量的热带、亚热带的产品，才获得了日益增加的巨大商业利润。1871年以后，德国、法国和意大利先后开始寻找尚未被吞并的原料产地。于是他们的魔爪伸向了东方，其贪婪地张望着未曾被瓜分的东方国家，企图在东方人民的身上搜刮一层膏脂。

于是，除了美洲之外，全世界展开了一场对政治上"未受保护"地区的全新争夺。在掠夺之风盛行全世界时，美洲却因为门罗主义的阻挠而幸免于难。

值得注意的是，靠近欧洲的非洲大陆笼罩着被开发的朦胧雾霭。在1850年，它还是一块黑色神秘的纯天然大陆，人们对埃及和沿海地区也只是有些不甚确切的了解。由于篇幅所限，我们也不再详尽地描绘那些突破非洲界限的探险家和冒险者们惊心动魄的故事，以及继往开来的政治掮客、行政官员、商人、移民科学家们的惊人事迹。我们只需告诉读者：那里有诸如俾格米人那样奇异的人种，有诸如欧卡皮鹿（Okapi）的奇异野兽，有各种奇异的水果、鲜花和昆虫，有可怕的疾病，有森林、山峦等令人惊叹不已的美景，有浩瀚的内海，还有奔腾浩荡的河流和瀑布。这是一个崭新的世界。在这里，甚至一种已消失了却未曾留下记载的文明遗迹（在津巴布韦），即某个古代民族在南部留下的遗迹被发现。当欧洲人闯入这个新鲜的世界时，他们发现这里的奴隶贩子已经有了步枪。而黑人，却还过着一种毫无秩序的生活。两种极大的发展差异从一开始就决定了贸易的不公与战争的残酷。

19世纪后半叶，非洲全境在被测绘、勘探和评估后，为欧洲列强所瓜分。在这场尔虞我诈的争夺战中，本地居民的利益没有得到丝毫的考虑。尽管阿拉伯奴隶贩子没有被赶出非洲，贩卖奴隶之举还是遭到了禁止。在比属刚果，土人被强迫去采集野生橡胶。对橡胶贪婪的需求欲，加剧了毫无经验的欧洲管理者与土著工人的冲突，进而演变为一场令人寒栗的暴行。而在这一事件中，没有一个欧洲国家能够开脱罪责。

1883年，英国不顾埃及名义上附属土耳其的事实，公然占领了埃及并久驻下来。1898年，马尔尚上校从西海岸穿越中非，企图在法绍达夺取尼罗河上游，这一举动险些成为英法之间战争的导火索。这些故事我们都不准备做详细的叙述了。此外，英国政府又让奥兰治河和德兰士瓦的布尔人，亦即荷兰移民，在南非内陆建立了两个独立的共和国，之后却又撕破脸皮，于1877年吞并德兰士瓦共和国。德兰士瓦人民为自由而展开了英勇的战斗，在朱巴山战役（1881年）中大败英军，最后赢得了自由。对于朱巴山战役，在报纸上曾有过一场持久的报道，这在英国人的记忆里留下了灼痛的伤疤。1899年，又一场战争在英国和这两个共和国之间爆发。这场战争持续了3年，使英国人付出了惨痛的代价。

然而战争却是以两个共和国战败投降而告终。这两个共和国在很短的时间内就被征服了。到了1907年，统治它们的帝国主义政府下台，自由党人接手处理南非问题。于是，两个共和国便又重新沐浴在了自由之光下。他们十分乐意与好望角殖民地及纳塔尔结成一个由南非各国组成的联邦，作为英王统治下的一个自治共和国。

仅仅在四分之一世纪里，非洲就被瓜分完毕。仅存3个小国苟存：利比里亚——西海岸一块解放了的黑奴居住地；摩洛哥——苏丹治理下的一个小国；阿比西尼亚（埃塞俄比亚的旧称）——一个信奉着某种古老、独特形式的基督教的未开化国家，在1896年抵抗意大利人的阿杜瓦尔战役中，成功地捍卫了自己主权的独立。

第五十四章 欧洲对亚洲的侵略和日本的崛起

今天的我们绝不会相信，那时的欧洲人竟然会接受那种用"欧洲色彩"轻率涂抹出的并不科学的所谓非洲版图，并将其作为实现国家野心、解决世界事务的依据。尽管有些荒谬，但历史学家的任务就是将当时的情况如实地记录下来。在19世纪欧洲人的头脑中只有浅薄的历史知识，根本看不穿问题的本质。机器革命的蓬勃开展，使得欧洲人在国际上暂时领先。但是，很多欧洲人对历史上蒙古人的伟大征服一无所知。在他们眼中，机器革命带来的暂时领先似乎证明了欧洲人将在人类事务中永远享有领导权。他们并不知道科学及其成果是可以转移的，也不知道中国人和印度人可以像法国人和英国人一样胜任研究工作，甚至还有可能做得更好。他们盲目地认为：西方人天生具有智慧和闯劲，而东方人天生懒惰和保守，这就决定了欧洲人将在世界上永久占优。

这种糊涂观念直接引起了一种后果，那就是欧洲各国的对外机构不仅竭力与英国争夺世界上的未开化地区，而且还要瓜分亚洲人口众多的文明国家，就好像那些民族不过是他们开发的原材料而已。英国在印度建立的外强中干的统治阶级以及荷兰在东印度群岛那辽阔而富饶的殖民地都强烈地刺激着列强们。他们在波斯、在解体了的奥斯曼帝国，以及在更遥远的印度、中国和日本做着同样的发财梦。

1898年，德国人侵占了中国的胶州湾，而英国人则占领了威海卫。第二年，俄国人又占据了旅顺港。此时的中国大地到处都弥漫着对欧洲人的极端仇恨情绪。于是，他们开始屠杀欧洲人和基督徒，并于1900年围攻欧洲各国驻北京的使馆。欧洲各国为救援使馆，对北京发动了报复性的联合进攻，不仅攻陷了北京城，而且洗劫并焚烧了圆明园，掠夺了不计其数的奇珍异宝。随后，俄国人强占了满洲，英国则于1904年入侵了西藏。

很快，这些相互争夺的帝国主义列强中又增添了一支新兴的力量——日本。在此之前，日本在世界历史上其实是个无足轻重的角色。日本是一个岛国，与中国山水相隔。虽然日本人民也创造出了独特的文明，但是他们封闭的文明对整个人类命运的演变并没有做出重要的贡献。我们可以说，日本是一个从外界获取得多，但给予得很少的国家。准确地说，日本民族属于蒙古种系，其文明、书法、文学及艺术传统都源自中国。它的历史有趣而充满传奇色彩。早在基督开元的几个世纪里，日本就建立了封建制度和武士传统，并对邻国朝鲜和中国发动了进攻。就这方面而言，他们简直就是英国的东方翻版。从16世纪起，日本开始与欧洲接触。1542年，几个葡萄牙人搭乘中国船来到日本，这是欧洲人踏足日本土地的最早记载。7年后，耶稣会传教士弗朗西斯·泽维尔开始在日本传教。有那么一段时间，日本人十分愿意与欧洲交往，许多日本人都皈依了基督教。当时，有一个名叫威廉·亚当斯的人成了日本人最信任的欧洲顾问，他教会了日本人建造大型船只。不久之后，日本人建造的船只便远航到了印度和秘鲁。后来，西班牙的多明我会、葡萄牙的耶稣会、英国与荷兰的新教徒之间发生了激烈复杂的冲突，各派势力都告诫日本人要提防其他教派的政治阴谋。耶稣会进入日本的时间较早，根基也最为深厚。他们借助优势地位残酷地侮辱和迫害佛教徒。日本人看到了这些，他们得出了和中国人一样的结论：欧洲人都是披着羊皮的狼，尤其是天主教不过是罗马教皇和已占有菲律宾群岛的西班牙国王达到其政治梦想的装饰门面而已。于是，日本人对基督徒进行了一次大规模的迫害。1638年，日本的国门对欧洲人彻底关闭。这种关闭状态维持了200多年。在这200年中，日本犹如生存在另一个星球上，完全断绝了与世界其他地区的往来。除了沿海使用的小船以外，日本政府禁止人民建造任何大型船只。日本人不能前往他国，欧洲人也不能进入日本。

就这样，日本在世界历史的主流之外徘徊了两个多世纪。它独自生活在自己特有的封建制度之下。武士、贵族及其家族仅占到了日本人口的5%，但这5%的人却在恣意压迫着其他人。而在这段时间内，世界正在迅速发展，景象无比壮阔，实力迅速膨胀。经过日本海峡的外国船只越来越频繁，而且造型和装备越来越新颖。有的时候，船只发生事故，船员们会被日本人救到岸上来。不过，日本也并非完全与世界隔绝。在马岛上有获准居住的荷兰人。通过这些荷兰人，日本人开始意识到自己的国力与西方世界存在着巨大的差距。1837年，一艘飘扬着奇怪的星条旗的船只开到了江户湾，船上载着若干名从遥远的太平洋上被美国人搭救的日本水手。但这艘美国船只却遭到了日本军队的炮击而被迫离去。自此，悬挂着这种星条旗的船只反复出现。1849年，挂着相同旗帜的船驶到日本，要求日本交出18名因沉船遇险的美国水手。4年后，4艘美国军舰在海军准将佩里的率领下开入日本海域，他们拒绝了日本要求其撤离的通牒。佩里命令舰队在禁停的海域内抛锚，并写信给当时的两个日本统治者。1854年，佩里又率领10艘军舰抵达日本。日本人吃惊地发现，这些军舰不仅是钢制的，而且用一种叫作蒸汽机的东西来推动，还装备有大炮。佩里要求日本开港通商，日本无力反抗，只好应允。于是，佩里带领500名士兵登陆并签署了通商条约。从此，日本民众便经常能看到来自外部世界的访客耀武扬威地穿行于街市上。

紧接着，俄国、荷兰和英国相继涌入日本。一个拥有下关海峡领域的日本贵族企图对外国船只开炮，结果却遭到了英、法、荷、美舰队的炮击，炮台被摧毁，武士也被驱散。1865年，联合舰队陈兵于大阪海上，威胁日本签订了开放国门的条约。

这一事件深深地刺激了日本人的神经，他们感到蒙受了奇耻大辱。从此，日本人以极其顽强的意志和令人吃惊的智慧，努力提升自己国家的文化和组织水平。在迄今为止的人类历史上，还从来没有一个国家能像当时的日本那样快速发展。在1866年，日本还是一个中世纪的民族，就像一副极端浪漫的封建主义图景。但是到了1899年，它便赶上了当时最先进的欧洲列强的水平，成了一个完全西化的民族。日本的崛起彻底消除了欧洲人持有的亚洲必然落后于欧洲的偏见，它的发展速度让欧洲自愧弗如。

在这里，我们就不详细讲述1894年到1895年的中日战争了。其实，这场战争最直观、最有力地反映了日本的西化程度。这个时候的日本已经拥有了一支效率很高的西方化的陆军和一支小而精的舰队。日本的振兴，得到了早已把它当作欧洲国家对待的美、英的重视，却没有得到正在亚洲寻找着"新印度"的其他列强的理解。这个时候，俄国正企图通过满洲向朝鲜推进；法国已经在遥远东南亚的滕青和安南立住了脚；德国还在如饥似渴地寻找着殖民地。这3个国家联合起来阻止日本从中日战争中获益。此时的日本在对华战争中消耗了大量军力，这3个国家就用战争相要挟。

日本无奈，只得暂时让步，趁机积蓄力量。它用了10年的时间，为对俄战争做好了充分准备。日俄战争可以说是亚洲历史的新纪元，它标志着欧洲某些国家唯我独尊的时代一去不复返。俄国人民对这场针对他们的、远离半个地球远的灾难是无辜且懵懂的。一些明智的俄罗斯政治家也曾反对愚蠢的侵略，但是沙皇被一群军事经济冒险家围绕着，这些冒险家在满洲和中国其他地方投下了很大的赌注，他们坚决反对撤退。当大批的日本军队从海上被运到旅顺和朝鲜时，大量的俄国农民也被政府通过西伯利亚铁路运送到战争前线，并战死在这远离家乡的异国战场上。

由于指挥不力，再加上补给被克扣，俄军在陆上和海上都遭到失败。俄军的波罗的海舰队从遥远的非洲赶来，在对马海峡之战中全军覆没。这场毫无道理的屠杀在俄国人民中激起了一次革命运动，迫使沙皇于1905年结束了战争。沙皇被迫把萨哈林岛（即今天的库页岛）南半部割让给了日本，然后撤离满洲。此外，俄国还把朝鲜的统治权转让给了日本。至此，欧洲人对亚洲的侵略偃旗息鼓，欧洲伸入亚洲的触角开始回缩。

第五十五章　1914年的大英帝国

接下来，我们简单地介绍一下1914年时大英帝国的各个组成部分，以及由以铁路和轮船维系的帝国中各个不同的组成部分有着怎样不同的性质。此时的大英帝国实际上是一个十分独特的政治联邦，之前的人类历史上从未出现过这样的政治组织形式。

对于整个联邦来说，居于核心和首要位置的当然还是不列颠联合王国的"君主共和国"，包括爱尔兰（虽然这一点违背了相当多的爱尔兰人的意愿）。英国议会由英格兰和威尔士、苏格兰及爱尔兰联合组成。议会有权决定内阁首脑的人选、性质和政策。议会的大多数决策出于对英国国内政治的考虑。内阁实际上就是帝国的最高权力机构，它握有宣战和媾和的权力。

对英联邦来说，在政治重要性上紧随不列颠本部的依次为澳大利亚、加拿大、纽芬兰（英国最早的殖民地，建立于1538年）、新西兰和南非等"君主共和国"。这些共和国本质上都是自治领地，它们与大不列颠结成联邦。不过，每个自治领地都有一名由英国政府派驻的国王代表。

接下来是印度帝国。这个时候的印度帝国是大莫卧儿帝国的扩展，连同其附属的以及"保护"的各邦，这个帝国的范围已经从俾路支延伸到了缅甸，并包括亚丁在内。在整个帝国当中，英国王室和印度事务部（下属于议会）扮演着原土库曼王朝的角色。

印度帝国之后则是定位非常模糊的埃及。名义上，埃及仍然是土耳其帝国的一部分，并保留着自己的君主。但实际上埃及受到了英国官吏的专制统治。

埃及之后，是定位更加模糊的"盎格鲁-埃及"苏丹省，它由英国政府和英国政府控制下的埃及政府联合治理。

此外，还有一些半自治的地区，如牙买加、巴哈马群岛、百慕大群岛、马耳他岛等。这些地区有的原来就属于英国，有的则不是。它们设有选举产生的立法机构和由英国政府任命的行政长官。

英国还有很多直辖的殖民地。在这些地方，英国政府通过殖民部实施的统治几乎等同于君主专制的统治。这些地区有锡兰、特立尼达、斐济（这里有一个委任的议会）、直布罗陀和圣赫勒拿（这里有一名总督）。

最后是广大的热带地区，这里是未加工原料的产地。这些地方都是土著部落，政治上十分软弱，民智尚未开化。名义上，它们是被保护地，由一名位在土著酋长（如在巴苏陀兰）或特许公司（如在罗得西亚）之上的高级专员来治理。这些属地有些属于外交部，有些属于殖民部，有些由印度事务部通过购买获得。如今大部分由殖民部管辖。

由于上述原因，没有任何一个机构也没有一个人把英国当作一个常规意义上的整体来看待。英国实际上是一个经过长期发展拼凑起来的混合体，其性质全然不同于传统意义上的帝国。尽管英国政府实施了许许多多的苛政，造成了许许多多的弊端，但它也成功地保证了更大范围的和平与稳定；尽管国内的民众对政府不以为然，但是它依然获得了多数隶属"民族"的容忍和支持。和古代的雅典帝国一样，大英帝国也是一个海外帝国，联结帝国的道路是一条条海路，执行联结任务的是不列颠海军。像所有出现过的帝国一样，这个帝国之所以能维持有效的统治，靠的就是发达的交通系统。历经3个世纪的沉淀与积累，航海技术、造船技术和蒸汽轮船技术已十分成熟和发达，这就使得英国统治下的和平成为一种可能，而且实现起来也很容易。然而，最新发展起来的航空运输和陆路运输又可能在某个未定的时期给它带来麻烦。

第五十六章　欧洲军备时代和第一次世界大战

　　自然科学的进步，既造就了建立与汽船和铁路之上的幅员辽阔的美利坚合众国，也使"轮船帝国"大英帝国的势力扩张到了世界的各个角落。然而，在欧洲大陆那些拥挤的国家中间，它却产生了完全不同的效果。这些国家的人民仍然被封闭在"骑马–土路"时代所划定的国界之内，眼睁睁地看着大英帝国在海外的扩张事业风生水起、红红火火。只有俄国还有一些向东扩张的空间和自由。俄国人铺设了一条横贯西伯利亚的大铁路，直到深陷日俄战争的泥潭。同时，在东南方向，它还入侵了印度和波斯，此举激怒了英国。而其余的欧洲列强则陷入了一种越来越拥挤的态势。人类生活面临着进行再度调整的可能，需要在一个更为广泛的基础上安排协调各国之间的利益和事务。而达成这一基础的前提要么是实现某种自愿的联合，要么就是经由某个先进的国家强行推动这种联合。近代思想的趋势显然倾向于前者，然而由于各国的传统势力的作祟，又使后者的可能性倍增。拿破仑三世帝国的覆灭和新德意志帝国的兴起，使人们的希望或担心都集中在了这样一种主张上面，即：由德国主导，将整个欧洲团结为一。欧洲政体44年间的虚弱和平局面，注定了它只能集中于这样一种可能性上面。自查理曼帝国分裂以来，法国一直是德国称霸欧洲的障碍，它时刻谋求通过与俄国结成亲密联盟来弥补自己实力的不足。而德国则试图与奥地利帝国结盟，也曾企图与新建立的意大利王国结盟，但没成功。起初，英国像以往一样，对欧洲事务采取了一种若即若离的态度。当德国海军的攻击能力不断提升和加强之时，英国便改变了自己的态度，转而倒向了法俄联盟。德皇威廉二世野心勃勃（1858年—1918年在位），他迫不及待地开始了海外冒险事业。结果，这种过分莽撞的举动不但引起英国的敌视，还把日本和美国也推到了敌对阵营。

在战争阴云的笼罩之下，所有的国家都武装了起来，国民生产中枪炮、军事设备、战舰的比例一年比一年高。形势动荡不定，火药味儿越来越浓。战争时而迫在眉睫，时而又趋于缓和，然而它终于还是爆发了。德国和奥匈帝国首先进攻了法国、俄国和塞尔维亚。德军攻入比利时，英国立即宣布参战，并说服日本加入了自己的同盟。不久之后，土耳其则倒向了德国。1915年，意大利对奥地利宣战，保加利亚于同年10月加盟德方。一年后，罗马尼亚也对德国宣战。1917年，美国和中国也卷入了这场战争。如何界定造成这次世界大战的责任，不是本书关注和讨论的问题。本书更关心的问题不是大战为什么爆发，而是为什么没有人事先预料到它的爆发而加以制止。千百万的"爱国者"是那样的愚昧、冷酷和自私，竟不能形成公开的、广泛的欧洲统一运动来制止这场不幸。这一点远比一小撮人肆意挑起战争更令人感到沉痛。关于这场大战的详细经过，我们就不赘述了。但有一点是必须要说明的，那就是在短短的数月之间，现代科学技术的进步就使战争的性质发生了深刻的变化。物理学使人们发现了能量。能量被人们用来制造钢铁，克服距离，战胜疾病。能量是中性的，无所谓善与恶、好与坏，关键要看人们用它来做好事还是做坏事。欧洲各国政府囿于历史上纠葛造成的仇恨和猜忌，利用能量形成了前所未有的破坏力和抵抗力。这场世界大战没有获胜者，无论是战胜国还是战败国都付出了极为沉重的代价。

在战争的最初阶段，德国军队猛烈地进攻巴黎，而俄国军队则侵入了东普鲁士。双方的进攻都遭到了顽强的抵抗甚至是强有力的反攻。然后，防御的力量便得到了加强，战壕也迅速地得到了改进。有那么一段时间，对峙的双方固守在横贯欧洲的漫长战壕内，除非付出极大的伤亡代价，否则根本不可能向前推进一步。双方的兵力增加到了几百万的惊人数字。在后方，所有人都被政府组织起来，以向前线输送粮食和各种军需品。除了那些直接与军事挂钩的行业，所有其他的生产活动基本上都停止了。欧洲所有具有工作能力的男人都被征募到陆军和海军中，或者被送到为军队提供服务的临时工厂。女人们顶替男人进了工厂。在这场世界大战当中，欧洲交战国一半以上的国民都改变了他们原来的职业。教育和正规的科学研究或者被压缩，或者服务于直接的军事目的。新闻发布由于军事管制而受到削弱和腐蚀。

前线陷入了胶着状态，双方都不能越雷池一步，这就迫使战线由前线渐渐往后方延伸，或破坏粮食和军需品的供给，或是发动空袭。与此同时，枪炮的口径和射程都有了改进，毒气弹和称为"坦克"的小型移动堡垒相继问世。在这些武器面前，战壕里的士兵根本不堪一击。在所有的新发明当中，空军的建成和投入使用具有最大的变革意义，它使得战争从二维平面转向三维立体空间。过往的战争不过是军队的行军调动和交战，而如今的战争则可以在任何地方进行。最初是齐柏林式飞船，然后是轰炸机，把战争从前线战场扩大到后方的非战斗区域。区别对待战斗人员和非战斗人员这一文明人战争的古老规矩此时已被抛到九霄云外，生产粮食的人、缝制衣服的人、伐木造房的人以及车站、仓库一概被当作攻击的目标。空袭的范围和空袭造成的恐怖与日俱增。最后，欧洲大部分地区都成了夜间空袭的目标和对象。伦敦和巴黎这样一些欧洲的重要城市几乎每天夜里都遭到轰炸。高射炮不断地发出可怕的怒吼，消防车和救护车在空无一人的漆黑街道上呼啸而过。这一切，对老人和儿童的精神和健康都造成了极大的摧残。

历史上有一条不成文的规律，每次大战都要出现流行性瘟疫。然而，这场战争，直到1918年战争真正结束时，始终没有出现瘟疫蔓延的情况。医学的发展使其推迟了4年。到1918年，世界性的流行性感冒终于爆发了，数百万人因此丧生。饥荒也曾一度得到延缓，但到了1918年初，欧洲大部分地区还是陷入了饥荒。造成这次饥荒的原因有两个：一是由于大部分农民都被征召到了战争前线，从事农业生产的人员锐减，导致世界粮食产量大幅降低；二是因为潜水艇的攻击十分猖獗，各国相互封锁，交通运输基本停止，粮食无法正常供应。各国政府掌握的粮食十分有限，只能实行不同程度的粮食定量配给。到了第四个年头，全世界又在穿衣、住房和大部分生活必需品上出现了同粮食一样的奇缺状况，商业和经济生活异常混乱，每个人都愁容满面，多数人都过着十分艰难的生活。战争真正结束于1918年11月。1918年春天，德军对巴黎发动了猛烈的进攻，并险些攻克这座城市。到了这个时候，战争的中心国相继崩溃，因为他们已经财穷力竭了。

第五十七章　俄国十月革命

在大战的中心国崩溃之前，自称是拜占庭帝国继承人的半东方君主制国家——俄国，就于1917年被革命推翻了。早在世界大战爆发前的若干年前，沙皇俄国就已经显露没落的征兆。这个时候的俄国，国家大权竟把持在宗教骗子拉斯普丁的手中。国家的管理，不论是在民事领域，还是在军事领域，到处都呈现出一种极端无能和腐败的气象。在战争开始的阶段，俄国上下弥漫着盲目的爱国主义情绪。一支庞大的军队被征募起来，士兵们既没有适时的武器装备，又没有称职的军官的正确指挥，在毫无援助、毫无组织的情况下，匆匆开赴德、奥前线。1914年9月，俄国军队在东普鲁士的突然出现，把德军的注意力从对巴黎的第一次胜利进军吸引了过来。虽然俄国把法国从战争的毁灭边缘拉了回来，并使整个西欧对这个伟大而壮烈的民族负下重债，其普通民众却承受着巨大的痛苦和代价。战争恶魔施加在这个国家上的压力已远远地超过了俄国所能承受的限度。俄国的士兵是在没有任何炮火支援的情况下投入战斗的，他们甚至没有充足的步枪子弹，在长官和将军们狂热的军国主义的欺骗下，他们白白地送掉了自己的生命。在很长的一段时间内，他们像野兽一样默默忍受痛苦，但即便是再愚昧的人，其忍耐也是有限度的。不久，一种对沙皇政府强烈憎恨的情绪在这些被出卖、被屠杀的军人中间弥漫开来。从1915年年底起，俄国就成为西方盟国忧虑的对象。整个1916年，俄国在军事上毫无作为，基本都处于守势。同时，欧洲也到处流传着俄国将与德国单独媾和的谣言。

1916年12月29日，僧侣拉斯普丁在彼得堡的一次晚宴中被刺身亡。愤怒的人们行动起来，这是俄罗斯人民进行的一次试图整顿沙皇专制政体的尝试，但为时已晚。事态得到迅速发展，到了第二年3月，彼得堡出现了一次由粮食危机引发的革命起义。这次起义试图推翻代议制机构杜马（Duma），逮捕自由党领袖，组成以沃夫亲王为首的临时政府。3月15日，沙皇被迫退位。在一个时期内，人们仅想进行一次温和的有限革命，比如换一位新的沙皇。但是没过多久，事态越发明朗，人们对政府彻底丧失了信心，任何调整都无济于事。俄国人民对欧洲旧秩序、沙皇、战争、列强已深恶痛绝，他们想要迅速地从这种无法忍受的苦难中解脱出来。协约国的成员们根本不了解俄国的社会现实，他们的外交官对俄国人民也根本不了解。这些夸夸其谈的高雅之士只把自己的注意力盯在俄国宫廷上，根本不去了解整个俄国的情况。这就不难理解为什么他们对俄国的形势做出了错误的估计。绝大多数外交官对共和政治都没什么好感，他们不择手段地为新政府设置各种障碍。俄国共和政府的首脑克伦斯基是一位能言善辩的人物，他发现自己的处境极为尴尬，不仅受到国内社会革命力量的攻击，而且也受到了各协约国政府的冷淡。这些政府既不允许他给俄国人民边界以外的土地，又不允许他给予他们边界以外的和平。英法的报纸居然愚蠢地发动了新闻攻势，使俄国共和政府的处境越发艰难。更有甚者，当德国军队从海陆两方面对里加发动猛烈攻击时，英国海军部队竟在出兵波罗的海进行救援的问题上坐失良机。俄军只能在没有任何外援的情况下战斗。尤其值得注意的是：尽管协约国占有巨大的海军优势，尽管英国海军上将费希尔勋爵（1841年—1921年）曾对此提出强烈的抗议，但在整个战争期间，除了局部的潜艇攻击以外，协约国还是把全部波罗的海的制海权拱手送给了德国。俄国人民坚决要求结束战争，不惜付出任何代价。在彼得堡成立了代表工人和普通士兵利益的革命组织苏维埃，苏维埃呼吁在斯德哥尔摩召开国际社会主义者大会。恰在这时，柏林也发生了粮食危机，厌战的情绪也在奥、德两国蔓延开来。从后来发生的情况来看，国际大会的召开将会在1917年促成一次按照民主原则实现正当和平的德国革命。克伦斯基曾要求他的盟国同意苏维埃召开这次大会。但是，尽管英国工党政府以微弱的多数通过了这一要求，由于害怕引起一场世界规模的社会主义和共和主义的革命，盟国还是予以拒绝。不幸的"温和的"俄罗斯共和国在既得不到协约诸国道义上的支持，又得不到他们的物质援助的情况下继续战斗着。他们甚至还在7月发动了最后一次殊死的进攻，只取得了某些初步的胜利便又匆匆地失败了。俄国人民又一次遭到了血腥的屠杀。

至此，俄国人民的忍耐终于达到了极限。俄国的军队内部也发生了哗变。1917年11月7日，苏维埃推翻了克伦斯基政府，夺取了政权。这是一个由列宁领导的布尔什维克社会主义者所掌握的政权，它不理睬西方列强的警告，决心实现和平。1918年3月2日，它单独与德国签署了《布列斯特—立托夫斯克和约》。俄国自此退出了世界大战。

在本质上，布尔什维克的立宪派和社会主义者完全不同于口头上的克伦斯基革命者，这一点很快就清晰地显现出来。马克思的共产主义理论深受他们的顶礼膜拜，他们相信，他们在俄国武装夺取政权的革命，还只不过是世界革命的开始而已。他们在没有任何经验的情况下，仅仅依靠着对美好未来的幻想，开始对整个社会秩序和经济秩序进行改造。对于这个新生政权，西欧和美国政府即没有前瞻性，又没有任何行动，从而没能帮助他们完成这个超乎寻常的实验。寡廉鲜耻的报社只知一味讨好统治阶级，从而竭尽全力地攻击污蔑这些夺权者。一场毫无节操毫无羞耻的新宣传就这样在全世界的报纸上无遮无拦地开展着。他们将布尔什维克的领导人叙述成一群暴虐成性、荒淫无耻的魔鬼和强盗。相比之下，拉斯普丁执政时期的沙俄皇宫倒显得正义和无辜起来了。冒进主义的行动在这个疲惫不堪的国家随处可见，受到鼓励的叛乱者和偷袭者得到了武装和支援。他们使用了世上最无耻最恐怖的方式对布尔什维克人进行攻击。1919年，俄国被5年大战搞得奄奄一息、混乱四起，而领导这个国家的布尔什维克政权又不得不在各条战线上苦战：在阿尔汉格尔斯克与英国军队作战，在东西伯利亚与日本侵略军作战，在南方抗击法国和希腊支持的罗马尼亚军队，还在西伯利亚打败沙俄海军将领高尔察克，在克里米亚粉碎由法国舰队支援的沙俄将军邓尼金。同年7月，一支爱沙尼亚军队由尤登尼奇率领，差一点儿就攻破了彼得堡。1920年，受到法国挑拨的波兰军队再一次向俄国发动新的攻势。继邓尼金之后的弗兰格尔，也率领一支由叛军组成的军队，向自己的祖国开炮。1921年3月，克朗斯台托的列兵发生了叛乱。俄国在列宁的领导下，将各路来袭的大军一一击溃，这充分显示了新政权顽强的生命力。就在这种极端艰苦的环境下，广大的俄国平民百姓却始终支持着自己的政权。终于在1921年岁末，英国和意大利率先承认了这个共产党政权。

虽然布尔什维克在应对国外势力干涉内政的外患中，以及在镇压国内叛乱的战争中取得了胜利，可是它试图运用共产主义来指导建立社会新秩序的愿望，并没有一蹴而就。拥有贫瘠土地的俄国农民大多数都是小地主，如果想让他们在思想上和生产方式上支持共产主义，就好比让青蛙上天。共产党将大地主的土地收上来，然后再分给他们，却不让他们为了钱以外的其他东西去生产粮食，事实上，钱的价值被革命否定了。原来的铁路线遭到了战争的破坏，而农业生产也早已变得极不正常，农民生产的粮食大幅缩减，仅仅只够维持生命，城市也同样在遭受饥饿的折磨。与此同时，按照共产主义思想制定的工业计划既无方向，又无周详的部署，同样难逃失败的宿命。到了1920年，俄国实现现代化的宏伟蓝图彻底破灭了。这是共产党人始料未及的。大批的铁路线遭到遗弃，城市不得不沦为废墟，死亡随时威胁着人民。可就在这种情形下，这个国家仍然接受了来自家门口的挑战。1921年，满目疮痍的东南各省又连续发生了旱灾和饥荒，千万个饥饿的灾民挣扎在死亡线上。

面临绝境，苏联（1922年12月30成立）是否能够重新复兴？这个问题非常容易把我们引进现下社会的争议当中，所以在此我们就不加以详述了。

苏联在这种多灾多难的环境里放慢了重建的速度，开始实施一个新的经济政策。在某种程度上，新政策恢复了私有财产和私有企业的自由，这就得以让生产活动获得恢复。苏联似乎正在偏离社会主义建设的轨道，在重蹈100年前美国的覆辙，开始出现富农阶级。富农相当于美国的小农场主，同时个体户也在持续增多。但是，共产党并不希望在这种情形下放弃它的伟大目标，也不希望重走美国早已走过百年的老路，于是在1928年，苏联再一次开始将国家向共产主义发展方向拉拢，就这样，第一个五年计划被制定了出来。这个计划的所有内容全都是为了实现国家在工业上的高速发展，他们希望先发展重工业；另外，用大规模的集体农庄取代个体农民的自由经营。虽然困难重重，可是计划仍然被付诸行动，实际执行时，最大困难在于大多数群众都没有文化，在于严重短缺懂技术的工长和技工。而欧洲，则拒绝与之合作并持敌视态度。即便在这种情形下，苏联的工业仍然取得了伟大的成功。在这里，虽然存在着浪费，存在着项目繁多的杂役；但是同样也存在着不容置疑的成就。苏联在农业方面的改革方案虽然勇气可嘉、迅速利落，可取得的成果却令人并不满意。1933年到1934年冬天，大范围饥荒的局面又一次笼罩在苏联的领土上。

而地球上的其他国家，那些依然为个人谋利的资本主义国家，此时此刻无不用一种诧异、疑惑和钦佩的目光注视着苏联人的实验。与此同时，那些腐朽的古老制度还在苟延残喘，它们极力限制居民的购买力，并且使其缩小到原来的一半以下，如此一来，它们也就没有了反抗能力。后来，"计划"这一词语在世界流行起来。由于经济危机的不断升级，各种"计划"也随之增多，到了1933年，世界上那些骄傲的政治家，没有一个不在制定着自己的计划。事实上，世界已经将所有敬意全都献给了苏联。

第五十八章　世界政治和社会的重建

　　鉴于本书的写作计划和范围，我没有深入介绍各种条约签订背后复杂而激烈的纷争，特别是结束了第一次世界大战的《凡尔赛和约》。直到如今我们才开始明白，这场大规模的、可怕的战争，既没有结束什么，也没有开创出什么，更没有解决什么。几百万无辜的人死于非命，这场战争导致地球上的很多土地变得荒芜，人民变得穷苦，俄国也因此崩溃了。这场战争让我们意识到：我们正无知、茫然地生活在一个危险、冷漠的世界里；我们的生活毫无希望。导致人类陷入这场悲剧的战争，充分暴露出自我中心论、国民狂热和帝国主义的贪婪等真正面目，但这些非但没有因为大战而受到削弱，反而在大战之后复苏了，并且酿造出第二次悲惨的灾难。虽然战争与革命不会起到什么作用，但是它对人类的最大作用，就是用最粗暴和痛苦的方式将阻碍人类前进的旧势力消灭掉。例如，第一次世界大战将威胁着欧洲安全的德意志帝国打败了，与此同时，还把俄国的帝国主义消灭掉了，一大批君主制政体也随之清除。但值得注意的是，此时的欧洲上空仍然飘扬着各种旗帜，各个国家的边界随时会擦枪走火，他们以更加先进的装备来武装自己的军队。

　　《凡尔赛和约》原本只应该对战争和战败的相关事项做出符合战争逻辑的结论，然而它却超越了自己的界限。德国、奥地利、土耳其、保加利亚等战败国没有参加会议讨论的资格，他们唯一的资格就是听凭会议对其做出裁决。其次，站在人类幸福的立场上看，会议地点的选择极不明智。因为新兴起的德意志帝国曾在1871年带着征服者的骄傲在凡尔赛宫宣告成立，可是事到如今，与这一幕情节相反的戏剧，又在同一个凡尔赛宫镜厅里上演，它给人们内心造成的冲击无疑是巨大的。

那些在大战初期存在过的宽容和饶恕，此时已不见踪迹，为了获得更多战争赔偿的战胜国，一味讲述自己在战争时所受的伤害和痛苦，压根就没有考虑到战败国的人民同样也受到了战争的祸害。第一次世界大战之所以能够爆发，这完全是因为欧洲各国在激烈角逐的国家主义和竞争力之间，没有联邦性调整的必然结果。在这块巴掌大的土地上，拥挤着众多独立的主权国家，而且他们各自又都拥有非常强大的军事实力，而战争难免不是它的必然结果。即便战争没有以这种方式爆发，那么它也必然会以相似的其他形式爆发。以此推论，假如各国没有在政治上有着一致的防御性协商，那么，20年后、30年后，难免不会出现破坏性更大的战争。因为战争而联系起来的各种国际关系，就如同母鸡生蛋一样，势必会滋生出更多战争。但是，饱经战争磨难的国民，只在情感上有所不满，却将一个重要事实忽视了：假如所有战败国人民都对这场灾难的道义和物质方面负有责任的话，如果战争的结果恰恰相反，是不是也应该让战胜国的人民受到相同的对待呢？法兰西和英格兰把战争责任归罪于德意志，而德意志又把它推给了法兰西和英格兰。只有极少部分的开明之士清醒地看到：战争的真正责任，在于欧洲一盘散沙似的政治结构。而《凡尔赛和约》的真正目的则是报复和惩罚：将最严厉的惩罚施加到战败国身上，从而使得这些早已崩溃的国家，再背负上繁重的债务，以偿还向战胜国支付的战争赔款。由此可以看出，如何重建国际反战同盟，战胜国并无诚意，也毫无公正性。

从欧洲的实际情况来看，我们非常怀疑他们为实现长久和平而重建国际关系的用心。将建立国际联盟的议案带入现实政治的是美国总统威尔逊，而这一提议的主要支持者只有美国。要知道在此前的美国，这个新型现代国家，除了在欧洲提出过一项用来保护美洲不受欧洲干预的门罗主义外，还从来没有对国际关系提出过任何自己的观点；现在，令美国始料未及的是，自己居然被邀请参加对当今世界局势进行讨论的国际会议，并适当地给予精神层面的贡献，这可是前所未有的事情。美国人民历来向往世界永远和平，并始终对"旧世界"的政治持有强烈的不信任感，对"旧世界"的纷争始终保持一定距离。正当美国人准备向世界给予美国式的解决方案时，德国人的潜艇将美国拉下水，一起陷入了这场战争泥潭，从而迫使美国加入了反德联盟。威尔逊总统提出建立国际联盟的计划，只是为建立美国式联盟的临时性方案，所以这个设计是粗糙的，不完全合适的，甚至是危险的。可是，在欧洲，各国误以为该计划是美国政府经过深入思考的方案。1918年到1919年间，战争将欧洲大多数人搅得身心疲惫，所有人似乎全都愿意为防止战争爆发而付出一切，可是"旧世界"的各国政府，没有一个愿意为停战而放弃一丝半点儿的权利。威尔逊总统倡议建立国联的公开演讲，直接越过各国元首，进入公众的耳朵里。老百姓全都认为美国政府之所以提出这项倡议必然是胸有成竹、十拿九稳的，势必对当时的社会造成了极为强烈的反响。但不幸的是，与威尔逊交涉的对象并非各国人民，而是在官场里摸爬滚打多年的政府首脑。虽然他拥有着超乎寻常的想象力，可是当他在实现这一试验时，他摆出一副自私自利的样子，就这样，刚刚被他唤醒的热情浪潮，很快就消退了。

狄龙博士在他所著的《和平会议》一书中，就曾经做出如下的描写：

"当威尔逊总统来到这里的海岸时，欧洲就如同陶工手中的一块黏土。世界各地的人从来没有像现在这样希望跟随摩西而去，去到那没有战争和封锁的理想王国，而威尔逊就是人们心中最伟大的摩西。在法国，满怀尊敬和爱戴的人向他鞠躬。巴黎的劳工领袖告诉我，当他们看到威尔逊的时候，他们居然流下了喜悦的泪水。为了实施威尔逊的神圣计划，他和同志们愿意赴汤蹈火。而对意大利的群众而言，威尔逊的名字犹如天堂的号角在预测新世界到来。德国人则把威尔逊和他的主张当成了和平的保证。无畏的米隆说：'如果威尔逊来德国演讲，那么就算将最恶毒的诅咒施加到他们头上，他们也心甘情愿地接受，并马上投入工作。'在德国，在奥地利，他的名字就如同救援基地，每当我听到他的名字，人民的痛苦就能够得到解脱，悲伤的人会得到安慰……"

这就是威尔逊唤起的无限希望，可是，他又是多么的让人失望，而他所创立的国际联盟又是那么的无能！如今说起这些，只能让人感觉长久的不愉快。显然，威尔逊将人类的悲剧夸大了，他的梦想是那么伟大，可是实现梦想的行动却又那么渺小。美国人民反对总统的做法，也不愿意加入根据他个人意志建立的国际联盟。美国人渐渐苏醒：他们在毫不知情的情况下遇到了非常棘手的麻烦，而他们此时却没有做好应对的准备。在欧洲，人民也渐渐明白了，美国并没有给"旧世界"带来任何东西。国联实际上是个早产的畸形儿，它的详细设计、不可行的法规条款以及受到明确限制的权利，这一系列办法都成为重建国际关系的障碍。如果国际联盟根本就没有存在过，或许今天的许多问题早已清除了。而最初欢迎这项计划的世界各族人民，注意，是人民而非政府，他们要求停止战争的意愿，都是值得在每一部历史书中大书特写的事情。在这些不断制造分歧，不断对人类事务错误估计的短见政府背后，一股为实现世界统一、建立世界新秩序的真正力量，正在形成和蓬勃地发展着。

但遗憾的是，这股力量至今还没有真正地发挥过作用。事实上，《凡尔赛和约》根本就是一种政治性的和解，在实际意义上，国际联盟简直就是一个政治组织，实际上它是在承认现有政府和国家概念不可回避的前提下，对人类事务进行修复的一种尝试。这里面包含了人们已经越加清晰地看到的错误。政府和国家只是暂时性的，所以它们必然要根据人民的需要和发展进行相应的调整，因为经济力量是决定人类事务的根本要素，而这些要素又受到财产和行为观念的支配，从而在教育中产生。对大多数人而言，人类事物形象的产生正是基于人们心目中的系统概念而决定。只有形象地纠正社会和经济的弊端，才能够彻底清除错误的解释和错误的理解。1918年到1933年，世界进入会谈时代，对各类事物的处理方式，就是通过一种效力低下的蛮干来进行重新调整的。在实际讨论中，有这样一个顺序是历史学家们从不改变的：从原始的国家主义和政治处理精神开始，然后到人类财政和经济福利平均一致的普及。虽然广大民众、政治家和新闻界显得反应迟钝，不愿意相信，但还是不得不承认：在这一时期，世上出现了近100年的经济混乱，导致失业率上升、国民赤贫，而这段历史却鲜为人知。随着治安的恶化，犯罪率也急剧上升，而政治生活也显现出极为罕见的不稳定。这些现象或许是或许也不是文明崩溃的征兆，时至今日，文明仍然还没有达到灭绝的程度。我们无法估算，人类未来是不是将再次产生如同19世纪那样的道德活力、领袖和贡献。

不过，有一点倒是越来越明确了，就是如果能够避免世界大战这种灾难和世界性屠杀的话，人类社会就将会掀起大规模的重建热潮。而像国际联盟这种战时胡乱搭建起来的组织，或者由几个国家在协约上临时达成一致的协调机构，虽然表面上可以解决任何问题，可实际上，任何现状也改变不了，也无法满足新时代复杂的政治要求。在未来，人际关系学、自我心理学、社会心理学、金融学、经济学、教育学以及各门新兴的学科都将得到系统的发展和运作。人类有共同起源和命运的思想方式非常简单明了，也更加直接，它们也必然取代那些偏激、腐朽、已经死亡或正在死亡的道德观念与政治观念。

科学在为人类提供比以往任何时期都强大的力量时，人类所面临的危险、混乱和不幸也比以往任何时候都要更加严重。人类史无前例的力量来自有胆有识的科学方法、思路清晰的阐释和周详细致的计划，同时人类也有信心控制这些力量。如今的人类仍然还处于青春期，衰老和枯竭并不是人类苦恼的源泉，而是那些正持续增长却不成熟的力量。如果我们将人类的所有历史看成一个过程，就像看待这本书一样，当这种坚持向上的生活前景被我们看见时，那么现代社会希望与危险的比例关系，就能被我们所预见。人类至今仍然还处于朝气蓬勃的晨曦时刻，而我们却能够从鲜花和夕阳的美妙中、小动物活泼可爱的嬉戏中，以及各种形形色色的景致中，感悟到生命对我们的启示。在雕塑和绘画这种艺术作品中，在辉煌的音乐作品中，在气势恢宏的建筑和使人心旷神怡的园林中，我们同样获得了用看得见摸得着的事物来体现人类思想的启示。我们有理想，同样也有着不成熟却在持续增长的力量。有谁会质疑人类将会实现比最大胆的想象还要伟大的业绩，有谁会质疑人类将实现统一与和平，有谁会质疑人类将始终人丁兴旺；又有谁会怀疑，我们的后世子孙将会在比今天一切宫殿、花园都要美妙百倍的环境中幸福地生活下去，去接受更加宽广有力的冒险，去迎接更伟大的成功呢？

我们今天所取得的胜利仍然只是停留在初级阶段，我们以上所讨论的整部历史，还只是人类华美乐章的一支序曲而已。